SPSS 统计分析
在医学科研中的应用

主 编 刘 堃

副主编 温有锋 肖艳杰 马洪林

编 者 （按姓氏笔画排序）

马洪林（辽宁医学院） 王 莉（锦州市中心医院）

刘 堃（辽宁医学院） 李志强（辽宁医学院）

肖艳杰（辽宁医学院） 张 林（辽宁医学院）

孟 佳（辽宁医学院） 赵会仁（辽宁医学院）

郭蕾蕾（辽宁医学院） 程晓萍（辽宁医学院）

温有锋（辽宁医学院）

编写秘书 张 林

人民卫生出版社

图书在版编目（CIP）数据

SPSS统计分析在医学科研中的应用/刘堃主编.
—北京：人民卫生出版社，2012.3
ISBN 978-7-117- 15314-0

Ⅰ.①S⋯ Ⅱ.①刘⋯ Ⅲ.①医学统计-统计分析-
软件包，SPSS Ⅳ.①R195.1－39

中国版本图书馆 CIP 数据核字（2012）第 004146 号

门户网：www.pmph.com	出版物查询、网上书店
卫人网：www.ipmph.com	护士、医师、药师、中医师、卫生资格考试培训

SPSS 统计分析在医学科研中的应用

主　　编：刘　堃
出版发行：人民卫生出版社（中继线 010-59780011）
地　　址：北京市朝阳区潘家园南里 19 号
邮　　编：100021
E‐mail：pmph @ pmph. com
购书热线：010-67605754　010-65264830
　　　　　010-59787586　010-59787592
印　　刷：北京铭成印刷有限公司
经　　销：新华书店
开　　本：787×1092　1/16　印张：16
字　　数：390 千字
版　　次：2012 年 3 月第 1 版　2015 年 8 月第 1 版第 3 次印刷
标准书号：ISBN 978-7-117-15314-0/R・15315
定价(含光盘)：39. 00 元

　打击盗版举报电话：010-59787491　E-mail：WQ @ pmph. com
　　　　（凡属印装质量问题请与本社销售中心联系退换）

前　言

　　SPSS 是最为优秀的统计软件之一，深受大家的青睐。为满足医学生学习统计学知识和 SPSS 的需求，作者结合十余年来从事医学研究生 SPSS 教学实践的经验、统计教学和医学科研教学的特点，以简单、实用、通俗、易懂、可操作为原则，以循序渐进的方式介绍了 SPSS 17.0 的操作使用方法和统计分析过程，并对输出结果进行了简单明了的解释。

　　本教材共分十一章，介绍了 SPSS 17.0 中的各种统计分析方法，包括基本统计分析、均数比较、方差分析、回归分析、因子分析、聚类分析、判别分析等内容。不仅详细介绍了 SPSS 17.0 软件常用的操作功能，还重点通过一些综合应用案例（主要是医学领域中的）来演示实际统计分析中 SPSS 的使用，带领读者理解统计方法的实质。

　　本教材内容图文并茂、深入浅出、风格简洁明快，力求融医学统计方法、科研设计和论文数据整理与分析为一体，使学生能够准确地把统计分析知识应用到医学科研中，对提高医学生的科研水平起到事半功倍的效果，不仅使学生学起来容易、用起来容易，而且能够在没有老师指导的情况下，很容易自学本书（书后配备了数据文件的光盘），独自使用 SPSS 软件。本教材既可用于医学本科生和研究生的教学，也可为相关研究人员和从业人员参考使用。

　　本教材的编写者主要来自教学一线的教师和专家，具有一定的代表性。为保证教材内容准确无误，主编和编写者尽了最大努力，反复斟酌、修改，但限于水平和时间，仍难免有欠缺之处，在此恳请广大师生给予及时指正。

　　本书在编写过程中得到了编者所在院校领导的支持以及研究生院、公共卫生管理学院、护理学院教师的无私帮助和支持，谨在此深表谢意！

编者

2011 年 12 月

目 录

第一章

SPSS 概述

　　SPSS (statistical product and service solutions) 是 "统计产品与服务解决方案" 的缩写。该软件于 1968 年由美国斯坦福大学的三位研究生研制开发而成,并创立了 SPSS 公司,最初软件全称为 "社会科学统计软件包" (solutions statistical package for the social sciences),2000 年将全称更改为 "统计产品与服务解决方案",2009 年 SPSS 公司被 IBM 公司收购,并更名为预测统计分析软件 (predictive analytics software),如今 SPSS 已出至版本 19.0。本教程是基于 SPSS 17.0 进行讲解。

　　SPSS 集数据整理、分析功能于一身,基本功能包括数据管理、统计分析、图表分析、输出管理等。SPSS 统计分析过程包括描述性统计、均值比较、一般线性模型、相关分析、回归分析、对数线性模型、聚类分析、数据简化、生存分析、时间序列分析、多重响应等。SPSS 也有专门的绘图系统,可以根据数据绘制各种图形。SPSS 操作简单,广泛应用于经济学、生物学、心理学、医疗卫生、体育、农业、林业、商业、金融等各个领域。

第一节　SPSS 软件的安装运行

(一) 安装环境

1. 计算机硬件要求

(1) CPU:1GHz 或更高运行速度的 Intel 或 AMD x86 处理器。

(2) 内存:512MB 内存或更大。建议至少 1GB。

(3) 硬盘空间:650MB 可用硬盘空间。安装所有语言的帮助需要 1.1GB。

(4) 显示器:Super VGA (800×600) 或更高分辨率的显示器。

2. 操作系统　推荐在 Microsoft Windows XP、Windows Vista 或 Windows 7 操作系统下安装 SPSS 17.0。

(二) 安装过程

　　在程序包目录下找到 setup.exe,用鼠标左键双击这个文件,弹出图 1-1 所示界面,左键单击 "安装 SPSS Statistics 17.0",然后按照屏幕上显示的说明进行操作。如果在 Windows Vista 或 Windows 7 操作系统下安装,必须以管理员身份运行安装程序。

(三) SPSS 启动与退出

1. SPSS 的启动　在窗口左下角用鼠标左键单击 "开始" 菜单,下找到 "所有程序" (图 1-2a),将鼠标移到 "所有程序" 处弹出一个新的界面 (图 1-2b),找到 "SPSS Inc" 文件夹,用鼠

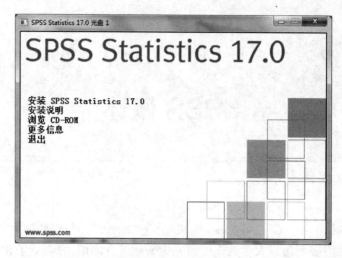

图 1-1　安装初始界面

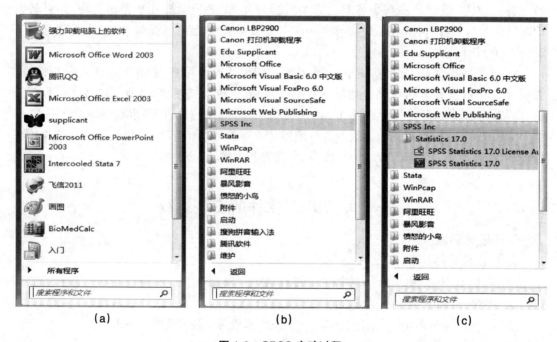

| (a) | (b) | (c) |

图 1-2　SPSS 启动过程

标左键单击之,然后找到"SPSS Statistic 17.0"(图 1-2c),单击后即可以启动 SPSS 程序。

　　SPSS 启动后,将出现 SPSS 文件选择对话框(图 1-3),共有 6 个功能选项和一个复选项,具体如下:

　　(1) Run the tutorial:运行操作指南。

　　(2) Type in data:进入数据编辑窗,建立数据文件。

　　(3) Run an existing query:运行现有的 *.spq 数据文件。

　　(4) Create new query using Database Wizard:使用数据库将 DBF、XLS 等数据文件转换成 SPSS 数据文件。

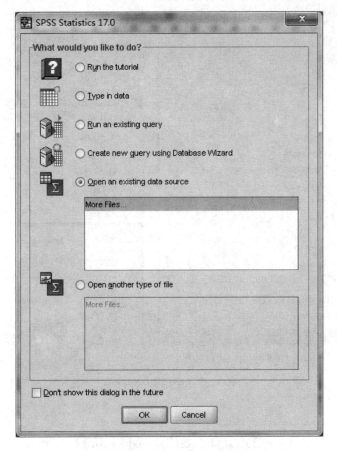

图 1-3 SPSS 的启动窗口

(5) Open an existing data source：打开已经存在的数据文件。

(6) Open another type of file：打开另一类型的文件。此项将让读者在第二个文件栏中选择一个其他格式的文件。

(7) Don't show this dialog in the future：下一次启动 SPSS 时将不显示该对话框,直接显示空数据编辑窗口。

2. SPSS 退出 SPSS 的退出可以通过以下几种方式实现：

(1) 单击数据编辑窗口右上角的 █ x █ 图标。

(2) 单击 File 主菜单项,在展开的文件菜单中,单击 Exit 命令(图 1-4a)。

(3) 双击主画面左上角的窗口控制菜单图标,单击"关闭"菜单项。或单击该图标,在展开的小菜单中单击"关闭"菜单项。

(4) 使用快捷键 Alt+F4。

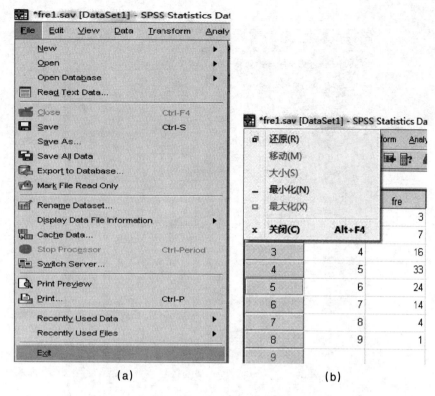

图 1-4　SPSS 的退出方式

第二节　SPSS 窗口简介

　　SPSS 文件系统包括 Data（数据文件）、Output（结果输出文件）、Syntax（程序文件）和 Script（脚本编辑文件）四种类型，与此相对应的是 SPSS 的数据编辑窗（Data Editor）、结果输出窗（Viewer）、程序编辑窗（Syntax Editor）和脚本编辑窗（Script），前三种窗口常用。窗口的进入可以通过单击 Files → New 的方式实现（图 1-5），即建立四种类型的文件。

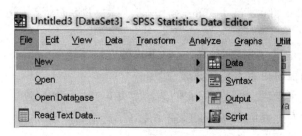

图 1-5　四种窗口的进入方式

一、数据编辑窗

　　数据编辑窗由数据视图（Data View）和变量视图（Variable View）组成。启动 SPSS 可以直接进入数据编辑窗的数据视图，在数据视图下可以看到标题栏、菜单栏、工具栏、数据显示区和状态栏（图 1-6）。

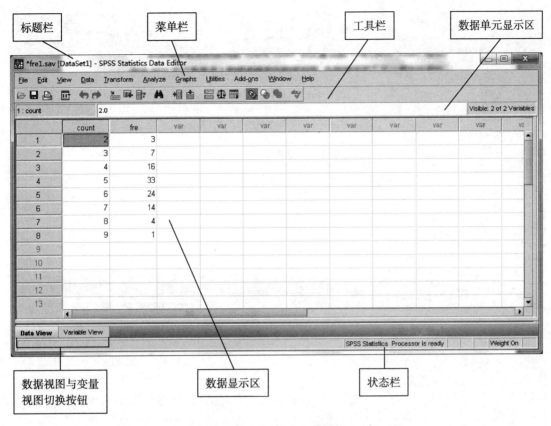

图 1-6　数据视图

1. 标题栏　显示当前打开数据库的文件名和打开的窗口序号。图 1-6 显示打开的文件名为 fre1.sav，打开的窗口序号为［Dataset1］。

2. 菜单栏　显示操作菜单，包括 File、Edit 等 11 个主菜单。

3. 工具栏　显示快捷工具按钮。

4. 数据单元显示区　显示当前光标所在处的数据。如图 1-6 所示，当前光标所在位置为"count"这个变量的第一个观测，其值为 2.0。

5. 数据显示区　显示所录入的数据。

6. 状态栏　显示 SPSS 的运行状态。

7. 数据视图与变量视图切换按钮　单击"Variable View"后可由数据视图切换到变量视图（图 1-7），变量视图显示当前数据文件的结构。

二、结果输出窗

结果输出窗除包括标题栏、菜单栏、工具栏和状态栏外，还包括输出导航窗和输出内容窗（图 1-8）。输出导航窗口以树形结构给出输出信息的提纲。输出内容窗口显示输出标题、文本、表格和统计图等信息。该窗口中的内容可以利用鼠标、键盘和 Edit 菜单项的各种功能进行编辑。

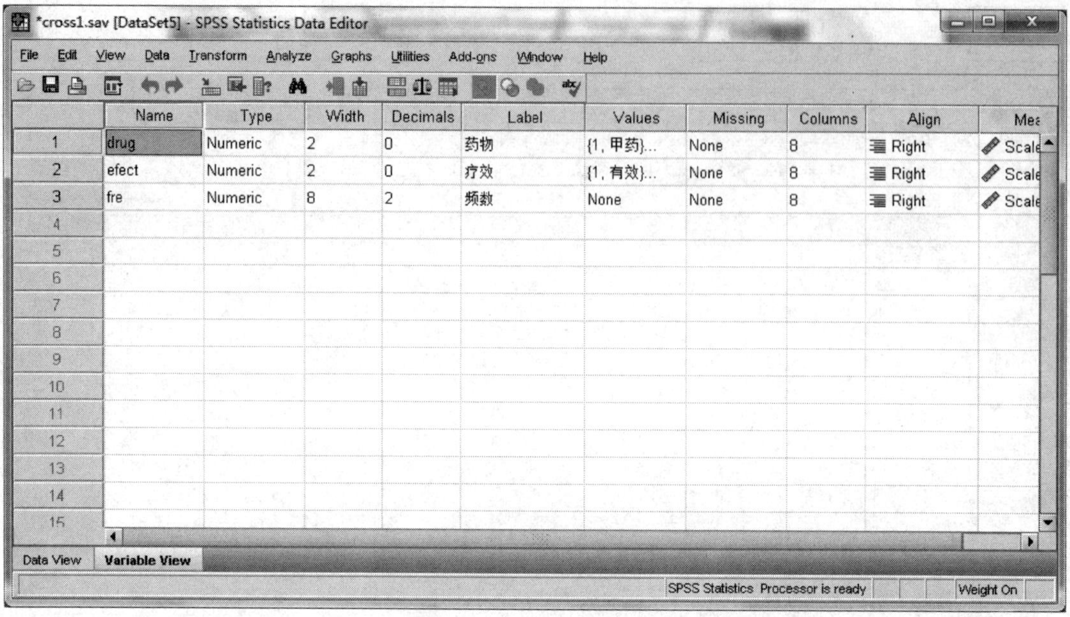

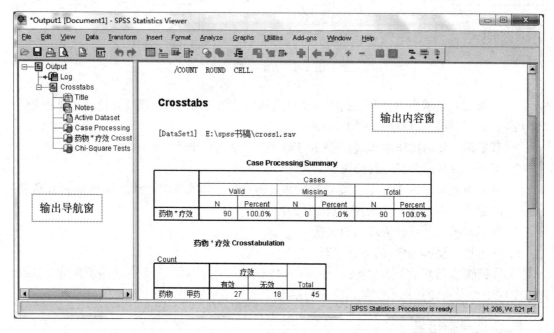

图 1-7 变量视图

图 1-8 结果输出窗

三、程序编辑窗

程序编辑窗(图 1-9)除包括标题栏、菜单栏、工具栏和状态栏外,最主要的是程序编辑区,其左侧为导航区,右侧为编辑区域,在此可以进行程序编程。

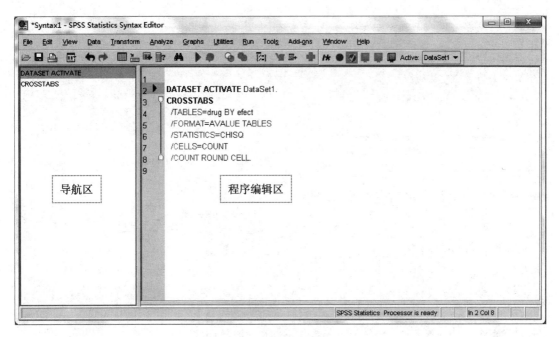

图 1-9　程序编辑窗

四、SPSS 系统参数设置

系统参数设置通过 Edit → Options 实现,点击 Options 后弹出设置系统参数对话框(图 1-10)。在此处可以进行通用参数设置(General)、输出观察窗口参数设置(Viewer)、数据属性参数设置(Data)、货币变量自定义格式设置(Currency)、标签输出设置(Output Labels)、统计图形参数设置(Charts)、输出表格参数设置(Pivot Tables)、文件默认存取位置设置(File Locations)、脚本编辑设置(Scripts)和程序编辑设置(Syntax Editor)。本书仅介绍通用参数设置和输出观察窗口参数设置。

(一) 通用参数设置

1. 设置显示变量、顺序的方式(Variable Lists)

(1) 变量的显示方式

1) Display labels:显示标签。选择此项,变量标签显示在前,变量名显示在后面的括号中。此为系统默认方式。

2) Display names:显示变量名。选择此项,在各对话框的源变量表中只显示变量名。

(2) 变量的显示顺序

1) Alphabetical:按变量名的字母顺序排列。

2) File:按变量在数据文件中出现的顺序排列。此为系统默认方式。

3) Measurement level:按变量的测度水平 Nominal、Ordinal、Scale 排列。

2. 窗口状态的选择(Windows)

(1) Look and feel:下拉菜单中有两项,可以选择其中之一:① SPSS Inc.Standard:使用 SPSS 标准窗口;② Windows:一种具有表格线,颜色也不同的窗口。

(2) Open syntax window at startup:在启动 SPSS 时就打开语句窗口。习惯于使用 SPSS 语言编程和使用 SPSS 对话框功能的读者应该选择此项。

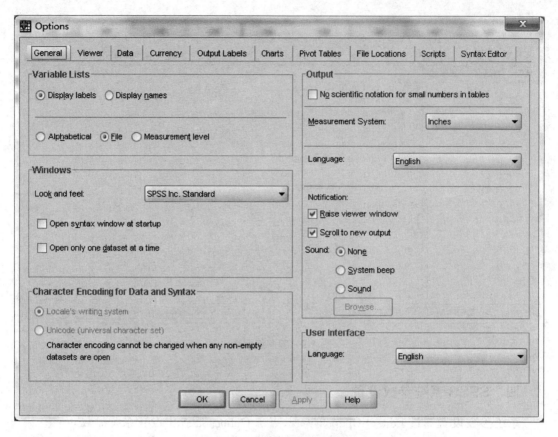

图 1-10 系统参数设置对话框

(3) Open only one dataset at a time：每次只打开一个数据集。选择此项不能同时开两个以上数据文件或数据窗口。

3. 栏中数据和语句字符的选择（Character Encoding for Data and Syntax）

(1) Locale's writing system：选择此项使用当前的写作系统所用字符。

(2) Unicode（universal character set）：使用一种双字节的世界统一的编码系统的字符。当一个非空数据窗口在打开状态时，不能改变编码系统。

4. 栏内输出的设置（Output）

(1) No scientific notation for small numbers in tables：在表格中小数字不用科学计数表示。

(2) Measurement System 参数框，在下拉菜单中可以选择测度单位，即 ints（点）或 inch（英寸）或 centimeters（厘米）。系统默认单位为英寸。

(3) 在 Language 选项框中，选择输出结果的默认语言，常用的除英文外还有：

1) Traditional Chinese：输出使用繁体中文。

2) Simplified Chinese：输出使用简体中文。

(4) Notification 栏：控制在运行一个 SPSS 过程后在观察窗口中显示输出结果的通告方式。有两个选项，默认同时使用两种方式。

1) Raise viewer window：当有新处理结果时输出窗口自动弹出。

2) Scroll to new output：当有新处理结果时屏幕显示到新的输出信息处。

(5) Sound（声音选项）

1）None：产生输出信息时不发声。

2）System beep：产生输出信息时发出系统默认的声响，以提醒读者。

3）Sound：选择此项，单击其下方的 Browse 按钮，读者确定一个声音文件。产生输出时，运行此文件，发出声响以提醒读者。

（二）输出观察窗口参数设置

在 Viewer 选项卡上设置观察窗即设置输出窗口的各种参数，见图 1-11。在改变参数设置后，单击 OK 按钮退出 Options 窗口后，再次运行 SPSS 命令，产生新的输出时才有效。共有四部分的参数可根据需要重新设置。

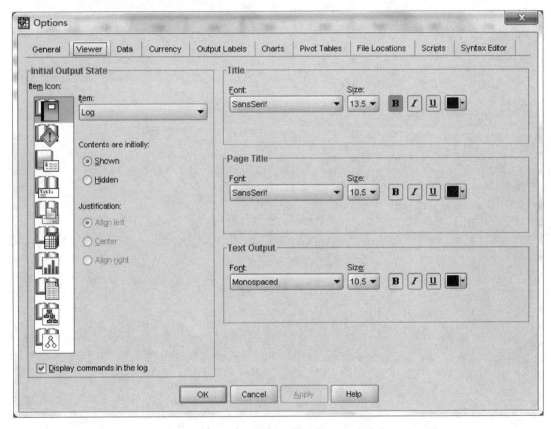

图 1-11　输出窗口的参数设置对话框

1. 初始输出状态设置（Initial Output State）　在本栏中设置各种输出的初始状态。

（1）Item 参数框：在该参数框中控制输出项在每次运行一个统计分析结果输出时，是否自动显示或隐藏，以及初始状态使用的对齐方式。可以选择的输出项有：Log（日）、Warnings（警告信息）、Notes（注释信息）、Title（标题）、Page title（页标题）、Pivot table（表格）、Charts（图表）、Text output（文本输出信息）、Chart（图形）、Tree Model（树形结构图）。每选择一项，就可以按下面（2）、（3）项设定该项的状态。

（2）Contents are initially：确定 Item 框内所指定的项目是显示还是隐藏。Shown（显示）、Hidden（隐藏）。

（3）Justification：文本内容对齐方式。所有输出均默认左对齐，仅打印输出的对齐方式由下面的单选项确定：Align left（左对齐）、Center（居中对齐）、Align right（右对齐）。

（4）Display commands in the log：在日志中显示 SPSS 命令，可以从日志中复制命令语句并将它们保存在一个语句文件中。

2. 输出文本的字体、字号设置　在 Viewer 选项卡右面有三个栏目：Title 栏、Page Title 栏、Text Output 栏，分别定义输出标题、页标题，输出文字的字体、字形、字号和颜色，这些设置对新产生的输出生效。

（温有锋　马洪林）

第二章

SPSS 数据文件操作

运用 SPSS 进行数据处理,首先要掌握 SPSS 数据文件操作,本章主要介绍 SPSS 建立数据文件、打开、保存、导出和编辑。

第一节　SPSS 建立数据文件

运用 SPSS 软件进行数据处理,首先要建立 SPSS 数据文件,正确建立数据文件对获得正确的统计结果至关重要。

一、SPSS 的数据类型

SPSS 的数据分常量和变量两种类型。

(一) SPSS 的常量

常用的 SPSS 常量有数值型、字符型、日期型和日期时间型。

1. 数值型常量　是 SPSS 程序中的数字。有两种书写方式,一种是普通书写方式,例如 16、27.1 等。另一种是科学计数法,用于表示特别大或特别小的数字,例如 1.33E(或 1.33E+18)表示 1.33×10^{18}。

2. 字符串常量　是被单引号或双引号括起来的一串字符。如果字符串中带有"'"字符,则该字符串常量必须使用双引号括起来,例如 "BOY'S BOOK"。在数据窗口中的字符串不使用引号。

3. 日期型常量　用来表示日期的常量。

(二) SPSS 变量

SPSS 变量有数值型、字符型、日期型(或日期时间型)三种基本类型。数值型变量又按不同要求分为标准数值型变量(Numeric)、带逗点的数值型变量(Comma)、圆点数值型变量(Dot)、科学计数法(Scientific notation)和带美元符号的数值型变量(Dollar)五种。系统默认的变量类型为标准数值型变量(Numeric)。每种类型的变量由系统给定默认长度。小数点或其他分界符括在总长度之内。变量的系统默认长度可以用 Edit 菜单中的 Options 命令重新设置。

二、建立 SPSS 数据文件

SPSS 的数据文件为二维行列结构,每行为一个记录,或称观测单位(Case),每列为一个变量（Variable）。因此建立 SPSS 数据文件首先要定义变量，然后录入数据。

（一）定义变量

菜单操作如下：File → New → Data，界面显示的是数据视图（Data View），在此可以输入数据，形成新的数据库。如果想定义变量，可以单击左下角的"Variable View"，切换到变量视图（图 2-1）进行变量定义。

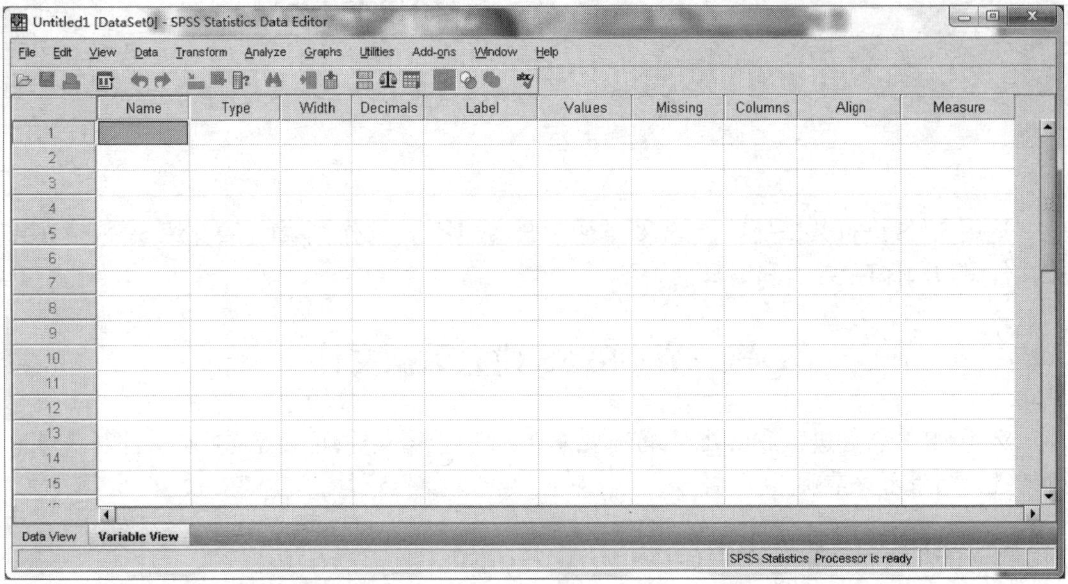

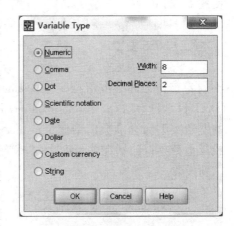

图 2-1　变量视图

定义变量：SPSS 变量包括变量名（name）、变量类型（type）、变量宽度（width）、保留小数位（decimals）、变量标签（label）、变量值标签（values）、缺失值（missing）、数据列宽（columns）、对齐方式（align）、度量类型（measure）等 10 项属性。其中至少要定义变量名和变量类型，其他属性可以采用默认值。

（1）变量名：在 Name 所对框中输入要定义的变量名称，定义变量名时要遵循以下原则：

1）变量名不超过 64 个字节，相当于 64 个英文字符或 32 个汉字的长度。

2）必须以字母或汉字开头，其后可为除"?"、"-"、"!"、"*"、"#"、"$"和空格以外的字符或数字。但最后一个字符不能是下划线"_"或圆点"."。

3）变量名不能与 SPSS 关键字相同。SPSS 的关键字包括：ALL、AND、BY、EQ、GE、GT、LE、LT、NE、NOT、OR、TO、WITH 等。

4）系统不区分变量名中的大小写字符，例如"GOOD"和"good"被认为是同一个变量。

（2）变量类型：将光标移动到某个变量对应的变量类型（Type）框，并单击之，可以定义变量类型，弹出如图 2-2 的对话框，可以定义 8 种变量类型。

1）Numeric：标准数值型变量，为系统默认类型，

图 2-2　变量类型对话框

默认总长度为 8,小数位数为 2。

2) Comma:逗点数值型变量,其值在显示时整数部分自右向左每三位用一个逗点作分隔符,用圆点作小数点。如 1,234,567.89 表示 1234567.89。

3) Dot:圆点数值型变量,显示与 Comma 相反,如 1.234.567,89 表示 1234567.89。

4) Scientific notation:科学计数法,适用于数值很大或很小的变量。如 1.23E2 表示 123。

5) Date:日期时间型变量,对话框中列出了 29 种日期型,可以根据需要定义。日期型变量不能直接参与运算,若想进行运算,必须通过有关的日期函数转换(详见第二章第五节数据转换)。

6) Dollar:带美元符号的数值型变量,其值在显示时有效数字前带有"$",变量总长度包括"$"符号在内,其余规定与标准数值型相同。

7) Custom currency:自定义变量,用户根据需要利用 Edit 菜单中的 Option 功能来定义的变量。

8) String:字符型变量,主要起标记作用,不能参与运算。

(3) 变量宽度(Width)和小数位数(decimals):在 Width 对应处定义变量宽度,Width 栏中的数值是变量的总宽度,数值型变量系统默认值为 8,小数点占 1 位;在 Decimals 对应处定义数值型变量的小数位数,系统默认为 2 位。如待录入数据位 123.45 在定义宽度时,宽度至少为 6 位,小数位为 2 位。变量宽度和小数位数也可以分别在定义变量类型对话框中的 Width 和 Decimal Places 进行定义。

(4) 变量标签(Label):是对变量名含义的进一步解释。数据处理过程中,变量命名越简单越好,特别是变量较多的情况下,定义了变量标签就可以很容易区分不同的变量。如果定义了变量标签,在数据视图中,当光标移至变量名处,会显示变量标签。

(5) 变量值标签(Values):是对变量可能取值的进一步说明。主要用于分类变量的取值进行定义。如性别、血型、实验分组等。

定义变量值标签过程如下:单击 Values 所对框,弹出变量值标签对话框(Value Labels,图 2-3),在 Value 对应的框处输入变量的取值,在 Label 对应的框处输入变量取值的标签,然后单击 Add 按钮进行添加。如本例用"1"代表"男","2"代表"女"。如果要修改已定义的变量值标签可以通过 Change 按钮实现,若要删除变量值标签可以通过 Remove 按钮实现。

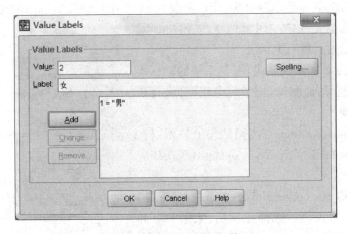

图 2-3　变量值标签对话框

在数据视图中，是显示变量取值还是变量值的标签，可以通过单击 View 菜单下的 Value Labels 来实现（图 2-4）。如打开 Cross1.Sav 数据文件，图 2-5a 显示的是变量的值，图 2-5b 显示的是变量值的标签。

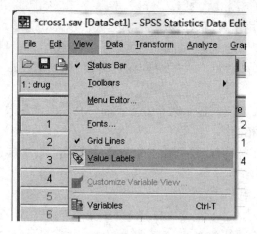

图 2-4 变量标签显示切换

drug	efect	fre
1	1	27.00
1	2	18.00
2	1	40.00
2	2	5.00

(a)

drug	efect	fre
甲药	有效	27.00
甲药	无效	18.00
乙药	有效	40.00
乙药	无效	5.00

(b)

图 2-5 变量值标签显示方式

变量标签和变量值标签是可选择的属性，可定义，也可不定义，二者的区别见表 2-1。为了对输出信息进行解释并得出结论，建议使用中文标签。

表 2-1 变量标签和变量值标签

变量名	变量标签	变量值	变量值标签
Gender	性别	f	女性
		m	男性
W	体重	1	<=30kg
		2	>30kg~<50kg
		3	>=50kg

（6）缺失值（Missing）：是已经输入的失真数据、没有测到或没有记录的数据。因缺失值在分析时不能使用，或需要单独处理，所以需要在 SPSS 中对缺失值加以定义，用特殊的数字或符号输入到数据文件中。用鼠标单击 Missing 对应框，弹出缺失值对话框（图 2-6）。

1）No missing values：无缺失值，是系统的默认状态。如果当前变量的值测试、记录完全正确，没有遗漏，则可选择此项。

2）Discrete missing values：离散缺失值。可以在下面的三个矩形框中输入三个以内可能出现在相应的变量中的缺失值。

3）Range plus one optional discrete missing value：附加一个范围外缺失值。选择此项后，除了 Low 和 High 参数框外，还有 Discrete value 离散值，即范围以

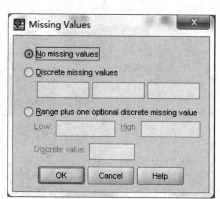

图 2-6 缺失值对话框

外的一个值。

如果这三种定义缺失值方式都不能把所有的非法值包括在内,则要在数据文件中查出错误数据进行修改,修改成系统缺失值。或者在 Syntax 窗口中利用缺失值函数解决缺失值问题。

(7) 数据显示的列宽(Columns):定义显示数据的宽度。显示宽度不同于变量的总长度,数据显示的列宽应大于或等于变量类型定义的总长度和变量名所占宽度。系统默认列宽为 8。

(8) 数据显示的对齐方式(Align):定义数据在数据视图中的对齐方式。系统默认数值型变量右对齐(right),字符型变量左对齐(left),也可以指定为中间对齐(center)方式。

(9) 变量度量类型(Measure):按度量精度变量分为定量变量(scale)、等级变量(ordinal)和定性变量(Nominal)三种类型。定量变量是按尺度的比例测度的变量,如身高、体重等。等级变量是分类变量中有顺序特性的一种,如疾病转归记录:死亡、好转、治愈。定性变量,是无序的分类变量,取值是无法度量的,只能作为分组变量使用,如表示民族、宗教信仰、党派等的变量。

(二) 录入数据

定义完变量后,单击左下角的"Data View"切换到数据视图进行数据录入。数据录入可以按变量录入(即按纵向录入),也可以按观测量进行录入(即按横向录入)。

(温有锋　马洪林)

第二节　数据文件的打开、保存和导出

一、数据文件的打开

SPSS 通过 File → Open(图 2-7)可以打开已存在的数据文件(Data)、程序文件(Syntax)、结果输出文件(Output)和脚本文件(Script)。

SPSS 可以打开的数据文件类型包括 SPSS(*.sav)、SPSS/PC+(*.sys)、Systat(*.syd、*.sys)、portable(*.por)、Excel(*.xls)、Lotus(*.w*)、Sylk(*.slk)、dBase(*.dbf)、SAS(*.sas7bdat,*.sd7,*.sd2,*.ssd01,*.xpt)、Stata(*.dta)和 Text(*.txt,*.dat)等。

(一) 打开 SPSS 数据文件

File → Open → Data(图 2-7),弹出"Open data"对话框(图 2-8),单击"File of type"框的向下三角,选择要打开文件的类型,然后选择要打开的文件名,最后单击 Open 就打开了文件。

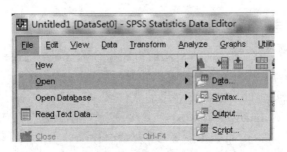

图 2-7　打开文件过程

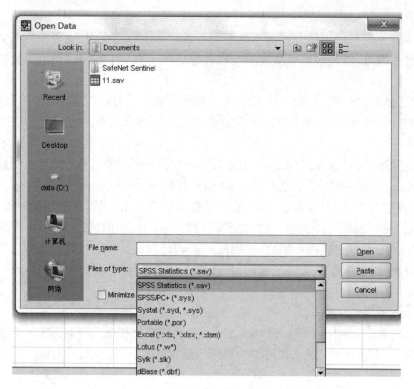

图 2-8　打开文件对话框

(二) 打开 Excel 数据文件

以打开 fingerprint.xls 文件为例,操作方法同上,在 File of type 处选择 Excel(*.xls, *.xlsx,*.xlsm),点击 Open 后弹出 Opening Excel Data Source 对话框(图 2-9),然后单击 OK 就将 Excel 文件导入到 SPSS 中。打开其他类型的数据文件这里就不一一介绍了。

二、保存文件

建立完数据文件或对数据进行修改后,必须保存。保存数据文件可以通过 File 菜单下的 Save 实现,也可以单击工具栏的保存按钮。

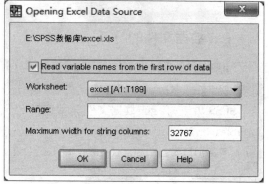

图 2-9　打开 Excel 文件对话框

三、SPSS 数据文件的导出

利用 File 菜单下的另存为(Save as)功能可以将 SPSS 数据文件导出为其他类型的数据文件。如将 Cross1.sav 导出为 Excel 格式文件,操作如下:File → Save as 弹出 Save Data As 对话框(图 2-10),在 File name 输入要导出的文件名,在 Save as type 处选择要导出的文件类型,本例选择 Excel 97 through 2003(*.xls),文件名为"导出数据"。导出文件有三个备选项:

1. Write variable name to spreadsheet　将变量名作为导出 Excel 文件的第一行,此为系统默认选项。

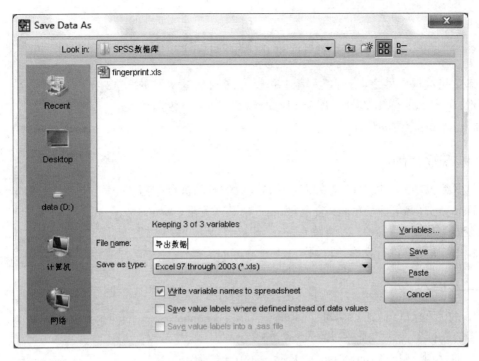

图 2-10　导出文件对话框

2. Save value labels where defined instead of data values　对已定义变量值标签的变量,在导出时用变量标签代替变量值。

3. Save value labels into a .sas file　导出 sas 类型文件时将变量值标签同时导出一个 sas 文件。

也可以利用 Variables 按钮(图 2-11)可以定义导出的变量个数,系统默认导出全部变量。

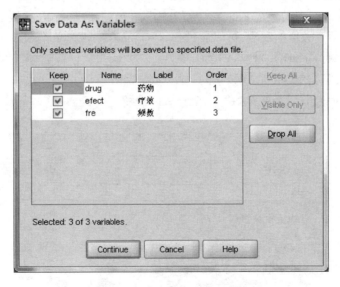

图 2-11　定义导出变量对话框

(温有锋　马洪林)

第三节 数 据 编 辑

建立完数据文件之后,可以利用 Edit 主菜单对数据文件进行编辑,单击 Edit 弹出如图 2-12 窗口,此窗口可以进行数据编辑、插入、查找、定位和替换。

一、数据编辑

数据编辑功能可以对已建立的变量和录入的观测进行撤销(Undo)、恢复(Redo)、剪切(Cut)、复制(Copy)、粘贴观测量(Paste)、粘贴变量(Paste Variable)和清除(Clear)等操作,也可以通过 Ctrl 加相应快捷键进行操作,其操作方法同 Windows 操作。

二、插入

1. 插入变量(Insert Variable) Edit → Insert Variable,操作后在当前光标所在处的前一列插入一新的变量列。

2. 插入观测量(Insert Cases) Edit → Insert Cases,操作后在当前光标所在处的上一行插入一新的观测量。

三、查找、替换和定位

图 2-12 数据编辑窗口

(一) 查找、替换

1. 查找 将光标移动到要查找的变量所在列的第一个观测处,然后 Edit → Find(或者 Ctrl+F),弹出如图 2-13 对话框。以辽宁汉族人体质调查数据文件为例(investigation.sav),查找身高为 170.00cm 的观测。在 Find 对应框处输入 170,然后单击 Find Next 就可以查找了。如果要查找含有某个数值的观测,可以通过 Show Options 实现。单击 Show Options 后弹出图 2-14 对话框,在匹配(match to)栏有四个选项:

(1) Contains:查找包含要查找数字的观测,系统默认。

(2) Entire cell:查找的与某个数字完全一致的观测。

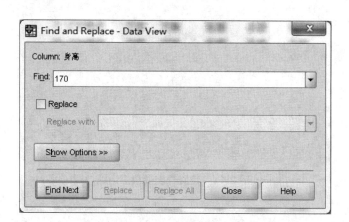

图 2-13 查找对话框

图 2-14　查找限定对话框

(3) Begins with:查找开头数字与要查找数字一致的观测。

(4) Ends with:查找结尾数字与要查找数字一致的观测。

(5) Direction:限定查找方向。Up 向上查找,Down 向下查找。

2. 替换　如果要将身高等于 170 的替换为 171,可以选择 Replace 复选项,在相应框处输入 171,单击 Replace 完成一个观察的替换,要替换全部就单击 Replace All。替换功能亦可以通过 Edit → Replace(或者 Ctrl+H)实现。

(二) 定位

1. 定位到某一观测单位 Edit → Go to Case　弹出 Go to Case 对话框,填入某一观测单位的编号(数据编辑窗左侧第一列的顺序号),点击 Go 后,光标移到该观测单位,而且该观测单位滚动至当前显示数据屏幕的第一行。

2. 定位到某一变量 Edit → Go to Variable　弹出 Go to Variable 对话框,填入要定位的变量名,点击 Go 后,光标移到该变量,而且该列变量滚动至当前显示数据屏幕的第一列。

(温有锋　马洪林)

第四节　数据文件整理

建立完数据文件之后,可以利用 Data 主菜单对数据文件进行整理,单击 Data 弹出如图 2-15 窗口,此窗口包括定义特征、辨识重复观测单位、数据结构整理、拷贝数据文件和数据选择五个部分。

一、定义特征

1. 定义变量特征　Data → Define Variable Properties,弹出 Define Variable Properties 对话框,将需要定义的变量从左侧框送至右侧框内,点击 Continue,弹出定义变量特征的对话框,根据需要按照对话框提示对变量进行定义。

2. 拷贝变量特征　Data → Copy Data Properties,弹出 Copy Variable Properties 对话框,按照提示进行操作即可。

3. 新建自定义属性　Data → New Custom Attribute,根据需要自定义属性。

4. 定义日期　Data → Define dates,主要用于时间序列分析。

5. 定义多个反应集　Data → Define Multiple Response Sets。

二、辨识重复观测单位

辨识重复观测单位的功能主要用于数据的核查,以免某个观测单位被重复录入。Data → Identify Duplicate Cases,弹出 Identify Duplicate Cases 对话框(图 2-16)。将匹配的变量选入 Define matching cases by 框内,如有需要,可将排序标志的变量选入 Sort with in matching groups by 框内。

1. Indicator of primary cases(1=unique or primary,

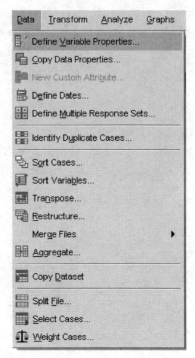

图 2-15　Data 对话框

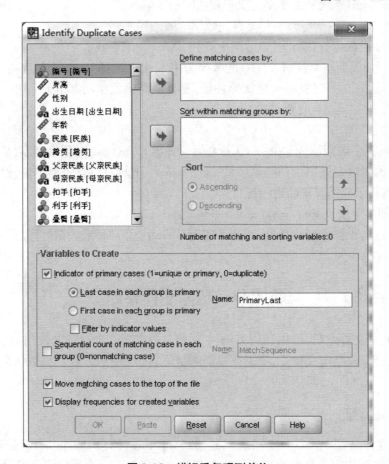

图 2-16　辨识重复观测单位

0=duplicate） 定义重复标志变量的变量名和重复观测单位中的原观测单位。系统默认的变量名为 "PrimaryLast" 或 "PrimaryFirst"。定义 1 代表原观测单位；0 代表重复观测单位。

（1）Last case in each group is primary：每组重复观测单位的最后一例为原观测单位。

（2）First case in each group is primary：每组重复观测单位的第一例为原观测单位。

（3）Filter by indicator values：将重复观测单位滤掉。

2. Sequential count of matching case in each group（0=no matching case） 产生一个新变量，系统命名为 "MatchSequence"，给出每组重复观测单位的累积例数。

3. Move matching cases to the top of the file 将匹配的重复观测单位置于文件顶部。

4. Display frequencies for created variables 在结果文件中给出重复标志变量的频数表。

三、数据结构整理

（一）观测量排序

观测量排序可以按照某个或某些变量的值的顺序重新排列观测量在数据文件中出现的先后顺序。Data → Sort Cases，弹出 Sort Cases 对话框（图 2-17）。

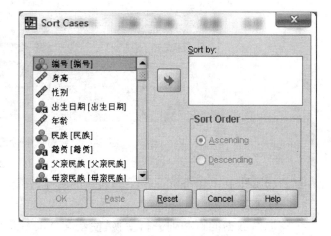

1. Sort by 选择排序变量。对所选变量的观测值排序，如果选择二个以上变量，其排序结果将按在 Sort by 栏中选入的顺序依次进行。

2. Sort order 排序方式。

⊙ Ascending：升序排列。

○ Descending：降序排列。

图 2-17 观测量排序对话框

（二）变量排序

对每列变量显示位置按照变量名、类型、宽度等进行排序，重新排列变量显示顺序，以利于观察。Data → Sort Variables，弹出 Sort Variables 对话框（图 2-18）。

1. Variable View Columns 选择变量排列方式。

（1）Name：按变量名进行排序。

（2）Type：按变量类型进行排序。

（3）Width：按变量宽度进行排序。

（4）Decimals：按变量小数位进行排序。

（5）Label：按变量标签进行排序。

（6）Values：按变量值的标签进行排序。

（7）Missing：按变量缺失值进行排序。

（8）Columns：按变量列宽进行排序。

（9）Align：按变量对齐方式进行排序。

（10）Measure：按变量度量类型进行排序。

2. Sort order 排序方式：⊙ Ascending：升序排列；○ Descending：降序排列。

3. Save the current（pre-sorted）variable order in a new attribute 将排序前的变量顺序保

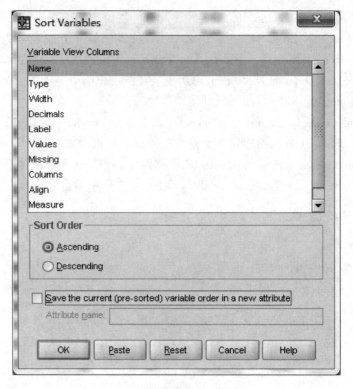

图 2-18　变量排序对话框

存到新的属性中。Attribute name:输入新的属性名称。

　　(三) 数据转置

　　将原始数据的行和列进行变换,使新文件的行是原文件的列,新文件的列是源文件的行。Data → Transpose,弹出 Transpose 对话框(图 2-19)。

图 2-19　数据转置对话框

(四) 重建数据结构

通过该功能实现对数据文件结构的变换。Data → Restructure, 弹出 Restructure 对话框 (图 2-20)。

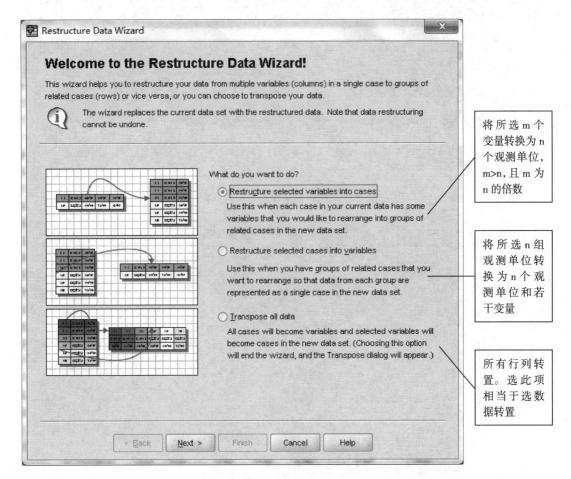

图 2-20　重建数据结构对话框

(五) 合并数据文件

合并数据文件是指将外部数据中的观测量或者变量合并到当前数据文件中去, 它包括添加观测量和添加变量两种合并方式。

1. 添加观测量(Add Cases)　将外部数据文件的观测量添加到当前数据文件中。这种方法称为纵向合并或追加观测量。相互合并的数据文件中应该有相同的变量, 不同的观测量。操作如下: Data → Merge Files → Add Cases, 弹出选择数据文件来源对话框(图 2-21), 分为已打开的数据文件(An open dataset)和外部数据文件(An external SPSS Statistics data file)两种情况。以合并外部文件为例, 将数据文件 merge1.sav 与 merge2.sav 合并。打开数据文件 merge1.sav, Data → Merge Files → Add Cases, 单击 Browse, 弹出选择合并的外部文件对话框, 选中 merge2.sav, 然后点击 Open, 回到选择数据文件来源对话框, 单击 Continue, 弹出添加观测量对话框(图 2-22)。

(1) Unpaired Variables: 框中列出的变量是未配对变量, 有 Height、h 和 w 这些在另一个

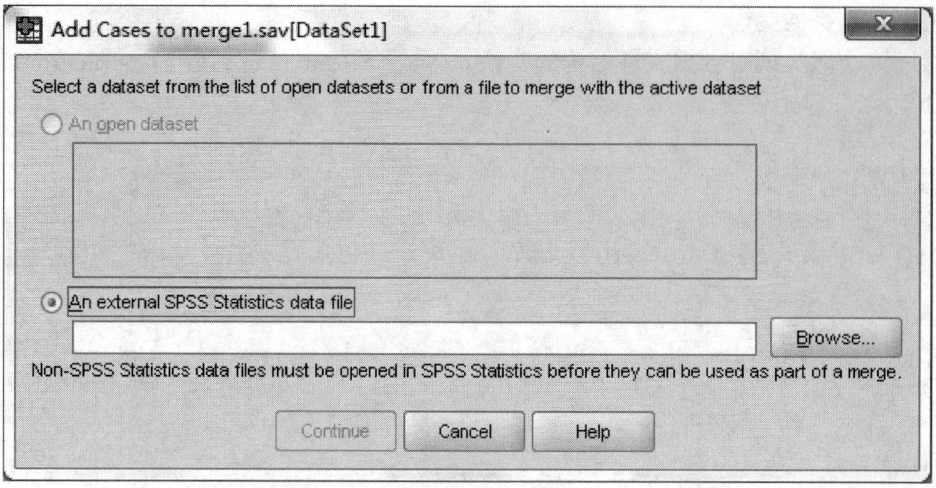

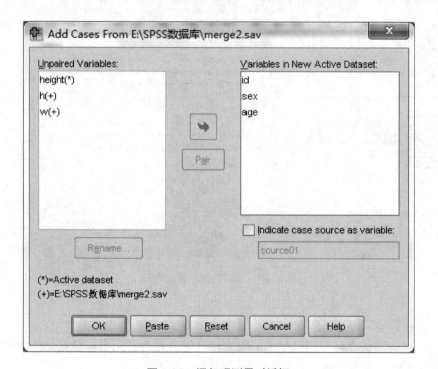

图 2-21　选择数据文件来源对话框

图 2-22　添加观测量对话框

数据文件中找不到变量名和类型与之相同的变量,即它们不能配对。标有"*"的是当前数据文件中的变量,标有"+"的是外部数据文件中的变量。

（2）Variable sin New Active Dataset:框中列出的变量是在两个数据文件中变量名相同、类型相同的变量（id、sex、age）。这些变量直接包括在合并后的新文件中。

根据情况处理数据:①只合并两个数据文件中变量名和类型都相同的变量的观测量时,单击 OK 按钮。②追加合并外部数据文件中名称不同的变量（不匹配变量）的观测量。此时需要首先在 Unpaired Variables 框中设置配对变量,即先选取一个变量,再按住 Ctrl 键选取与之配对的变量,然后单击 Pair 按钮将它们送入新的数据文件变量表中,显示"height&h"最后单击 OK 按钮。没有配对的变量,也可以出现在合并有的数据文件中,只要选择并送入右面的框中。也可以改名以后再送入右框。在 Unpaired variables 中选择一个变量,单击 Rename 按钮,在 Rename 对话框中给出新名,单击 Continue 即可。

追加合并外部数据文件中变量名不同的观测量应遵循的原则:①在两个数据文件中变量名不同的观测量,可以把它们配对为相互匹配的变量,并将它们选入新的数据文件中;②一个数据文件中被设为数值型变量的观测量,不能与其他文件被设置为字符型的观测量进行追加合并;③不同宽度的字符变量必须先将它们的宽度设置为一致后才能进行观测量的合并;④如果强行将不匹配的变量选入新的数据文件中,有可能造成数据的遗失。

(3) Indicate case source as variable:指定一个变量,值为 1 表明来自当前数据文件的观测量,值为 0 表明是外部数据文件中的观测量。默认的变量名为 Source01,也可以自己命名。

2. 添加变量(Add Variables)　将外部数据文件的变量添加到当前数据文件中,称为横向合并。相互合并的数据文件中包含不同的变量。增加变量有两种方式:①两个数据文件按观测量顺序一对一进行横向合并;②关键变量合并。以 merge3.sav 为当前数据文件,merge4.sav 为外部数据文件,这两个文件进行合并为例。

操作如下:Data → Merge Files → Add Variables,弹出选择数据文件来源对话框,具体同观测量合并,选择好外部数据文件 merge4.sav 后,弹出添加变量对话框(图 2-23)。

(1) Excluded Variables:栏中列出的是两个文件中的同名变量。只有这样的变量可以作为关键变量。

(2) New Active Dataset:栏中列出了可以在新工作数据文件中存在的变量。在两个栏中标有"*"的是当前工作数据文件中的变量,标有"+"的是指定的外部数据文件或已经打开的另一个数据文件中的变量。

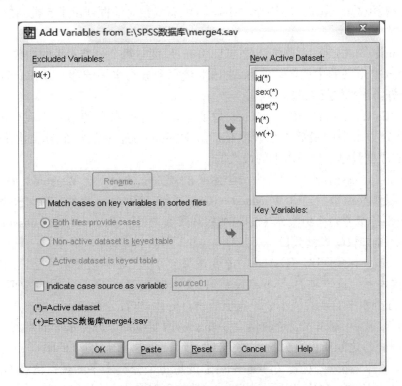

图 2-23　添加变量对话框

(3) Key Variables:进行关键变量合并时,将关键变量移入此栏。

根据情况处理数据:①如果没有变量名相同的变量,不用指定关键变量。要想合并两个数据文件中的变量,单击 OK 按钮即可开始横向合并两个数据文件了。结果是按观测量出现的顺序一对一的合并。②如果两个数据文件中具有同名的变量,那么合并的结果保留当前数据文件中同名的变量加上外部数据文件中不同名的变量。③选择在当前数据文件与外部数据文件中包含的同名变量作为关键变量,需要先对数据文件按关键变量值的升序排序。对于排序后关键变量值相同的合并为一个观测量。对于两个文件中关键变量值不同的观测量处理方法是,选择 Match cases on key variables in sorted files,激活下面三个选项:① Both files provide cases:即观测量由两个数据文件提供。合并的结果是将外部数据文件的观测量追加到当前工作数据文件中。② Non-active dataset is keyed table:即保持当前数据文件中的观测量数目不变。在外部数据文件中,只有那些与当前数据文件中关键变量等值的观测量才能合并到工作数据文件中。③ Active dataset is keyed table:保持外部数据文件中的观测量数目不变。当前数据文件中的观测量与外部数据文件中的关键变量值相等时并入外部数据文件中。

(六) 数据分类汇总

数据处理中,有时需要将某些中间变量,如均数、标准差、最小值、最大值等形成一个新的数据文件,此时可应用数据分类汇总实现这一功能。

例题 2-1   为测量藏族 7 岁青少年的身高,以 48 名青少年为研究对象,每人身高测量 2 次,数据见光盘数据文件 aggregate.sav。请以 2 次均值形成新的数据文件。

Data → Aggregate,弹出分类汇总对话框(图 2-24)。

1. Function   选择汇总变量后,Function 按钮点亮,单击此按钮,弹出汇总函数对话框(图 2-25),在此选择汇总的函数,本例选择 "Mean"(汇总函数对话框列出了 5 类函数 20 种选项,每次只能选其中 1 项)。

(1) Summary Statistics:汇总统计量。① Mean:原变量每个分类水平的均数。② Median:原变量每个分类水平的中位数。③ Sum:原变量每个分类水平的和。④ Standarddeviation:原变量每个分类水平的标准差。

(2) Specific values:特定值。① First:原变量每个分类水平的第 1 个观察值。② Last:原变量每个分类水平的最后 1 个观察值。③ Minimum:原变量每个分类水平的最小值。④ Maximum:原变量每个分类水平的最大值。

(3) Number of cases:原变量每个分类水平的观察值数目。① Weighted:原变量每个分类水平的加权观察值数目。② Weighted missing:原变量每个分类水平的加权缺失值数目。③ Unweighted:原变量每个分类水平的未加权观察值数目。④ Unweighted missing:原变量每个分类水平的未加权缺失值数目。

(4) Percentages:百分比。① Above:原变量每个分类水平的观察值大于设定值所占百分比,以百分数表示。选本项时,Value(设定值)文本框被激活,需添入设定数值。② Below:原变量每个分类水平的观察值小于设定值所占百分比,以百分数表示。选本项时,Value(设定值)文本框被激活,需添入设定数值。③ Inside:原变量每个分类水平的观察值在 Low(低限)与 High(高限)之间所占百分比,以百分数表示。选本项时,Low(低限)与 High(高限)文本框被激活,需添入设定数值。④ Outside:原变量每个分类水平的观察值在 Low(低限)与 High(高限)之外所占百分比,以百分数表示。选本项时,Low(低限)与 High(高限)文本框被

图 2-24 分类汇总对话框

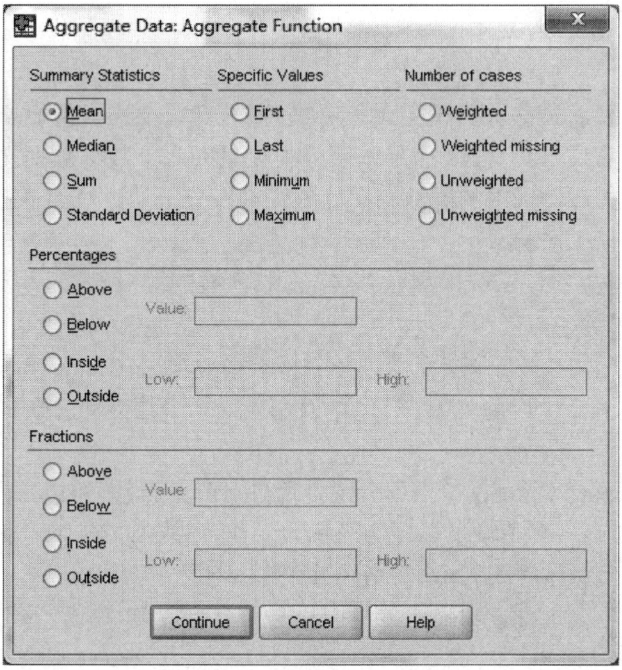

图 2-25 汇总函数对话框

激活,需添入设定数值。

(5) Fractions:比例。① Above:原变量每个分类水平的观察值大于设定值的比例,以小数表示。选本项时,Value(设定值)文本框被激活,需添入设定数值。② Below:原变量每个分类水平的观察值小于设定值的比例,以小数表示。选本项时,Value(设定值)文本框被激活,需添入设定数值。③ Inside:原变量每个分类水平的观察值在 Low(低限)与 High(高限)之间的比例,以小数表示。选本项时,Low(低限)与 High(高限)文本框被激活,需添入设定数值。④ Outside:原变量每个分类水平的观察值在 Low(低限)与 High(高限)之外的比例,以小数表示。选本项时,Low(低限)与 High(高限)文本框被激活,需添入设定数值。

2. Save　数据保存。

(1) Add aggregated variables to active dataset:将汇总变量加入当前数据文件,系统默认。

(2) Create a new dataset containing only the aggregated variables:建立新数据文件。选此项后,在 Dataset name 框处输入文件名,本例重新命名数据文件名为"aggregate_sub.sav"。

(3) Write a new data containing only the aggregated variables:汇总文件替代当前工作文件。选此项后,汇总文件就会替代当前的源数据工作文件。点击 File 选择保存位置和文件名。

3. Options for Very Large Datasets:大型数据文件选项。对于大型数据文件,下面选项有助于提高运算速度。

(1) File is already sorted on break variable(s):源文件分类变量已排序。

(2) Sort file before aggregating:汇总前先将分类变量排序。

四、拷贝数据文件

拷贝数据文件可以实现对整个数据文件的拷贝,形成一个新的数据文件。操作如下:Data → Copy Dataset。

五、数据选择

(一) 拆分文件

数据处理时需要将某些分类变量进行分层分析,此时要通过拆分文件实现。拆分功能不是在物理上将数据文件拆分开,而是按照分类变量的水平数将数据文件在内存中分为若干个数据文件。例如对性别中的男性和女性分别进行分析。操作如下:Data → Split File,弹出拆分文件对话框(图 2-26)。

1. Analyze all cases,do not create groups　分析所有观测对象,不进行文件拆分或者拆分文件的还原。系统默认。

2. Compare groups　根据分层变量进行分析。选此项后,Groups Based on(分层变量)框被激活。若框内选入 2 个以上变量(最多可以选入 8 个分层变量),则分层顺序与变量选入框内的顺序相同。

3. Organize output by groups　根据分层变量进行分析(最多可以选入 8 个分层变量),选此项后,输出方式按每一种不同的分层组合给出一组完整的结果,而 Compare groups 选项则是在每一过程的输出时体现所有不同的分层组合。

4. Sort the file by grouping variables　按分层变量将观测单位由小到大升序排列,然后再拆分文件。

5. File is already sorted　如果已按分层变量将观测单位由小到大排序,可选此项,以节

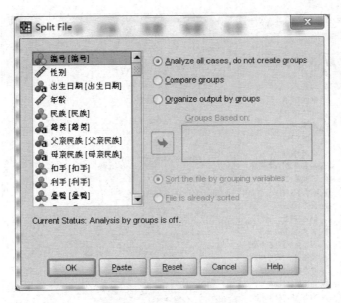

图 2-26　拆分文件对话框

省运行时间。

（二）选择观测量

数据分析中,有时可能只对某一分类变量的其中几个水平(组)感兴趣;或者在判别分析时,可能用其中 85% 的观测单位建立判别函数,用其余 15% 观测单位考核判别函数;或者只对某一段时间或某一编号范围的观测单位感兴趣,此时就用到了选择观测量功能。Data → Select Cases,弹出选择观测量对话框(图 2-27)。

1. Select　选择观测量。

（1）All cases:选择全部观测单位,系统默认。

（2）If condition is satisfied:选择满足设定条件的观测单位,选此项后,if 按钮被激活,击该按钮,弹出 if(条件)对话框(图 2-28),根据需要定义选择条件。

（3）Random Sample of cases:随机抽取一定比例或数量的观测单位。选择此项后,激活 Sample 按钮,击该按钮,弹出 Random Sample(随机抽样)对话框(图 2-29),可设定样本量(Sample size)。

1）⊙ Approximately □% of all cases:按设定的大约比例随机抽取观测单位。需注意大约的含义,例如,某个 100 例观测单位的数据文件,若框内填"90",则运行结果不一定恰好抽到 90 例观测单位。

2）○ Exactly □ cases from the first □ cases:从前若干观测单位中随机抽取例数的观测单位。

（4）Based on time or case range:按观测单位的编号范围选取观测单位。选此项后,Range 按钮被激活,击该按钮,弹出 Range(范围)对话框。

（5）Use filter variable:用过滤变量选取观测单位。除"All Cases"选项外,其余选项均在数据窗中产生一个名"filter_$"的过滤变量,在过滤变量中,"1"表示被选择的观测单位;"0"表示未被选择的观测单位。选此项后,其下的长条框被激活,可从左边的变量框中将过滤变量选入。

2. Output　选择观测量的输出方式。

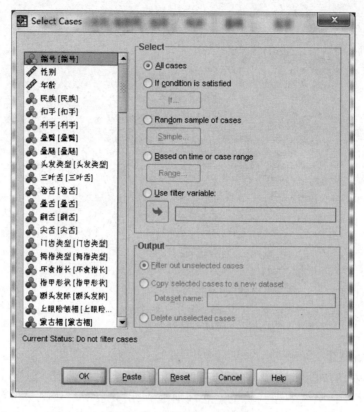

图 2-27 选择观测量对话框

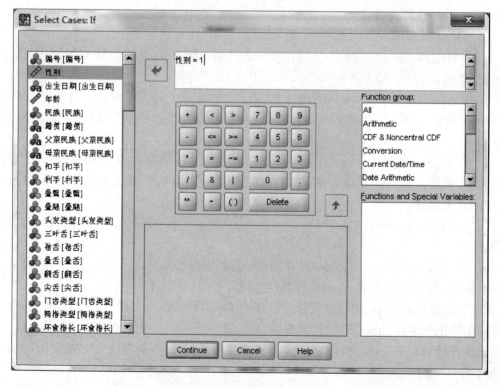

图 2-28 选择观测量条件对话框

（1）Filter out unselected cased：未被选择的观测单位仍保留在文件中，处于未被选择状态，其编号格内标有斜对角线，其过滤变量赋值为"0"。

（2）Copy selected cases to a new dataset：拷贝选择的观测量，形成新的数据文件，选择此项后 Dataset name 框被激活，在此处输入新的数据文件名。

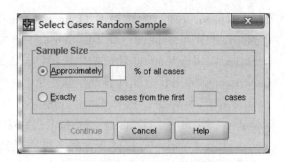

图 2-29　随机抽样对话框

（3）Delete unselected case：未被选择的观测单位从文件中删除，选择该项要谨慎。

（三）变量加权

变量加权是指对变量，特别是频数变量赋以权重，常用于计数频数表资料，如列联表和等级资料频数表，加权后的变量被说明成频数。Data → Weight Cases，弹出变量加权对话框（图 2-30）。

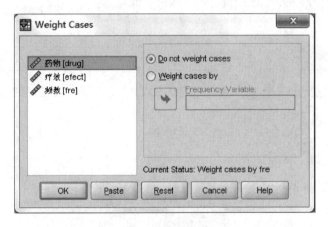

图 2-30　变量加权对话框

1. Do not weight cases　不对变量加权。
2. Weight cases by　指定频数变量，对变量进行加权，即把变量值定义为频数。

（温有锋　马洪林）

第五节　数 据 转 换

在许多情况下，原始数据难以满足数据分析的全部要求，此时，需要将原始数据进行适当的转换。SPSS 具有强大的数据转换功能，它不仅可以进行简单的变量变换和重新建立分类变量，还可以进行复杂的统计函数运算以及逻辑函数运算。

单击主菜单的 Transform，弹出数据转换子菜单（图 2-31），主要功能有：计算产生主变量（Compute Variable），计数统计（Count Values within Cases），转换观测量的值（Shift Values），对同一变量重新赋值（Recode into Same Variables），赋值产生新变量（Recode into Different Variables），自动重新赋值（Automatic Recode），可视化分组（Visual Binning），观测单位排秩

(Rank Cases), 时间变量转换 (Date and Time Wizard)、产生时间序列变量 (Create Time Series), 缺失值替代 (Replace Missing Values), 随机数生成器 (Random Number Generators)。本书仅介绍计算产生新变量。

计算产生新变量操作如下: Transform → Compute Variable, 弹出计算产生新变量对话框 (图 2-32)。

1. Target Variable: 目标变量名　可以是新变量, 也可以是已有变量。填入目标变量名后, 目标变量名框下的 Type&Label 按钮被激活, 击该按钮后, 弹出 Compute Variable 对话框, 在此定义计算产生新变量的变量名、类型、宽度等。

2. Numeric Expression: 建立数学表达式　可以使用键盘或利用系统提供的计算板直接输入表达式区域, 也可以将函数框中的函数选入表达式区域。SPSS 提供了约 180 种函数, 列于 Function and Special Variables 框内,

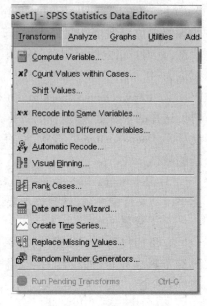

图 2-31　数据转换子菜单

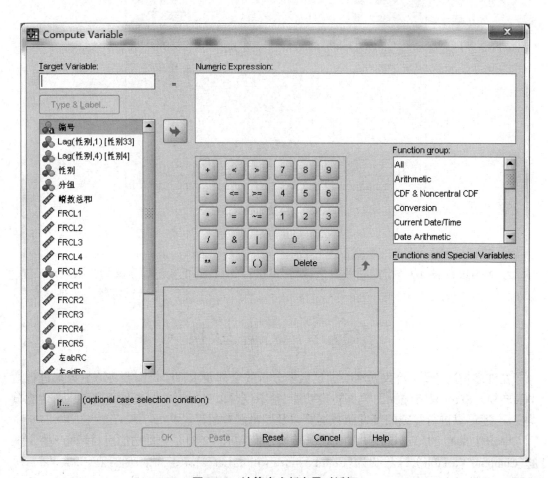

图 2-32　计算产生新变量对话框

在对话框的中下方框内有每种函数的简要解释。Function group 框内则显示的是函数类型，它包括 18 类 204 种函数，18 类函数见表 2-2。在表达式中，字符常量需用单引号或双引号括起。本书仅介绍 13 种常用的算术函数。

表 2-2 SPSS 函数类型

序号	类型		数量
1	Arithmetic Functions	算术函数	13
2	CDF& Noncentra CDF	累积分布函数	30
3	Conversion	转换函数	3
4	Current/Time	当前日期、时间函数	4
5	Date Arithmetic	日期算术函数	3
6	Date Creation	日期生成函数	6
7	Date Extraction	日期提取函数	11
8	Inverse DF	反分布函数	18
9	Miscellaneous	混杂函数	4
10	Missing Value	缺失值函数	6
11	PDF & Noncentra PDF	概率密度函数	27
12	Random Number	随机变量函数	22
13	Search	查找函数	10
14	Significance	显著性函数	2
15	Statistical	统计函数	7
16	String	字符函数	26
17	Time Duration Creation	时间间隔生成函数	4
18	Time Duration Extraction	时间间隔提取函数	8

（1）ABS（numexpr）数值型函数，返回数值表达式的绝对值。

（2）ARSIN（numexpr）数值型函数，返回数值表达式的反正弦值，单位为弧度，其范围在 –1~1 之间。

（3）ARTAN（numexpr）数值型函数，返回数值表达式的反正切值，单位为弧度。

（4）COS（radians）数值型函数，返回单位为弧度的余弦值。

（5）EXP（numexpr）数值型函数，返回以 e 为底，以括号中的数值表达式值为指数的幂值。应该注意，若指数太大或函数值太大，其结果会超出 SPSS 的计算范围。

（6）LN（numexpr）数值型函数，返回以 e 为底的自然对数值，数值表达式必须是数值型，而且要大于 0。

（7）LNGAMMA（numexpr）数值型函数。返回数值表达式 numexpr 的完全 Gamma 函数的对数。表达式必须是数值型的，且其值必须大于 0。

（8）LG10（numexpr）数值型函数，返回以 10 为底的对数值，数值表达式必须是数值型，而且值要大于 0。

（9）MOD（numexpr,modulus）数值型函数，返回数值表达式除以模数的余数。两个自变量必须是数值型,模数不能是 0。

(10) RND(numexpr)数值型函数,返回数值表达式的值取四舍五入后的整数。

(11) SIN(radians)数值型函数,自变量是以弧度为单位的角度,返回弧度角的正弦值。

(12) SQRT(numexpr)数值型函数,返回一个正数的平方根。数值表达式的值必须大于等于 0。

(13) TRUNC(numexpr)数值型函数,返回数值表达式的值被截去小数部分的整数。

3. If:定义条件　击 If 按钮,弹出 Compute Variables:If Cases(条件表达式)对话框,在此定义条件。

(温有锋　马洪林)

第三章

定量资料的统计描述

    定量资料(quantitative data)又称计量资料(measurement data),是为测定每个观测单位某项指标的大小而获得的资料。其变量值是定量的,表现为数值大小,一般有度量单位。在 SPSS 统计软件下定量资料的统计描述包括频数分布分析、描述性统计分析和探索性分析过程。

第一节　频数分布分析

    频数分布分析主要通过频数分布表、条形图和直方图,以及集中趋势和离散趋势的各种统计量,描述数据的分布特征。利用频数分布表可以方便地对数据按组进行归类整理,形成各变量的不同水平(分组)的频数分布表和图形,以便对各变量的数据的特征和观测量分布状况有一个基本的认识,也可以通过该过程完成对数据的检查。

一、离散型定量资料的频数分布分析

    例题 3-1　某市 2010 年进行学生体质评价,抽样调查了 105 名中学生引体向上完成次数的情况,试做频数分布分析,数据见表 3-1,数据文件见光盘 fre1.sav。

表 3-1　105 名中学生引体向上完成次数

完成次数	2	3	4	5	6	7	8	9
完成人数	3	8	16	35	24	14	4	1

    1. 建立数据文件　定义两个变量 count(完成次数,8,0)和 fre(频数,8,0),录入数据,保存数据文件名为 fre1.sav。count 为变量名,"完成次数"为变量标签,8 为变量宽度,0 为小数位,以后定义变量的说明均与此同。

    2. 频数变量加权　Data → Weight cases → Weight cases by(图 3-1)。

    3. 频数分布分析过程　Analyze → Descriptive Statistics → Frequencies →弹出 Frequencies 主对话框(图 3-2)。其他统计量选项如图 3-3、图 3-4 所示。

    (1) Statistics:统计功能按钮,单击此按钮后弹出 Statistics 对话框(图 3-3)。

    1) Percentile Values:输出指定的百分位数。① Quartiles(输出四分位数);② Cut point for ☐ equal groups(输出等分点的百分位数,在参数框中输入 2~100 间的整数);③ Percentile(s)(用户自定义百分位数)。

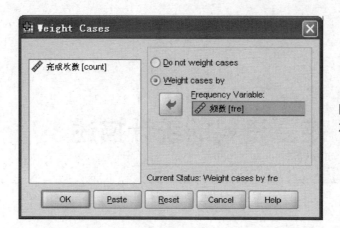

图 3-1 频数变量
加权对话框

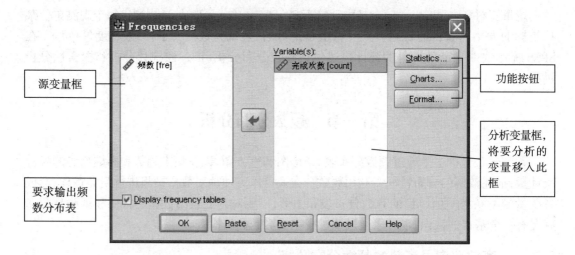

源变量框

功能按钮

分析变量框，
将要分析的
变量移入此
框

要求输出频
数分布表

图 3-2 频数分布分析主对话框

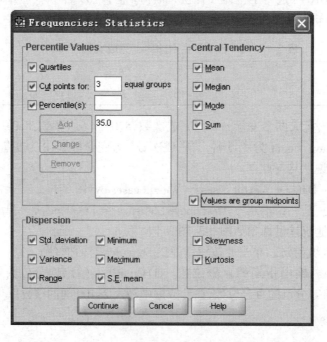

图 3-3 Statistics
对话框

图 3-4　Charts 对话框

2）Central Tendency：输出集中趋势统计量。① Mean（均值）；② Median（中位数）；③ Mode（众数）；④ Sum（算术和）。

3）Values are group midpoints：计算百分位数值和中位数时，假设数据已经分组，且用各组的组中值代表各组数据。

4）Dispersion：输出离散趋势统计量。① Std. deviation（标准差）；② Variance（方差）；③ Range（全距）；④ Minimum（最小值）；⑤ Maximum（最大值）；⑥ S.E.mean（均数的标准误）。

5）Distribution：输出分布参数。① Skewness（表示偏度）：0 表示正态分布，正数表示左偏，负数表示右偏；此值大于其标准误的两倍，说明数据分布不是对称分布，也不是正态分布。② Kurtosis（表示峰度）：0 表示正态分布，正数表示高于正态峰，负数表示低于正态峰。

（2）Charts：输出统计图形功能按钮。单击此按钮后弹出 Charts 对话框（图 3-4）。

1）Chart Type：选择统计图形的类型。① None 不输出统计图，系统默认状态。② Bar charts 输出条形图，各条高度代表各分类的频数或百分比，适用于分类变量。③ Pie charts 输出饼形图，适用于分类变量。④ Histograms 输出直方图，仅适用于连续变量。选择此项后，选择 With normal curve 会输出带正态分布曲线的直方图。

2）Chart Values：该栏在选择条形图或饼形图后生效。Frequencies 表示频数；Percentages 表示百分数。

（3）Format：结果输出格式功能按钮。设定结果的输出格式，一般采用系统默认选项。

4. 主要输出结果及分析　主要输出统计量见图 3-5、图 3-6，直方图见图 3-7。

从图 3-5 可以看出偏度（Skewness）及其标准误分别为 −0.033 和 0.236，偏度值小于 2 倍的标准误，峰度及其标准误分别为 0.062 和 0.467，故该资料服从正态分布。曲线向右偏，稍高于正态的峰。对照图 3-6 也可以看出这样的趋势。

完成次数

N	Valid	105
	Missing	0
Mean		5.26
Std. Error of Mean		.135
Median		5.27[a]
Mode		5
Std. Deviation		1.387
Variance		1.924
Skewness		-.033
Std. Error of Skewness		.236
Kurtosis		.062
Std. Error of Kurtosis		.467
Range		7
Minimum		2
Maximum		9
Sum		552
Percentiles	33.33333333	4.63[b]
	35	4.70
	66.66666667	5.86

a. Calculated from grouped data.

b. Percentiles are calculated from grouped data.

图 3-5　引体向上次数的描述性统计量

完成次数

		Frequency	Percent	Valid Percent	Cumulative Percent
Valid	2	3	2.9	2.9	2.9
	3	8	7.6	7.6	10.5
	4	16	15.2	15.2	25.7
	5	35	33.3	33.3	59.0
	6	24	22.9	22.9	81.9
	7	14	13.3	13.3	95.2
	8	4	3.8	3.8	99.0
	9	1	1.0	1.0	100.0
	Total	105	100.0	100.0	

图 3-6 引体向上次数频数分布表

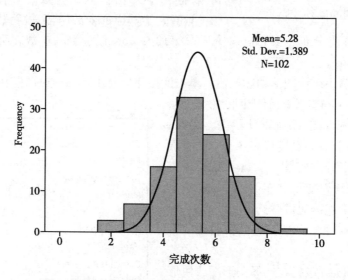

图 3-7 频数分布直方图及正态分布曲线

二、连续型定量资料的频数分布分析

例题 3-2 在某市 2010 年进行的小学生体质评价研究中,测定了 116 名 8 岁男孩的肺活量,数据资料见表 3-2,建立数据文件 fre2.sav(光盘)。试做频数分布分析。

1. 建立数据库 定义变量 VC(肺活量,8,3),录入数据,保存数据文件名为 fre2.sav。

2. 频数分布分析过程 Analyze → Descriptive Statistics → Frequencies →弹出 Frequencies 主对话框,将变量"VC"移入 variable(s)栏。在 Statistics 对话框处选择输出基本统计量,在 Chart 对话框处选择输出带正态分布曲线的直方图(Histograms)。

3. 结果及分析 略。

表 3-2　116 名小学生肺活量测量结果

1.706	0.989	1.555	1.953	1.534	1.98	2.128	1.056	1.645
1.326	2.235	1.352	1.744	1.9	1.57	1.543	1.969	1.214
1.632	1.665	1.832	1.695	1.595	1.495	1.562	1.481	1.184
1.876	1.289	1.444	1.707	1.646	1.864	1.382	2.406	1.735
2.161	1.724	1.737	1.901	1.905	2.17	1.291	2.123	1.277
1.684	1.548	1.459	1.825	1.61	2	1.796	1.512	1.633
1.533	1.608	1.45	1.597	1.614	1.705	1.647	1.03	1.745
1.175	1.89	1.782	2.338	1.422	1.863	1.415	1.886	1.978
1.867	1.733	1.555	1.708	2.301	1.424	0.996	1.93	1.83
1.676	1.796	1.634	1.711	2.127	2.068	1.936	1.725	1.399
2.091	1.203	1.508	1.856	1.348	1.576	1.526	1.374	1.67
1.847	1.736	2.343	1.644	1.317	1.833	1.424	1.654	1.438
1.213	1.45	1.509	1.716	1.062	2.212	1.589	1.663	

（温有锋　孟佳）

第二节　描述性统计分析

描述性统计分析主要用于计算描述集中趋势和离散趋势的各种统计量,还可以对变量进行标准化变换,即 Z 变换。

例题 3-3　试对例题 3-2 中的肺活量进行描述性分析。数据文件 fre2.sav。

1. 分析过程　Analyze → Descriptive Statistics → Descriptives → 弹出描述性统计分析(Descriptives)主对话框(图 3-8)。将要分析的变量移入 Variable(s)栏,本例将变量 Vc 移入。点击 Option 选项按钮,弹出描述性分析选项对话框(图 3-9),分别列出了集中趋势、离散趋势的各种统计量,并给出了输出显示顺序选项。

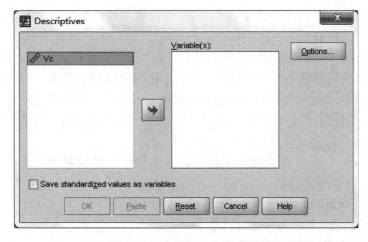

图 3-8　描述性统计分析对话框

（1）Display Order：输出的显示顺序。

1）Variable list：按变量选入变量框内的顺序显示输出结果。系统默认。

2）Alphabetic：按变量名的字母顺序显示输出结果。

3）Ascending means：按变量均值由小到大顺序显示输出结果。

4）Descending means：按变量均值由大到小顺序显示输出结果。

（2）Save standardized values as variables 复选项：对所选择的每一变量进行标准化产生相应的 Z 得分，作为新变量保存在数据窗中。标准化计算公式：$Z_i =(X_i - \overline{X})/S$。

2. 主要输出结果说明　本例输出结果与Frequencies（频数分布分析）过程的Statistics（统计量）的输出内容完全一样，而 Descriptives 过程的唯一不同之处是有一个产生标准化值的选项（Save standardized value as variable）。选择此选项后，在数据文件中产生一个新变量"ZVC"为变量"VC"标准化之后的取值。

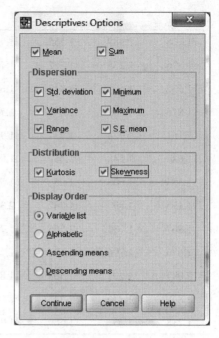

图 3-9　描述性分析选项对话框

（孟　佳　温有锋）

第三节　探索性分析

探索分析主要用于对数据进行初步检验[判断有无离群点（outliers）和（或）极端值（extreme Values）]和数据分布特征的检测，同时探索分析过程也可以给出基本统计量、正态性检验和描述性统计图。

例题 3-4　试对数据文件"investigation.sav"中的变量"身高"按"性别"进行探索分析。

（一）操作过程

Analyze → Descriptive Statistics → Explore → 弹出探索分析（Explore）主对话框（图 3-10）。

1. Dependent List　从左侧源变量栏中，选择若干个数值型变量作为因变量送入此栏。本例输入"身高"。

2. Factor List　从左侧源变量栏中选一个或多个分组变量进入此栏。分组变量可以将数据按该变量中的观测值进行分组分析。如果选择的分组变量不止一个，那么会以分组变量各取值进行组合分组，例如指定分组变量：性别[sex（f、m）]，年龄段[age（11、12、13）]，则按组合分组为：(f,11)、(f,12)、(f,13)、(m,11)、(m,12)、(m,13)，分组对数据进行分析。本例输入"性别"。

3. Label Case by　在源变量表中指定一个变量作为观测量的标志变量。本例输入"编号"。

4. Display　确定输出项。

（1）Both：输出统计图形和描述统计量。

（2）Statistics：只输出描述统计量。

图 3-10　探索分析主对话框

（3）Plots：只输出统计图形。

5. Statistics　统计功能按钮。弹出如图 3-11 对话框。

（1）Descriptives：输 出 基 本 描 述 统 计 量。Confidence interval for mean 95 %：设置总体均值的置信区间，在参数框中输入置信水平，系统默认值为95%。

（2）M-estimators：输出 M 集中趋势最大似然比的稳健估计统计量。它是样本数据均值与中位数统计量的另外一种表现形式。当数据的分布具有较长尾部或者具有极值时，M 估计统计量要比均值以及中位数给出更精确的结果。

（3）Outliers：输出 5 个最大值与最小值，在输出窗口中它们被标明为极端值。

（4）Percentiles：输 出 第 5、10、25、50、75、90 以 及95 百分位数。

6. Plot　统计图功能按钮。弹出如图 3-12 对话框。

（1）Boxplots 栏：箱图选项。① Factor levels together：因变量按因素变量分组，各组的因变量生成的箱图并列，系统默认，本例选此项。② Dependents together：所有因变量在一个图形中生成各组箱图，利于比较。③ None：不显示箱图。

（2）Descriptive 栏：选择描述图形。① Stem-and-leaf：生成茎叶图，这是默认选项。茎叶图直观地描述数据的频数分布。可以自左至右分为三大部分：频数、茎、叶。茎表示数值的整数部分，

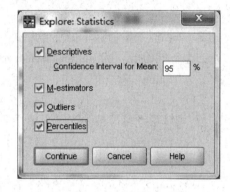

图 3-11　统计功能对话框

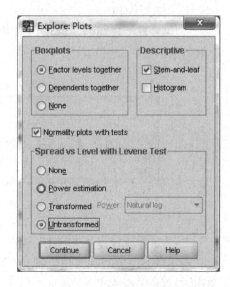

图 3-12　统计图对话框

叶表示数值的小数部分。每行的茎和每个叶组成的数字相加再乘以茎宽,即茎叶所表示实际数据的近似值。②Histogram:生成直方图。

(3) Normality plots with tests:做正态性检验,并绘制正态概率图。给出 Kolmog-orov-Smirnov 统计量,当样本量≤50 时,还给出 Shapiro-Wilk 统计量。

(4) Spread vs Level with Levene Test:Levene 方差齐性检验选项。若做方差齐性检验,首先选 Untransformed,对原始数据进行方差齐性检验,如满足齐性,到此为止;如不满足齐性,选 Power estimation,以确定幂变换方法。最后在 6 种幂变换方法中尝试寻找满足齐性的方法。若经上述努力仍不能满足齐性要求,应考虑用非参数方法分析。

1) None:不做方差齐性检验,系统默认。

2) Power estimation:幂变换估计,求得最佳的幂变换值,为选择下述的幂变换方法提供参考,以达到方差齐性的目的。

3) Transformed Power:幂变换方法,选此项后,幂变换方法框被激活,以下方法可供选择:①Natural log:各变量值做自然对数变换后进行方差齐性检验,系统默认。②1/square root:各变量值做平方根的倒数变换后进行方差齐性检验。③Reciprocal:各变量值做倒数变换后进行方差齐性检验。④Square root:各变量值做平方根变换后进行方差齐性检验。⑤Square:各变量值做平方变换后进行方差齐性检验。⑥Cube:各变量值做立方变换后进行方差齐性检验。⑦Untransformed:不做数据变换,进行方差齐性检验。

7. Option 缺失值选项。

(1) Exclude cases listwise:对每个观测单位,只要分析中所选入的变量有 1 个变量为缺失值,则该观测单位被视为缺失值,不参与分析过程,为系统默认。

(2) Exclude case spairwise:对某个观测单位,只有该变量及与该变量分析有关的变量出现缺失值时才被视为缺失值。

(3) Report values:分类变量中含有缺失值的观测单位被单独列为一组进行分析并有相应的输出结果。

(二) 结果说明

1. 参与分析过程的观测单位描述见图 3-13,男性组有效例数 181 例,缺失 1 例;女性组有效例数 192 例,缺失 4 例。

Case Processing Summary

		Cases					
		Valid		Missing		Total	
	性别	N	Percent	N	Percent	N	Percent
身高	男	181	99.5%	1	.5%	182	100.0%
	女	192	98.0%	4	2.0%	196	100.0%

图 3-13 观测单位描述

2. 描述性统计量见图 3-14。部分结果说明如下:①5% Trimmed Mean:调整均数,将最大和最小的各 5% 的观察值去掉后所得的均数;②Interquartile Range:四分位间距,为第 75 和第 25 百分位数之差。

3. M 估计统计量的输出结果见图 3-15。共列出 4 种 M 估计统计量,这四种 M 估计统计量分别根据 a、b、c、d 四个加权常数计算的。与图 3-14 的均值比较,发现 M 估计值全部比

Descriptives

	性别			Statistic	Std. Error
身高	男	Mean		171.1030	.53597
		95% Confidence Interval for Mean	Lower Bound	170.0454	
			Upper Bound	172.1606	
		5% Trimmed Mean		171.2042	
		Median		171.4100	
		Variance		51.995	
		Std. Deviation		7.21075	
		Minimum		133.50	
		Maximum		199.10	
		Range		65.60	
		Interquartile Range		8.72	
		Skewness		-.592	.181
		Kurtosis		4.612	.359
	女	Mean		157.7583	.87119
		95% Confidence Interval for Mean	Lower Bound	156.0399	
			Upper Bound	159.4767	
		5% Trimmed Mean		158.5150	
		Median		158.4950	
		Variance		145.724	
		Std. Deviation		12.07163	
		Minimum		16.50	
		Maximum		174.00	
		Range		157.50	
		Interquartile Range		8.14	
		Skewness		-8.453	.175
		Kurtosis		98.516	.349

图 3-14　描述性统计量

M-Estimators

	性别	Huber's M-Estimator[a]	Tukey's Biweight[b]	Hampel's M-Estimator[c]	Andrews' Wave[d]
身高	男	171.3139	171.3279	171.3027	171.3270
	女	158.5188	158.5992	158.6030	158.6034

a. The weighting constant is 1.339.

b. The weighting constant is 4.685.

c. The weighting constants are 1.700, 3.400, and 8.500

d. The weighting constant is 1.340*pi.

图 3-15　M 估计统计量的输出结果

均值大(男 =171.1030,女 =157.7583),且有差别,由此可初步推断各组数据不是来自正态分布总体。

4. 百分位数输出结果见图 3-16。分别给出了加权平均和 Tukey 法(仅限四分位数)计算百分位数的结果。

5. 极端值输出结果见图 3-17,列出了每个分组的 5 个最大值和最小值。

Percentiles

			Percentiles						
		性别	5	10	25	50	75	90	95
Weighted Average (Definition 1)	身高	男	160.5600	162.8800	166.8750	171.4100	175.6000	179.6200	181.0900
		女	146.1965	150.3800	154.6325	158.4950	162.7750	166.7550	170.1750
Tukey's Hinges	身高	男			167.0000	171.4100	175.6000		
		女			154.6550	158.4950	162.7500		

图 3-16 百分位数输出结果

Extreme Values

	性别			Case Number	编号	Value
身高	男	Highest	1	69	123	199.10
			2	280	5182	187.50
			3	115	230	186.78
			4	220	5103	185.30
			5	355	5326	185.30
		Lowest	1	275	5177	133.50
			2	162	5015	147.70
			3	152	5003	155.80
			4	154	5005	156.30
			5	283	5186	158.60
	女	Highest	1	372	5353	174.00
			2	197	5063	173.20
			3	235	5129	172.10
			4	37	88	172.00
			5	304	5237	171.50
		Lowest	1	172	5033	16.50
			2	240	5134	138.60
			3	238	5132	141.25
			4	264	5163	142.50
			5	243	5137	143.40

图 3-17 极端值输出结果

6. 正态性检验结果见图 3-18。图中自左至右分别为：Kolmogorov-Smirnov 统计量值、自由度、显著性概率，Shapiro-Wilk 检验的统计量、自由度、显著性概率。除男性 K-S 法 $P=0.2$ 外，其余 P 值均小于 0.001，说明两组身高均不服从正态分布。一般来说，P 值越大，越支持资料服从正态分布。

Tests of Normality

	性别	Kolmogorov-Smirnov[a]			Shapiro-Wilk		
		Statistic	df	Sig.	Statistic	df	Sig.
身高	男	.049	181	.200*	.950	181	.000
	女	.190	192	.000	.482	192	.000

a. Lilliefors Significance Correction

*. This is a lower bound of the true significance.

图 3-18 正态性检验结果

7. 方差齐性检验结果见图 3-19。自左至右：Levene 统计量、自由度 1、自由度 2 和显著概率值；自上至下：依据均值的结果、依据中位数的结果、依据中位数与调整后的自由度所得的统计量、依据切尾均值所得的各个统计量。依据各种集中趋势统计量所做检验的显著概率值全部高于 0.05，接受方差相等的零假设。即男女身高方差具有齐次性。

Test of Homogeneity of Variance

		Levene Statistic	df1	df2	Sig.
身高	Based on Mean	.175	1	371	.676
	Based on Median	.148	1	371	.701
	Based on Median and with adjusted df	.148	1	262.479	.701
	Based on trimmed mean	.145	1	371	.703

图 3-19　方差齐性检验结果

8. 男女身高的茎叶图见图 3-20。从图中可以看出男性身高集中在 16.22~18.00 之间，女性身高集中在 15.22~16.67 之间，进而可以初步推断男女之间的身高可能有差异。

```
身高 Stem-and-Leaf Plot for                      身高 Stem-and-Leaf Plot for
性别= 男                                          性别= 女

Frequency        Stem &   Leaf                   Frequency        Stem &   Leaf

    2.00  Extremes    (=<148)                        4.00  Extremes    (=<143)
    1.00    15 .    5                                1.00    14 .    3
    1.00    15 .    6                                4.00    14 .    4555
    4.00    15 .    8999                             2.00    14 .    67
    4.00    16 .    0111                             6.00    14 .    888899
   15.00    16 .    222222333333333                  9.00    15 .    000001111
    9.00    16 .    444555555                        14.00   15 .    22222233333333
   21.00    16 .    6666666667777777777777           24.00   15 .    4444444444445555555555555555
   19.00    16 .    8888899999999999999              27.00   15 .    666666666666777777777777777
   20.00    17 .    00000000011111111111             29.00   15 .    88888888888888889999999999999999
   26.00    17 .    2222222222223333333333333333     15.00   16 .    000000001111111
   20.00    17 .    44444444455555555555             18.00   16 .    222222222222333333
   15.00    17 .    666666667777777                  18.00   16 .    444444444455555555
    7.00    17 .    8888889                          8.00    16 .    66677777
   10.00    18 .    0000000111                       3.00    16 .    888
    2.00    18 .    23                               6.00    17 .    000011
    2.00    18 .    55                               3.00    17 .    223
    2.00    18 .    67                               1.00    17 .    4
    1.00  Extremes    (>=199)

Stem width:      10.00                            Stem width:      10.00
Each leaf:        1 case(s)                       Each leaf:        1 case(s)

         (a)                                               (b)
```

图 3-20　男女身高的茎叶图

9. 男女身高的正态 Q-Q 图见 3-21。其中的直线是正态分布的标准线，围绕直线的各点为预测值，如果观测数据的分布是正态分布，这些点形成的线应与直线重合。图中有些点偏离了直线，因此数据分布不呈正态分布。

10. 性别变量的两个分组的身高箱图见图 3-22。两组变量中都存在不少异常值。如男性中 123、5015、5177 号的观测，女性中的 5033、5132、5134、5163 的观测量等。男性中 5177 号、女性中的 5033 都是极值。查看这些观测其他变量值，分析原因，确定后续的分析中是否包

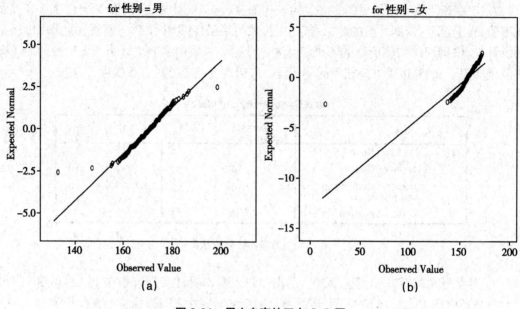

图 3-21 男女身高的正态 Q-Q 图

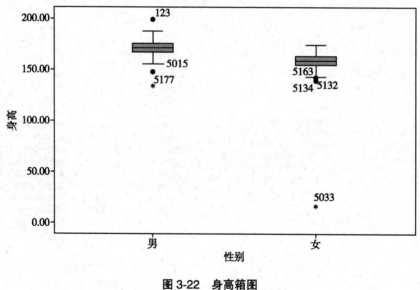

图 3-22 身高箱图

括这些观测或按其他变量分组分析。

（温有锋　孟　佳）

卡 方 检 验

卡方检验(χ^2 检验)是以 χ^2 分布和拟合优度检验为理论依据的一种应用范畴很广的统计学方法。χ^2 的计算公式为 $\chi^2 = \sum \dfrac{(A-T)^2}{T}$($A$ 为实际频数,T 为理论频数)。χ^2 反映了实际频数与理论频数的吻合程度。若 H_0 成立,则各个格子的 A 与 T 相差不应该很大,即 χ^2 不应该很大;A 与 T 相差越大,χ^2 就越大,相应的 P 值就越小,当 $P \leq \alpha$,则 A 与 T 相差较大,有理由认为无效假设不成立,继而拒绝 H_0,作出统计推断。

本章主要介绍在 SPSS 软件下进行独立列联表资料的 χ^2 检验、配对设计资料的 χ^2 检验、拟合优度的 χ^2 检验和线性趋势 χ^2 检验。

第一节 独立列联表资料的卡方检验

列联表资料是指两个或多个分类变量各水平组合的频数分布表,又称交叉表。交叉列表分析过程生成二维和多维交叉表。一个行变量和一个列变量可以形成一个二维交叉表,再指定一个控制变量就形成三维交叉表。如果可以指定多个行、列、控制变量,就会形成一个复杂的多维交叉表。交叉表的数据可以是数值型或字符型变量。下面以医学统计学第 2 版的例题说明独立列联表资料的 χ^2 检验操作过程。

一、2×2 列联表资料的卡方检验

例题 4-1 某研究者欲比较甲、乙两药治疗小儿上消化道出血的效果,将 90 名患儿随机分为两组,一组采用甲药治疗,另一组采用乙药治疗,一个疗程后观察结果,见表 4-1。问两药治疗小儿上消化道出血的有效率是否有差别?(《医学统计学》第 2 版 134 页)

表 4-1 甲、乙两药治疗小儿上消化道出血的效果

组别	有效	无效	合计
甲药	27	18	45
乙药	40	5	45
合计	67	23	90

（一）建立数据文件

定义三个变量 drug（药物，2，0）、effect（疗效，2，0）和 fre（频数，8，2），其中变量 drug 和 effect 为分类变量。对 drug，1="甲药"，2="乙药"；对 effect，1="有效"，2="无效"。录入数据，保存数据文件名为 cross1.sav。

（二）χ^2 检验操作过程

1. 频数变量加权　Data → Weight case → Weight case by → 将 "fre" 移入 frequency variable 栏。

2. Crosstabs 过程调用　Analyze → Descriptive Statistics → Crosstabs → 弹出 Crosstabs 主对话框（图 4-1）。

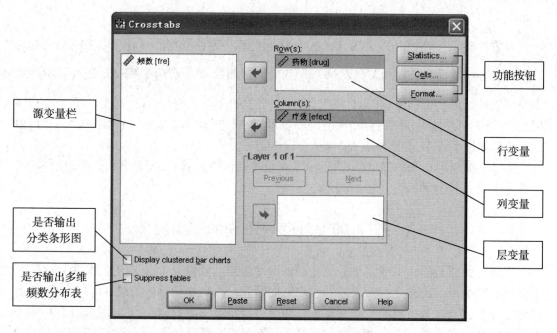

图 4-1　Crosstabs 过程主对话框

（1）Statistics：统计功能按钮，单击此按钮后弹出 Statistics 对话框（图 4-2）。

1）Chi-square：对于四格表资料，可输出：Pearson 卡方检验（Pearson chi-square test）、似然比卡方检验（likelihood-ratio chi-square）、连续校正卡方检验（continuity corrected chi-square）和 Fisher 确切概率检验（Fisher's exact test）的检验结果。Pearson 卡方检验适用于当 $n>40$ 且 $T\geqslant 5$ 时；似然比卡方检验适用于对数线性模型；连续校正卡方检验适用于当 $n\geqslant 40$ 且有 $1\leqslant T<5$ 时；Fisher 确切概率检验适用于当 $n<40$ 或 $T<1$ 时。

2）Correlations：计算 Pearson 和 Spearman 相关系数，以说明行变量和列变量的关系。

3）Nominal 栏：适用于两分类变量的关联度。①Contingency coefficient：列联系数 C（0~1），描述两个属性之间关联性高低的统计量，值越大表示关联性越强；②Phi and Cramer's V：ϕ 系数和克莱姆 V 值（0~1），值越大表示关联性越强；③Lambda：预测误差概率（0~1），1 表示预测效果最好，0 表示最差；④Uncertainty cofficient：不确定系数。表示用一个变量的值来预测其他变量的值可能发生的错误（0~1）。

4）Ordinal 栏：两有序变量（等级变量）的关联度测量。①Gamma：两个有序变量之间的对称关联的检验(–1~1);② Somers'd:两个有序变量之间关联性的检验(–1~1);③ Kendall's tau-b:考虑有结的次序或等级变量关联性的非参数检验;④ Kendall's tau-c:忽略有结的次序或等级变量关联性的非参数检验。

5) Nominal by interval 栏:适用一个定性变量和另一个定量变量的关联度检验。Eta 选项:用来检验行列变量之间是否存在关联性。

6) *Kappa*:κ 系数,为吻合度测量系数,用来检验两观测者或两观测设备之间的吻合程度,仅适用于具有相同分类值和相同分类数量的变量交叉表如 2×2 列表;取值 –1~+1,其值越大说明吻合度越好。

7) Risk:危险度分析,只适用于四格表,可以给出定群研究中的相对危险度或病例对照研究中的比数比(Odd ratio)。

8) McNemar:配对资料的卡方检验。

9) Cochran's and Mantel-Haenszel statistics:公共 *OR* 值检验,用以检验在协变量(分层变量)存在的条件下,或扣除协变量的影响之后,两个分类变量是否独立。选此选项后,test common odds ratio equals:☐1 被激活,框内 1 为系统默认值,即检验公共 *OR* 值与 1 有无显著性差异。

(2) Cells:列联表显示内容功能按钮,单击此按钮后弹出 Cells 对话框(图 4-3)。

1) Counts(频数栏):指定列联表中显示的计数:① Observed:观察频数;② Expected:期望频数。

2) Percentages(百分比栏):指定输出的百分比。① Row:单元格中观察单位数占该行全部观察单位数的百分比;② Column:单元格中观察单位数占该列全部观察单位数的百分比;③ Total:单元格中观察单位数占全部观察单位数的百分比。

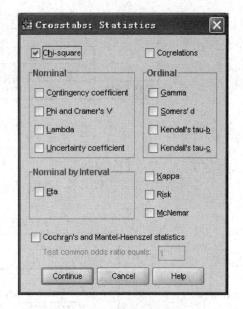

图 4-2　统计功能对话框

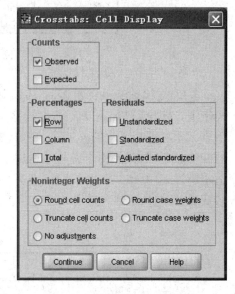

图 4-3　列联表显示内容对话框

3) Residuals(残差栏):① Unstandar-dized:非标准化残差;② Standarized:标准化残差;③ Adjstandarized:调整的标准化残差。

4) Noninteger weight(非整数频数变量的处理):① Round cell counts:每格子的频数不舍入,但累积频数在计算统计量前舍入;② Round case weights:首先将所有频数舍入;③ Truncate cell counts:每格子的频数不舍入,但累积频数在计算统计量前取整;④ Truncate case weights:首先将所有频数取整;⑤ No adjustments:不做舍入或取整处理。

(3) Format:结果输出格式功能按钮。设定结果的输出格式,一般采用系统默认选项。

(三)结果及分析

1. 观测量处理过程见图 4-4。显示了处理案例的有效例数,缺失例数,总例数及所占的

Case Processing Summary

	Cases					
	Valid		Missing		Total	
	N	Percent	N	Percent	N	Percent
药物 * 疗效	90	100.0%	0	.0%	90	100.0%

图 4-4　观测量处理过程

百分比。

2. 频数分布表见图 4-5。表中 60% 的含义为甲药的有效率为 60%。

药物 * 疗效 Crosstabulation

			疗效		
			有效	无效	Total
药物	甲药	Count	27	18	45
		% within 药物	60.0%	40.0%	100.0%
	乙药	Count	40	5	45
		% within 药物	88.9%	11.1%	100.0%
Total		Count	67	23	90
		% within 药物	74.4%	25.6%	100.0%

图 4-5　频数分布表

3. 卡方检验结果见图 4-6。表中分别给出了 Pearson 卡方检验、似然比卡方检验、连续校正卡方检验和 Fisher 确切概率检验的检验结果。Pearson 卡方为非校正的卡方检验,适用于当 $n>40$ 且 $T \geqslant 5$ 时的 $R \times C$ 表资料;连续校正卡方检验仅适用于当 $n \geqslant 40$ 且有 $1 \leqslant T<5$ 时的四格表资料;似然比卡方检验适用于对数线性模型的 $R \times C$ 表资料;Fisher 确切概率检验适用于当 $n<40$ 或 $T<1$ 时的四格表资料;线性和线性组合为线性相关性检验,两变量均为等级变量,且均从小到大排列时才有意义,其他情况可以忽略。

Chi-Square Tests

	Value	df	Asymp. Sig. (2-sided)	Exact Sig. (2-sided)	Exact Sig. (1-sided)
Pearson Chi-Square	9.870[a]	1	.002		
Continuity Correction[b]	8.410	1	.004		
Likelihood Ratio	10.338	1	.001		
Fisher's Exact Test				.003	.002
Linear-by-Linear Association	9.761	1	.002		
N of Valid Cases	90				

a. 0 cells (.0%) have expected count less than 5. The minimum expected count is 11.50.

b. Computed only for a 2x2 table

图 4-6　卡方检验结果

从图 4-6 中的 a 注释可以看出,0 个单元格的期望值小于 5,总例数为 90 例,故用 Pearson 卡方对应的结果。卡方值为 9.870,df 为自由度等于 1,渐进 sig(双侧)为 P 值等于 0.002,差异有显著性意义,可以认为甲、乙两药疗效不同,乙药疗效(有效率 88.9%)优于甲药(有效率 60%)。

例题 4-2 某研究者欲了解某新药联合某常规药治疗急性重症胰腺炎的效果,将 28 例患者随机分为两组,实验组采用新药 + 常规药物治疗,对照组仅采用常规药物治疗,治疗 10 天后,疗效见表 4-2。试问两种治疗方案的有效率有无差别?

表 4-2 两种治疗方案治疗急性重症胰腺炎的疗效

分组	有效	无效	合计
试验组	12	2	14
对照组	10	4	14
合计	22	6	28

(一)建立数据文件

定义三个变量 group(分组,2,0)、effect(疗效,2,0)和 fre(频数,8,2),其中变量 group 和 effect 为分类变量。对 treat,1="试验组",2="对照组";对 effect,1="有效",2="无效"。录入数据,保存数据文件名为 cross2.sav。

(二)操作过程

1. 频数变量加权 Data → Weight case → Weight case by → 将 "fre" 移入 frequency variable 栏。

2. Crosstabs 过程调用 Analyze → Descriptive Statistics → Crosstabs → 弹出 Crosstabs 主对话框,将 "group" 移入 Row(s)栏,"effect" 移入 Column(s)栏。

(1) Statistics 对话框处选择 ☑ Chi-square。

(2) Cell 对话框处选择 ☑ Observe,☑ Row。

(三)结果及分析

频数分布表见图 4-7,卡方检验结果见图 4-8。由于有两个格子的期望值小于 5,最小期望值为 3(图 4-8 注释 a),所以此例用 Fisher 确切概率法的结果,P=0.648(双尾)>0.05,尚不能认为两种治疗方案治疗急性重症胰腺炎疗效有差别。

分组 * 疗效 Crosstabulation

			疗效		
			有效	无效	Total
分组	试验组	Count	12	2	14
		% within 分组	85.7%	14.3%	100.0%
	对照组	Count	10	4	14
		% within 分组	71.4%	28.6%	100.0%
Total		Count	22	6	28
		% within 分组	78.6%	21.4%	100.0%

图 4-7 频数分布表

Chi-Square Tests

	Value	df	Asymp. Sig. (2-sided)	Exact Sig. (2-sided)	Exact Sig. (1-sided)
Pearson Chi-Square	.848[a]	1	.357		
Continuity Correction[b]	.212	1	.645		
Likelihood Ratio	.862	1	.353		
Fisher's Exact Test				.648	.324
Linear-by-Linear Association	.818	1	.366		
N of Valid Cases	28				

a. 2 cells (50.0%) have expected count less than 5. The minimum expected count is 3.00.

b. Computed only for a 2x2 table

图 4-8　卡方检验结果

二、$R \times C$ 列联表资料的卡方检验

例题 4-3　某研究者欲比较 A、B、C 三种方案治疗轻、中度高血压的疗效,将年龄在 50~70 的 240 例轻、中度高血压患者随机分为 3 组,分别采用三种方案治疗。一个疗程后观察疗效,结果见表 4-3。问三种方案治疗轻、中度高血压的有效率有无差别?（医学统计学第 2 版 138 页）

表 4-3　三种方案治疗轻、中度高血压的效果

方案	有效	无效	合计
A	74	6	80
B	58	22	80
C	71	9	80
合计	203	37	240

（一）建立数据文件

定义三个变量 treat(方案,2,0)、effect(疗效,2,0) 和 fre(频数,8,2),其中变量 treat 和 effect 为分类变量。对 treat,1= "A",2= "B",3= "C";对 effect,1= "有效",2= "无效"。录入数据,保存数据文件名为 cross3.sav。

（二）操作过程

1. 频数变量加权　Data → Weight case → Weight case by → 将 "fre" 移入 frequency variable 栏。

2. Crosstabs 过程调用　Analyze → Descriptive Statistics → Crosstabs → 弹出 Crosstabs 主对话框,将 "treat" 移入 Row(s)栏, "effect" 移入 Column(s)栏。

（1）Statistics 对话框处选择 ☑ Chi-square。

（2）Cell 对话框处选择 ☑ Observe, ☑ Row。

（三）结果及分析

1. 频数分布表见图 4-9,A、B、C 方案的有效率分别为 92.5%、64.4% 和 88.8%。以 A 方案有效率最高,但是否有差别需要看卡方检验结果。

方案 * 疗效 Crosstabulation

			疗效		Total
			有效	无效	
方案	A	Count	74	6	80
		% within 方案	92.5%	7.5%	100.0%
	B	Count	58	22	80
		% within 方案	72.5%	27.5%	100.0%
	C	Count	71	9	80
		% within 方案	88.8%	11.3%	100.0%
Total		Count	203	37	240
		% within 方案	84.6%	15.4%	100.0%

图 4-9　频数分布表

2. 卡方检验结果见图 4-10,卡方值为 13.868,自由度为 2,P 值为 0.001,所有格子的理论值均大于 5,格子中的最小理论值为 12.33,由此可以认为三种方案差异有显著性意义。

Chi-Square Tests

	Value	df	Asymp. Sig. (2-sided)
Pearson Chi-Square	13.868[a]	2	.001
Likelihood Ratio	13.335	2	.001
Linear-by-Linear Association	.430	1	.512
N of Valid Cases	240		

a. 0 cells (.0%) have expected count less than 5. The minimum expected count is 12.33.

图 4-10　卡方检验结果

如果想对三种方案的有效率进行两两比较,就需要利用 Select 功能。如进行 A 方案与 C 方案比较,操作如下:Data → Select Cases → If condition is satisfied →在条件栏输入"treat=1 OR treat=3"(图 4-11),完成选择。然后按照卡方检验的过程进行操作即可。

三、配对四格表资料的卡方检验和 κ 系数检验

计数资料的配对设计常用于两种检验方法、培养方法、诊断方法的比较。其特点是对样本中各观测单位分别用两种方法处理,然后观察两种处理方法的某二分类变量的计数结果。配对设计四格表的卡方检验公式为 $\chi^2 = \dfrac{(|b-c|-1)^2}{b+c}$,$v=1$,以上公式又称 McNemar 检验。

例题 4-4　某研究者欲比较心电图和生化测定诊断低钾血症的价值,分别采用两种方法对 79 名临床确诊的低钾血症患者进行检查,结果见表 4-4。问这两种方法的检测结果是否不同?

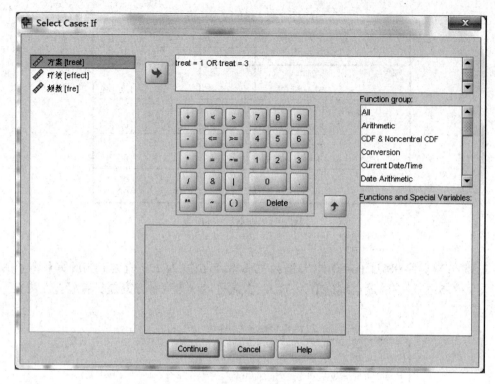

图 4-11　条件设置对话框

表 4-4　两种方法诊断低钾血症的结果

心电图	生化测定		合计
	+	−	
+	45	25	70
−	4	5	9
合计	49	30	79

（一）建立数据文件

定义三个变量 ECG（心电图检测结果，2，0）、Bio（生化测定结果，2，0）和 fre（频数，8，2），其中变量 ECG 和 Bio 为分类变量。对 ECG，1="+"，2="−"；对 Bio，1="+"，2="−"。录入数据，保存数据文件名为 cross4.sav。

（二）操作过程

1. 频数变量加权　Data → Weight case → Weight case by → 将"fre"移入 frequency variable 栏。

2. Crosstabs 过程调用　Analyze → Descriptive Statistics → Crosstabs → 弹出 Crosstabs 主对话框，将"ECG"移入 Row(s)栏，"Bio"移入 Column(s)栏。

（1）Statistics 对话框处选择 ☑ McNemar，☑ Kappa。

（2）Cell 对话框处选择 ☑ Observe，☑ Total。

（三）结果及分析

频数分布表见图 4-12，McNemar 检验结果见图 4-13。McNemar 检验结果 $P=0.000$，可以

心电图检测结果 * 生化测定结果 Crosstabulation

			生化测定结果		Total
			+	-	
心电图检测结果	+	Count	45	25	70
		% of Total	57.0%	31.6%	88.6%
	-	Count	4	5	9
		% of Total	5.1%	6.3%	11.4%
Total		Count	49	30	79
		% of Total	62.0%	38.0%	100.0%

图 4-12　频数分布表

认为两种方法的检测结果不同。由于心电图检测的阳性率为 88.6%，生化测定的阳性率为 62.%，因此心电图检测的阳性率高于生化测定的阳性率。

Kappa 系数检验结果见图 4-14。*Kappa* 系数又称吻合系数，一般来讲，$\kappa \geq 0.7$ 表示吻合度较强；$0.7 > \kappa \geq 0.4$ 表示吻合度一般；$\kappa > 0.4$ 表示吻合度较弱。本例 $\kappa = 0.098$，$P = 0.090$，说明两种诊断方法的

Chi-Square Tests

	Value	Exact Sig. (2-sided)
McNemar Test		.000[a]
N of Valid Cases	79	

a. Binomial distribution used.

图 4-13　McNemar 检验结果

吻合度较弱且没有统计学意义，即两种检测的阳性率有差异，与 McNemar 检验结果一致。

Symmetric Measures

		Value	Asymp. Std. Error[a]	Approx. T[b]	Approx. Sig.
Measure of Agreement	Kappa	.098	.090	1.155	.248
N of Valid Cases		79			

a. Not assuming the null hypothesis.

b. Using the asymptotic standard error assuming the null hypothesis.

图 4-14　*Kappa* 系数检验结果

（孟 佳　温有锋）

第二节　分层资料的卡方检验

例题 4-5　为研究口服避孕药（OC）与心肌梗死（MI）的关系，某研究者以 106 名心肌梗死患者做病例组，102 名健康人做对照组行病例对照研究。考虑到年龄与口服避孕药有关，也与心肌梗死有关，可能是个混杂因素。故可按年龄分层，分为 <40 岁和 ≥40 岁两层，调查结果见表 4-5。试做心肌梗死的病例对照分析。

表 4-5　心肌梗死病例与对照口服避孕药的比较

用药史	<40 岁			≥40 岁		
	病例	对照	合计	病例	对照	合计
服 OC	21	17	38	18	7	25
未服 OC	26	59	85	88	95	183
合计	47	76	123	106	102	208

（一）建立数据文件

定义四个变量 OC（是否服 OC，8，2）、MI（是否发病，8，2）、age（年龄组，8，2）和 fre（频数，8，2），其中变量 OC、MI 和 age 为分类变量。对 OC，1="服 OC"，2="未服 OC"；对 MI，1="病例"，2="对照"；对 age，1=" <40 岁"，2=" ≥40 岁"。录入数据，保存数据文件名为 cross5.sav。

（二）操作过程

1. 频数变量加权　Data → Weight case → Weight case by → 将 "fre" 移入 frequency variable 栏。

2. Crosstabs 过程调用　Analyze → Descriptive Statistics → Crosstabs → 弹出 Crosstabs 主对话框。

（1）将 "OC" 移入 Row(s) 栏，作为行变量。通常行变量选入暴露因素，特别是对于前瞻性研究。

（2）将 "MI" 移入 Column(s) 栏，作为列变量。通常列变量选入结局因素，如患病与否，特别是对于前瞻性研究。

（3）将 "age" 移入 Layer1 of 1 栏，作为第一层分层变量。

（1）Statistics 对话框处选择 ☑ Chi-square，☑ Risk，☑ Cochran's and Mantel-Haenszel statistics。

（2）Cell 对话框处选择 ☑ Observe，☑ Row，☑ Column。

（三）结果及分析

1. 分层频数分布表见图 4-15，卡方检验结果见图 4-16。按年龄组分别做服用 OC 与心肌梗死的相关性检验，结果显示表明两个年龄组的服用 OC 均与心肌梗死现在相关

是否服药 * 病例对照 * 年龄组 Crosstabulation

年龄组				病例对照		Total
				病例	对照	
<40岁	是否服药	服OC	Count	21	17	38
			% within 是否服药	55.3%	44.7%	100.0%
			% within 病例对照	44.7%	22.4%	30.9%
		未服OC	Count	26	59	85
			% within 是否服药	30.6%	69.4%	100.0%
			% within 病例对照	55.3%	77.6%	69.1%
	Total		Count	47	76	123
			% within 是否服药	38.2%	61.8%	100.0%
			% within 病例对照	100.0%	100.0%	100.0%
≥40岁	是否服药	服OC	Count	18	7	25
			% within 是否服药	72.0%	28.0%	100.0%
			% within 病例对照	17.0%	6.9%	12.0%
		未服OC	Count	88	95	183
			% within 是否服药	48.1%	51.9%	100.0%
			% within 病例对照	83.0%	93.1%	88.0%
	Total		Count	106	102	208
			% within 是否服药	51.0%	49.0%	100.0%
			% within 病例对照	100.0%	100.0%	100.0%

图 4-15　频数分布表

Chi-Square Tests

年龄组		Value	df	Asymp. Sig. (2-sided)	Exact Sig. (2-sided)	Exact Sig. (1-sided)
<40岁	Pearson Chi-Square	6.772[a]	1	.009		
	Continuity Correction[b]	5.767	1	.016		
	Likelihood Ratio	6.674	1	.010		
	Fisher's Exact Test				.015	.008
	Linear-by-Linear Association	6.717	1	.010		
	N of Valid Cases	123				
≥40岁	Pearson Chi-Square	5.033[c]	1	.025		
	Continuity Correction[b]	4.121	1	.042		
	Likelihood Ratio	5.201	1	.023		
	Fisher's Exact Test				.032	.020
	Linear-by-Linear Association	5.009	1	.025		
	N of Valid Cases	208				

a. 0 cells (.0%) have expected count less than 5. The minimum expected count is 14.52.

b. Computed only for a 2x2 table

c. 0 cells (.0%) have expected count less than 5. The minimum expected count is 12.26.

图 4-16 卡方检验结果

（$P<0.05$）。无论大于等于 40 岁组还是小于 40 岁组,病例组的服用 OC 率均高于对照组(如本例"<40 岁"年龄段的病例组服用 OC 率为 44.7%,高于对照组的 22.4%)。提示服用 OC 可能是发生心肌梗死的危险因素。

2. 分层危险度估计结果见图 4-17。OR（Odd Ratio）优势比又称比值比,交叉乘积比,指病例组中暴露人数与非暴露人数的比值除以对照组中暴露人数与非暴露人数的比值。它与相对危险度一样反映暴露者患某种疾病的危险性较无暴露者高的程度。

$OR=\dfrac{病例组吸烟率/(1-病例组吸烟率)}{对照组吸烟率/(1-对照组吸烟率)}$。"<40 岁"年龄段的 $OR=2.803$,OR 值的 95% 可信区间为 1.274~6.617,不包含 1,即与 1 有显著性差异,说明服用 OC 是发生心肌梗死的一个危险因素。"≥40 岁"年龄段的 $OR=2.776$,OR 值的 95% 可信区间为 1.106~6.965,也不包含 1,说明服用 OC 是发生心肌梗死的一个危险因素。两个年龄段的 OR 值差别不大,但有无显著性差异需进一步检验。

For cohort 病例对照 = 病例:若该研究为定群研究(前瞻性研究),此处报告患病的相对危险度 RR。例如,<40 岁年龄段服用 OC 组的发病率 =21/38=0.553,<40 岁年龄段服用 OC 组的发病率 =26/85=0.306。两者的比值即 <40 岁年龄段服用 OC 较之未服用 OC 罹患心肌梗死的相对危险度为:RR=0.553/0.306=1.807。

若属病例对照研究(回顾性研究),则该结果无意义。需要指出,如果在 Crosstabs 主对话框将病例对照(MI)选入行变量,将暴露因素(OC)选入列变量,则此处报告的是相关的 Odd 值(优势值)。

For cohort 病例对照 = 对照:若为定群研究,此处报告不患病的相对危险度 RR。例如,<40 岁年龄段不患病的 RR 值为:RR=（17/38）/（59/85）=0.311。

Risk Estimate

年龄组		Value	95% Confidence Interval	
			Lower	Upper
＜40岁	Odds Ratio for 是否服药 (服OC / 未服OC)	2.803	1.274	6.167
	For cohort 病例对照 = 病例	1.807	1.176	2.776
	For cohort 病例对照 = 对照	.645	.441	.943
	N of Valid Cases	123		
≥40岁	Odds Ratio for 是否服药 (服OC / 未服OC)	2.776	1.106	6.965
	For cohort 病例对照 = 病例	1.497	1.124	1.995
	For cohort 病例对照 = 对照	.539	.283	1.027
	N of Valid Cases	208		

图 4-17   分层危险度估计

3. 不同年龄段 *OR* 值的一致性检验结果见图 4-18，这里给出了两种一致性检验的结果，均表明不同性别的 *OR* 值不存在显著差异（$P=0.987>0.05$）。

Tests of Homogeneity of the Odds Ratio

	Chi-Squared	df	Asymp. Sig. (2-sided)
Breslow-Day	.000	1	.987
Tarone's	.000	1	.987

图 4-18   *OR* 值的一致性检验结果

4. 协变量分析结果见图 4-19。给出了 Mantel-Haenszel 方法（MH 法）和改进的 MH 方法（CMH 法）的检验结果。两种方法的原理是以年龄段为协变量检验服用 OC 与心肌梗死的关系，即剔除了混杂因素年龄的影响后服用 OC 与心肌梗死的关系。结果显示，在剔除了混杂因素年龄的影响后，服用 OC 与心肌梗死仍然显著相关，即服用 OC 是导致心肌梗死的危险因素。

Tests of Conditional Independence

	Chi-Squared	df	Asymp. Sig. (2-sided)
Cochran's	11.782	1	.001
Mantel-Haenszel	10.729	1	.001

图 4-19   协变量分析结果

5. Manteb-Haenszel 公共 *OR* 值（common odds ratio）估计结果见图 4-20。以年龄段作分层变量求得公共 *OR* 值为 2.791，与 1 相比差异有显著性意义（$P=0.001$），合并 *OR* 值的 95% 可信区间为（1.532,5.084），亦不包含 1。表中 ln 为取自然对数的估计量，如 $\ln(2.971)=1.026$；$\ln(1.532)=0.427$。

Mantel-Haenszel Common Odds Ratio Estimate

Estimate			2.791
ln(Estimate)			1.026
Std. Error of ln(Estimate)			.306
Asymp. Sig. (2-sided)			.001
Asymp. 95% Confidence Interval	Common Odds Ratio	Lower Bound	1.532
		Upper Bound	5.084
	ln(Common Odds Ratio)	Lower Bound	.427
		Upper Bound	1.626

图 4-20 Manteb-Haenszel 公共 *OR* 值估计结果

（温有锋 孟 佳）

第五章

均数比较与 t 检验

统计分析中常采用抽样研究的方法,即从总体中随机抽取一定数量的样本进行研究来推论总体的特征。由于总体中的个体间存在差异,即使严格遵守随机抽样原则也会由于多抽到一些数值较大或一些数值较小的个体致使样本统计量与总体参数之间有所不同。又由于实验者测量技术的差别或测量仪器精确程度的差别等也会造成一定的偏差,使样本统计量与总体参数之间存在差异。因此均数不相等的两个样本不一定来自均数不同的总体。那么如何用样本均数估计总体均数? 两个均数接近的样本是否来自均数相同的总体? 或者说,两个样本某变量均数不同,其差异是否具有统计意义,能否说明总体差异? 这是各种研究工作中经常提出的问题。这就需要进行均数比较。

对数值变量资料的两个样本进行均数比较常使用 t 检验的方法。t 检验要求两个被比较的样本来自正态总体,两个样本方差相等与不等时所使用的计算 t 值的公式不同。

进行方差齐次性检验使用 F 检验。对应的零假设是:两组样本方差相等。P 值小于等于 α(检验水平)说明在该水平上否定原假设,方差不齐;否则两组方差无显著性差异。

F 值的计算公式是:$F=S_1^2(较大)/S_2^2(较小)$

SPSS 17.0 提供的均数比较与 t 检验包括以下功能:

- Means 平均数
- One-Sample T Test 单样本 t 检验
- Independent-Samples T test 独立样本 t 检验

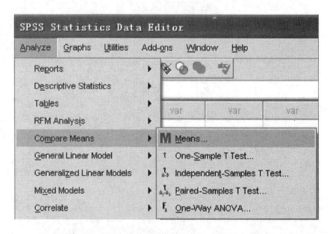

图 5-1　统计分析模块中均数比较分析菜单

• Paired-Samples T test 配对样本 t 检验

第一节　平　均　数

平均数(Means)用于数值变量资料的统计分析,可计算 21 种统计量,还可进行单向方差分析和线性趋势检验。当观测量按一个分类变量分组时,Means 可以进行分组计算。例如要计算学生的平均身高,sex 变量把学生按性别分为男、女生两组,Means 可以分别计算男、女生平均身高。用于形成分组的变量应该是其值数量少且能明确表明其特征的变量。

使用 Means 求若干组的描述统计量,目的在于比较,因此必须分组求均数。这是与 Descriptives 不同之处。

例题 5-1　计算 31 名学生的身高平均数。

(一) 数据文件

数据文件中四个变量分别是:no(编号,2,0)、sex(性别,1,0)、age(年龄,2,0)和 height(身高,5,2),其中 sex 取值:0="女",1="男"。数据文件命名为 Means.sav(图 5-2)。

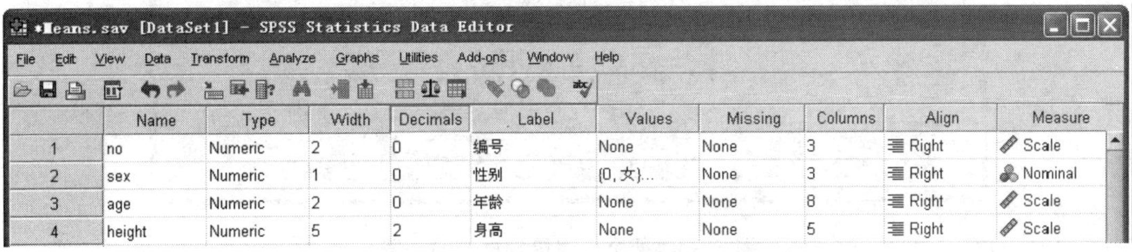

图 5-2　Means.sav 变量编辑视窗

(二) 操作过程

打开数据文件 Means.sav,按 Analyze → Compare Means → Means 顺序,弹出 Means 主对话框(图 5-3a)。

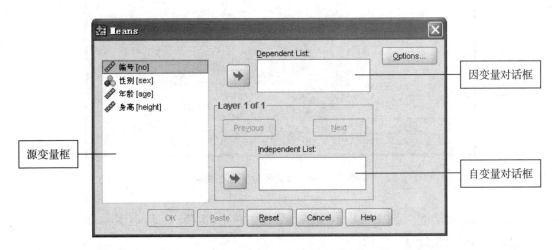

图 5-3a　求平均数主对话框

1. Means 主对话框

（1）Dependent List：因变量，即反应变量，必须为定量变量。本例选变量"height"。

（2）Independent List：自变量，即分组变量，多为定性变量。选入 1 个分组变量后，控制分层变量的 Next 按钮被激活，可以继续选入其他分组变量，每点击一次 Next 按钮，表示定义一层分组变量。当定义一层分组变量后，Previous 按钮被激活，每点击一次 Previous 按钮，表示消除一层分组变量。本例"sex"和"age"为分组变量。

两个自变量均放在第一层（图 5-3b），两个自变量分别放在两层（图 5-3c）。

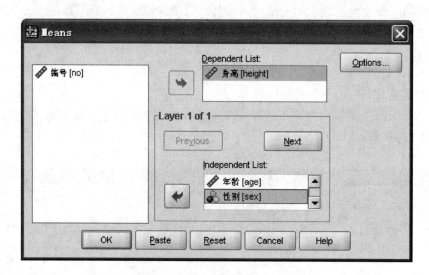

图 5-3b　两个自变量均放在第一层

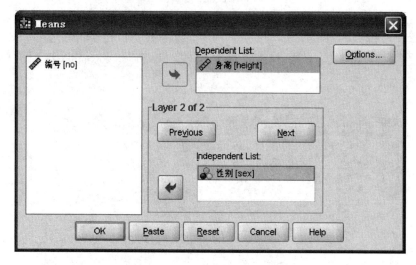

图 5-3c　两个自变量分别放在两层

2. Options 对话框　点击 Options 按钮，弹出 Options（选项）对话框（图 5-4）。

（1）Statistics：统计量。包括：

1）Mean：平均数。

2）Number of Cases：观测单位数（样本量）。

3）Standard Deviation：标准差。

4）Median：中位数。

5）Grouped Median：分组中位数。

6）Std.Error of Mean：标准误。

7）Sum：总和。

8）Minimum：最小值。

9）Maximum：最大值。

10）Range：极差。

11）First：第一个观测值。

12）Last：最后一个观测值。

13）Variance：方差。

14）Kurtosis：峰度系数。

15）Std.Error of Kurtosis：峰度系数的标准误。

16）Skewness：偏度系数。

17）Std.Error of Skewness：偏度系数的标准误。

18）Harmonic Mean：调和均数。

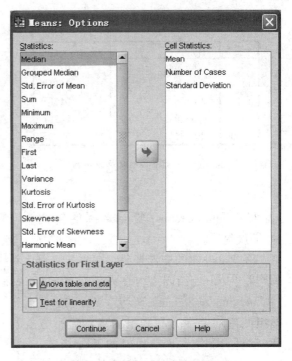

图 5-4　Options 选项对话框

19）Geometric Mean：几何均数。

20）Percent of Total Sum：各组合计占总合计的百分数。

21）Percent of Total N：各组例数占总例数的百分数。

（2）Cell Statistics：输出的统计量。系统默认平均数、样本量和标准差 3 项，本例按系统默认。

（3）Statistics for First Layer：第 1 个分层变量的统计分析。

1）ANOVA table and eta：输出一元方差分析结果和 eta 统计量。本分析只对第一层的分层变量有效。本例选入。

2）Test for linearity：线性趋势检验。检验自变量与因变量之间是否具有线性关系，当自变量为有序分类变量（等级变量，有三个水平以上）时，可得出线性趋势检验统计量 R 和 R^2（R 和 R^2 表示线性拟合的良好度）。本分析只对第一层的分层变量有效。

（三）结果及分析

1. 描述性统计量

（1）两个自变量均放在第一层：在 Means 主对话框中同时将两个分组变量 "age" 和 "sex" 选入 Independent List 框内，结果按每个分组变量独立输出平均数、样本量和标准差三个统计量，见图 5-5a 和 5-5b。

（2）两个自变量分别放在两层：在 Means 主对话框中将两个分组变量 "age" 和 "sex" 依次选入 Independent List 框内，每选入一个分组变量，点击 Next 按钮，再选入下一个分组变量，输出的统计量按选入分层变量的顺序将所有的因变量和分组变量完全列于一个表内，结果见图 5-5c。

2. 方差分析表（ANOVA Table）

（1）Between Groups：变异来源的组间项。

Report

身高

年龄	Mean	N	Std. Deviation
10	1.4500	9	.02062
11	1.5200	12	.03742
12	1.6125	8	.01581
13	1.5950	2	.00707
Total	1.5284	31	.06885

图 5-5a　按年龄分组的统计量

Report

身高

性别	Mean	N	Std. Deviation
女	1.5207	15	.06193
男	1.5356	16	.07607
Total	1.5284	31	.06885

图 5-5b　按性别分组的统计量

(2) Within Groups：变异来源的组内项，即误差项。

(3) Total：总的变异来源。它等于组间离均差平方和与组内离均差平方和之和。

(4) Sum of Squares：离均差平方和。包括组间离均差平方和和组内离均差平方和。组间离均差平方和由两部分组成：Linearity 是由因变量与控制变量之间的线性关系引起的；Deviation from linearity 不是由因变量与控制变量之间的线性关系引起的。

(5) df：自由度

(6) Mean Squares：均方。数值上等于离均差平方和除以自由度之商。

(7) F：F 统计量。$F=MS_{组间}/MS_{组内}$，即数值上等于组间均方除以组内均方之比值。

(8) Sig.：P 值，即显著性水平。

Report

身高

年龄	性别	Mean	N	Std. Deviation
10	女	1.4500	5	.02000
	男	1.4500	4	.02449
	Total	1.4500	9	.02062
11	女	1.5343	7	.02370
	男	1.5000	5	.04637
	Total	1.5200	12	.03742
12	女	1.6100	2	.01414
	男	1.6133	6	.01751
	Total	1.6125	8	.01581
13	女	1.6000	1	.
	男	1.5900	1	.
	Total	1.5950	2	.00707
Total	女	1.5207	15	.06193
	男	1.5356	16	.07607
	Total	1.5284	31	.06885

图 5-5c　按年龄、性别分组的统计量

图 5-6a 中按年龄分组的 F =53.135，P =0.000，按 α=0.05 水准，拒绝 H_0，接受 H_1，差别有统计学意义，可以认为不同年龄组学生身高的总体均数不全相同。

ANOVA Table

			Sum of Squares	df	Mean Square	F	Sig.
身高 * 年龄	Between Groups	(Combined)	.122	3	.041	53.135	.000
		Linearity	.109	1	.109	143.508	.000
		Deviation from Linearity	.012	2	.006	7.948	.002
	Within Groups		.021	27	.001		
	Total		.142	30			

图 5-6a　按年龄分组的方差分析

图 5-6b 中按性别分组的 F =0.358，P =0.554，按 α=0.05 水准，不拒绝 H_0，差别无统计学意义，尚不能认为男女学生身高的总体均数不同。

ANOVA Table[a]

			Sum of Squares	df	Mean Square	F	Sig.
身高 * 性别	Between Groups	(Combined)	.002	1	.002	.358	.554
	Within Groups		.140	29	.005		
	Total		.142	30			

a. With fewer than three groups, linearity measures for 身高 * 性别 cannot be computed.

图 5-6b 按性别分组的方差分析

3. 关联性统计量

(1) eta 值(即 η 值)和 eta 值的平方用于度量因变量与自变量之间的关联性,$\eta^2 = SS_{组间} / SS_{总}$,表示由组间差异所解释的因变量的变异的比例。$\eta$ 值位于 0~1 之间,越接近 1,就越表明因变量与控制变量关系密切,如果 $\eta=0$,表明两个变量无关。图 5-7a 和图 5-7b 输出按年龄和性别分组的 η 值分别是 0.925 和 0.110,说明 10~13 岁学生身高与年龄关系密切,而与性别关系不密切。

Measures of Association

	R	R Squared	Eta	Eta Squared
身高 * 年龄	.877	.770	.925	.855

图 5-7a 年龄分组的 *R* 值和 *eta* 值

Measures of Association

	Eta	Eta Squared
身高 * 性别	.110	.012

图 5-7b 性别分组的 *eta* 值

(2) *R* 是因变量身高的观测值与预测值之间的相关系数,*R* 值越接近 1,表明回归方程的预测性越好,因变量与自变量之间的线性关系越好。本例身高与年龄的 *R* 值为 0.877。

(肖艳杰 程晓萍)

第二节 单样本 *t* 检验

单样本 *t* 检验(one-sample t test)主要用于样本均数与已知总体均数(一般为理论值、标准值或经过大量观察所得的稳定值等)的比较,还可计算样本均数、标准差、标准误及样本均数与总体均数之差的 95% 可信区间。检验统计量的公式为

$$t = \frac{\bar{x} - \mu_0}{S_{\bar{x}}}, \quad v = n-1$$

例题 5-2 大量数据表明健康男性脉率的均数为 72 次 / 分。某医生在某地随机调查了 20 名健康男性,测得其脉率(次 / 分)资料如下:

70 72 74 69 75 80 73 74 71 79 74 73 76 75 74 72 78 73 75 68

问该地男性的脉率是否与一般男性脉率不同?

(一)建立数据文件

定义一个变量 pulse(脉率,8,0),录入 20 个数据,保存数据文件名为 T-test1.sav(图 5-8)。

(二)操作过程

打开数据文件 T-test1. sav,按 Analyze → Compare Means → One-Sample T Test 顺序,弹出 One-Sample T Test(单样本 *t* 检验)主对话框(图 5-9)。

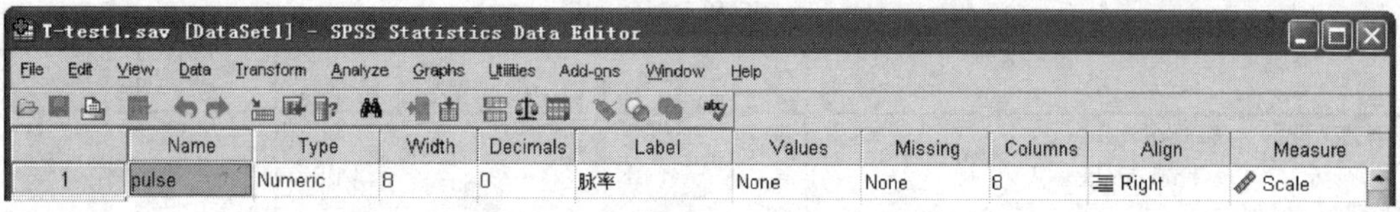

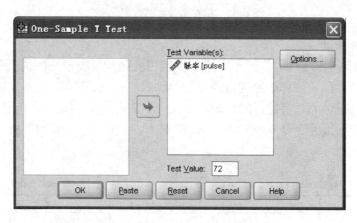

图 5-8　T-test1.sav 变量编辑视窗

图 5-9　单样本 t 检验主对话框

1. One-Sample T Test 主对话框

(1) Test Variable(s)：检验变量。本例检验变量为 "pulse"。

(2) Test Value：检验值。填入已知总体均数或标准值,本例填入 "72"。

2. Options 对话框　点击 Options 按钮,弹出 Options（选项）对话框（图 5-10）。

(1) Confidence Interval： 95 %：样本均数与总体均数之差的可信区间估计,系统默认值为 95%,可以自定义。

(2) Missing Values：缺失值的处理。

1) Exclude cases analysis by analysis：剔除正在分析的变量中带缺失值的观测单位,系统默认。

2) Exclude cases listwise：剔除所有分析变量中带缺失值的观测单位。

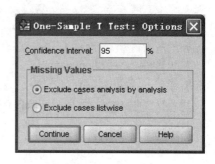

图 5-10　选项对话框

（三）结果及分析

1. 基本统计量　图 5-11 输出样本量为 20；样本均数为 73.75 次 / 分；标准差为 3.076 次 / 分；标准误为 0.688。

One-Sample Statistics

	N	Mean	Std. Deviation	Std. Error Mean
脉率	20	73.75	3.076	.688

图 5-11　基本统计量

2. t 检验　图 5-12 输出 t 检验结果（检验值 Test Value 为 72 次 / 分）。
$t=2.544$, $v=19$, $P=0.020$（双侧）,按 $\alpha=0.05$ 水准,拒绝 H_0,接受 H_1,差别有统计学意义,可

One-Sample Test

	Test Value = 72					
					95% Confidence Interval of the Difference	
	t	df	Sig. (2-tailed)	Mean Difference	Lower	Upper
脉率	2.544	19	.020	1.750	.31	3.19

图 5-12　t 检验

以认为该地男性的脉率与一般男性脉率不同,该地男性的脉率偏高。

结果中还输出了样本均数与总体均数之差为 1.750 次 / 分,差值的 95% 可信区间为 0.31~3.19。该范围不包括 0,由此可以得出样本均数与总体均数有显著差异,换句话说,样本均数与总体均数之差与 0 有显著差异(95% 可信区间 = 样本均数 ±1.96 标准误)。

(肖艳杰　程晓萍)

第三节　独立样本 t 检验

独立样本 t 检验(independent-samples t test)即两样本均数比较的 t 检验,或称两样本 t 检验(two-sample t test),用来检验两个独立样本的总体均数是否有显著差异。检验统计量的公式为:

$$T = \frac{\overline{X}_1 - \overline{X}_2}{S_{\overline{x}_1 - \overline{x}_2}} = \frac{\overline{X}_1 - \overline{X}_2}{\sqrt{S_c^2 \left(\frac{1}{N_1} + \frac{1}{N_2} \right)}}, \quad V = N_1 + N_2 - 2$$

$$S_c^2 = \frac{S_1^2(N_1 - 1) + S_2^2(N_2 - 1)}{N_1 + N_2 - 2} = \frac{\sum X_1^2 - (\sum X_1)^2/N_1 + \sum X_2^2 - (\sum X_2)^2/N_2}{N_1 + N_2 - 2}$$

一、两样本均数比较的 t 检验

例题 5-3　将 20 名某病患者随机分成两组,分别用甲、乙两药治疗,观察治疗前后血红蛋白变化,结果见表 5-1,问甲、乙两药的疗效有无差别?

表 5-1　甲、乙两药治疗前后患者血红蛋白的变化(g/L)

	患者编号	1	2	3	4	5	6	7	8	9	10
甲药	治疗前	35	43	62	55	53	47	43	57	28	45
	治疗后	46	60	73	86	68	69	49	58	52	71
	患者编号	1	2	3	4	5	6	7	8	9	10
乙药	治疗前	58	56	67	49	56	40	73	29	36	48
	治疗后	81	62	70	85	66	76	86	59	49	57

(一)建立数据文件

定义四个变量:NO(患者编号,8,0)、group(分组,8,0)、HBpre(治疗前血红蛋白,8,0)和 HBpost(治疗后血红蛋白,8,0),其中 group 取值:1=“甲药”,2=“乙药”,录入数据,保存数据文件名为 T-test2.sav(图 5-13)。

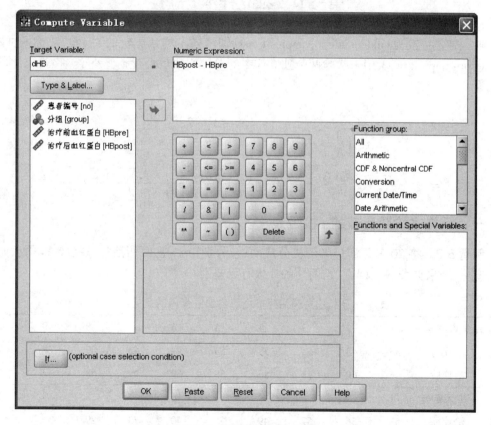

图 5-13 T-test2.sav 变量编辑视窗

(二) 操作过程

打开数据文件 T-test2. sav。

1. 计算治疗前后血红蛋白差值 dHB：dHB=Hbpost-Hbpre　按 Transform → Compute Variable 顺序，弹出 Compute Variable（计算产生变量）对话框（图 5-14）。在 Target Variable 下空框处键入 "dHB"，将变量 "Hbpost" 和 "Hbpre" 分别顺箭头方向移入 Numeric Expression 空框中，两变量之间点击键入减号 "–"，点击 OK，数据文件中就会生成一个新变量 dHB。

图 5-14 计算产生变量对话框

2. 按 Analyze → Compare Means → Independent-Samples T test 顺序，弹出 Independent-Samples T Test（两样本 t 检验）主对话框（图 5-15）。

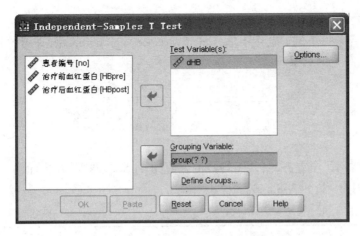

图 5-15 两样本 t 检验主对话框

(1) Test Variable(s)：选入反应变量"dHB"。

(2) Grouping Variable：分组变量。只能选入一个变量。本例选入分组变量"group"后，Define Groups（定义分组变量）按钮被激活，点击该按钮后，弹出 Define Group 对话框（图 5-16）。

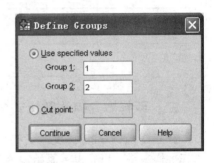

图 5-16 定义分组变量对话框

1) Use specified values：使用特定值，即分组变量值。需分别在 2 个框内键入分组变量值。本例输入分组变量"group"的值分别为"1"和"2"。通常分组变量为定性变量时选择这种定义方式。

2) Cut point：指分组变量在设定值处自动分成两组，一组大于等于设定值，另一组小于设定值。通常分组变量为定量变量时选择这种定义方式。

3. Options：选项。与单样本 t 检验相同。

（三）结果及分析

1. 基本统计量　图 5-17 输出两组样本量均为 10；样本均数分别为 16.40g/L 和 17.90g/L；标准差分别为 9.430g/L 和 12.387g/L；标准误分别为 2.982 和 3.917。

Group Statistics

	分组	N	Mean	Std. Deviation	Std. Error Mean
dHB	甲药	10	16.40	9.430	2.982
	乙药	10	17.90	12.387	3.917

图 5-17 基本统计量

2. t 检验　图 5-18 输出 t 检验结果：

(1) Levene 方差齐性检验（levene's test for equality of variances）：本例 $F=1.844$，$P=0.191$，按 $\alpha=0.10$ 水准，不拒绝 H_0，差别无统计学意义，尚不能认为两总体方差不齐。

(2) 方差齐同条件下的 t 检验结果（equal variances assumed）：本例方差齐，应该看这一行的结果，$t=-0.305$，$v=18$，$P=0.764$（双侧），按 $\alpha=0.05$ 水准，不拒绝 H_0，差别无统计学意义，尚不

能认为甲、乙两药的疗效有差别。

(3) 方差不齐条件下的 t 检验结果(Equal variances not assumed):应用的是 t' 公式,方差不齐时应该看这一行的结果。

$$t'=\frac{\bar{x}_1-\bar{x}_2}{\sqrt{\frac{S_1^2}{n_1}+\frac{S_2^2}{n_2}}},\quad \nu=\frac{(S_1^2/n_1+S_2^2/n_2)^2}{\frac{(S_1^2/n_1)^2}{n_1-1}+\frac{S_2^2/n_2)^2}{n_2-1}}$$

(4) 结果还输出了方差齐时:两组均数的差值为 –1.500,两组均数差值的标准误为 4.923 及 95% 可信区间为 –11.843~8.843。

Independent Samples Test

		Levene's Test for Equality of Variances		t-test for Equality of Means						
									95% Confidence Interval of the Difference	
		F	Sig.	t	df	Sig. (2-tailed)	Mean Difference	Std. Error Difference	Lower	Upper
dHB	Equal variances assumed	1.844	.191	-.305	18	.764	-1.500	4.923	-11.843	8.843
	Equal variances not assumed			-.305	16.810	.764	-1.500	4.923	-11.896	8.896

图 5-18 *t* 检验

二、两样本几何均数比较的 *t* 检验

有些资料(如抗体滴度的资料)不服从正态分布,但服从对数正态分布,宜用几何均数描述其平均水平。以 x 表示原始观测值,则 lgx 往往服从正态分布,故可以 lgx 为基础计算 t 统计量,这时的检验称为两样本几何均数的 t 检验。

例题 5-4 为比较两种麻疹疫苗的效果,将 160 名患者随机分为两组,分别注射两种疫苗,测定两组麻疹病毒抗体滴度,结果见表 5-2,问两种麻疹疫苗的效果有无差别?

表 5-2 两种疫苗麻疹病毒抗体滴度结果

疫苗类型	人数	血清滴度								
		50	100	200	400	800	1600	3200	6400	12 800
Ⅰ型	80	2	4	6	9	8	9	29	9	4
Ⅱ型	80	2	5	16	12	8	6	19	11	1

(一) 建立数据文件

定义三个变量:group(分组,8,0)、antibody(抗体滴度,8,0)和 fre(人数,8,0),其中 group 取值:1=“Ⅰ型”,2=“Ⅱ型”,录入数据,保存数据文件名为 T-test3.sav(图 5-19)。

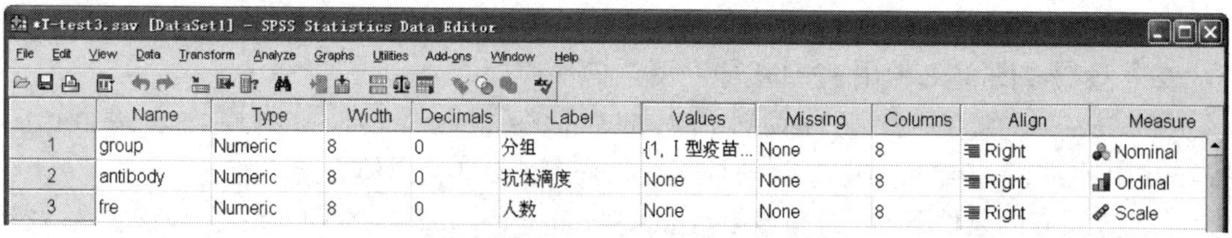

	Name	Type	Width	Decimals	Label	Values	Missing	Columns	Align	Measure
1	group	Numeric	8	0	分组	{1, Ⅰ型疫苗...	None	8	Right	Nominal
2	antibody	Numeric	8	0	抗体滴度	None	None	8	Right	Ordinal
3	fre	Numeric	8	0	人数	None	None	8	Right	Scale

图 5-19 T-test3.sav 变量编辑视窗

（二）操作过程

打开数据文件 T-test3.sav。

1. 计算抗体滴度的对数值 Lganti：Lganti=LG10（antibody）　按 Transform → Compute Variable 顺序，弹出 Compute Variable（计算产生变量）对话框（图 5-20）。在 Target Variable 下空框处键入"Lganti"，然后在 Function group 框中单击第一项 All，则在下面 Function and special Variables 框中出现下拉菜单，按右侧下拉键寻找函数 LG10，将其顺箭头方向移入上面 Numeric Expression 框中。最后将变量"antibody"顺箭头方向移入 Numeric Expression 框中，点击 OK，数据文件 T-test3.sav 中就会生成一个新变量 Lganti（图 5-21）。

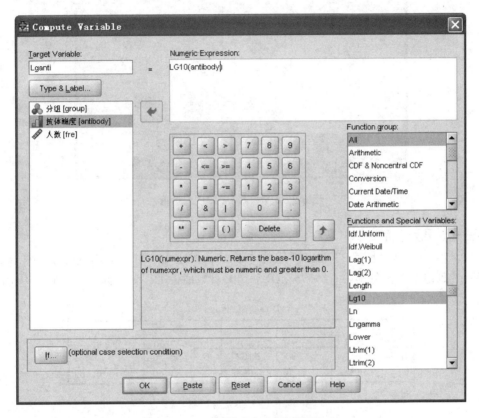

图 5-20　计算产生变量对话框

图 5-21　T-test3.sav 数据视窗（增加变量后）

2. 频数变量加权 按 Data → Weight cases 顺序,弹出 Weight cases(变量加权)对话框,选择 Weight case by 项,将变量 "fre" 移入 frequency variable 框,点击 OK。

3. *t* 检验过程 按 Analyze → Compare Means → Independent-Samples T test 顺序,弹出 Independent-Samples T Test(两样本 *t* 检验)主对话框(图 5-22)。将变量 "Lganti" 移入 Test Variable(s)框,分组变量 "group" 移入 Grouping Variable 框并定义,过程同例题 5-3。最后点击 OK,输出结果。

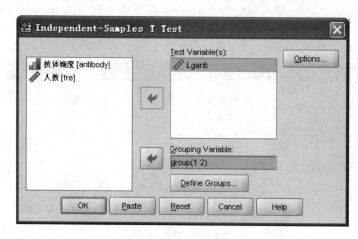

图 5-22 两样本 *t* 检验主对话框

(三) 结果及分析

1. 基本统计量 图 5-23 输出两组样本量均为 80;样本对数值均数分别为 3.1627 和 2.9558;对数值标准差分别为 0.59775 和 0.63140;对数值标准误分别为 0.06683 和 0.07059。

Group Statistics

	分组	N	Mean	Std. Deviation	Std. Error Mean
Lganti	I 型	80	3.1627	.59775	.06683
	II 型	80	2.9558	.63140	.07059

图 5-23 基本统计量

2. *t* 检验 图 5-24 输出 *t* 检验结果:

(1) Levene 方差齐性检验(Levene's Test for Equality of Variances):本例 $F=1.751$,$P=0.188$,按 $\alpha=0.10$ 水准,不拒绝 H_0,差别无统计学意义,尚不能认为两总体方差不齐。

(2) 方差齐同条件下的 *t* 检验结果(Equal variances assumed):本例方差齐,应该看这一行的结果。$t=2.129$,$v=158$,$P=0.035$(双侧),按 $\alpha=0.05$ 水准,拒绝 H_0,差异有统计学意义,可认

Independent Samples Test

		Levene's Test for Equality of Variances		t-test for Equality of Means					95% Confidence Interval of the Difference	
		F	Sig.	t	df	Sig. (2-tailed)	Mean Difference	Std. Error Difference	Lower	Upper
Lganti	Equal variances assumed	1.751	.188	2.129	158	.035	.20696	.09721	.01496	.39895
	Equal variances not assumed			2.129	157.528	.035	.20696	.09721	.01496	.39896

图 5-24 *t* 检验

为两种麻疹疫苗的平均抗体滴度不同，Ⅰ型高于Ⅱ型。

（3）方差不齐条件下的 t 检验结果（Equal variances not assumed）：方差不齐时应该看这一行的结果。

（4）结果还输出了方差齐时：两组对数值均数的差值为0.20696，两组对数值均数差值的标准误为0.09721及95%可信区间为0.01496~0.39895。

（肖艳杰　程晓萍）

第四节　配对样本 t 检验

配对样本 t 检验（paired-samples t test），简称配对 t 检验（paired t test），用于配对设计均数的比较。配对设计资料主要有以下三种情况：①配对的两个受试对象分别接受两种不同处理之后的数据，如把同性别、年龄相近且相同病情的病人配成一对；②同一样品用两种方法（或仪器）检验出的结果；③同一受试对象两个部位的测定数据。

配对 t 检验的目的是推断两种处理（或方法）的结果有无差别，即检验配对变量均值之间差异是否显著，其实质是检验配对变量差值的均值与零均值之间差异的显著性，因此首先要求得出每对测量值之差值，对差值求均值，再与0作比较。如果差值均值与0均值无显著性差异说明配对变量均值之间无显著性差异。同时还可以分析配对样本是否相关。检验统计量的公式为：

$$t = \frac{\overline{d} - 0}{S_{\overline{d}}} = \frac{\overline{d}}{S_d / \sqrt{n}}, \quad \nu = n - 1$$

例题 5-5　对32名儿童接种卡介苗，按同年龄、同性别配成16对，每对中的2名儿童分别接种两种结核菌素，72小时后记录两种结核菌素的皮肤反应平均直径，见表5-3，问儿童皮肤对两种不同结核菌素的反应性有无差别？

表 5-3　接种两种不同结核菌素后皮肤的反应直径（mm）

编号	1	2	3	4	5	6	7	8	9	10	11	12	13	14	15	16
卡介苗1	11.3	10.8	12.0	11.5	12.3	14.2	15.0	12.5	13.2	12.4	10.5	7.8	9.0	14.6	12.6	10.8
卡介苗2	10.4	7.5	11.0	9.5	10.5	11.4	12.5	13.0	10.0	6.2	8.5	7.0	5.8	8.0	7.2	9.6

（一）建立数据文件
定义两个变量：Vaccine1（卡介苗1,8,1）和 Vaccine2（卡介苗2,8,1），录入数据，保存数据文件名为 T-test4. sav（图 5-25）。

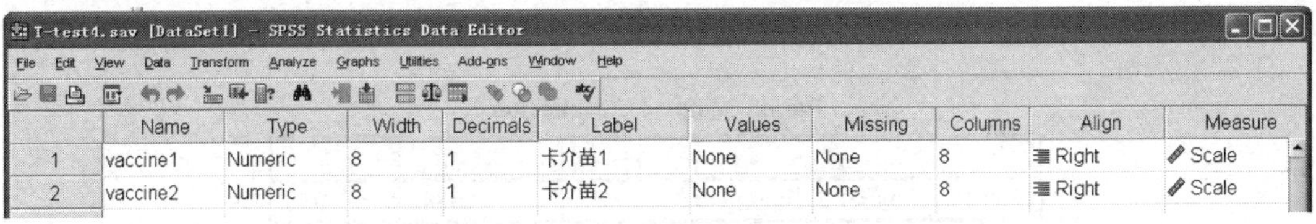

图 5-25　T-test4.sav 变量编辑视窗

(二)操作过程

打开数据文件 T-test4. sav,按 Analyze → Compare Means → Paired-Samples T test 顺序,弹出 Paired-Samples T Test(配对样本 t 检验)主对话框(图 5-26)。

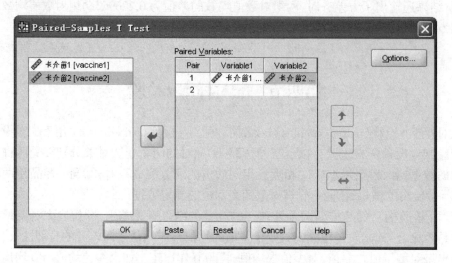

图 5-26   配对样本 t 检验主对话框

1. Paired-Samples T Test 主对话框   Paired Variables:选入配对变量,本例同时选入 "vaccine1-vaccine2" 两个变量,可选入多对配对变量。

2. Options 选项,与单样本 t 检验相同。

(三)结果及分析

1. 基本统计量   图 5-27 输出卡介苗 1 和卡介苗 2 的皮肤反应平均直径分别为 11.906mm 和 9.256mm;样本例数均为 16;标准差分别为 1.9195mm 和 2.1848mm;标准误分别为 0.4799 和 0.5462。

Paired Samples Statistics

		Mean	N	Std. Deviation	Std. Error Mean
Pair 1	卡介苗1	11.906	16	1.9195	.4799
	卡介苗2	9.256	16	2.1848	.5462

图 5-27   基本统计量

2. 相关分析   图 5-28 输出卡介苗 1 和卡介苗 2 的皮肤反应直径间的相关系数为 r=0.534,P=0.033,按 α=0.05 水准,拒绝 H_0,相关系数有统计学意义,两种制品间有相关关系。

Paired Samples Correlations

		N	Correlation	Sig.
Pair 1	卡介苗1 & 卡介苗2	16	.534	.033

图 5-28   两种制品的相关分析结果

3. t 检验　图 5-29 输出两种制品皮肤反应直径差值 d 的平均值为 2.6500mm，标准差为 1.9940mm，标准误为 0.4985，95% 可信区间为 1.5875~3.7125。

Paired Samples Test

			Paired Differences						
					95% Confidence Interval of the Difference				
		Mean	Std. Deviation	Std. Error Mean	Lower	Upper	t	df	Sig. (2-tailed)
Pair 1	卡介苗1 - 卡介苗2	2.6500	1.9940	.4985	1.5875	3.7125	5.316	15	.000

图 5-29　t 检验

$t=5.316$，$v=15$，$P=0.000$（双侧），按 $\alpha=0.05$ 水准，拒绝 H_0，接受 H_1，差异具有统计学意义，可认为两种卡介苗对儿童皮肤反应性有差别。

（肖艳杰　程晓萍）

第六章

方 差 分 析

方差分析(analysis of variance,ANOVA),又称 F 检验,是通过对数据变异的分析来推断两个或多个样本均数所代表的总体均数是否有差异的一种统计学方法。

方差分析的基本思想是把全部观察值间的变异按设计类型的不同,分解成两个或多个组成部分,然后将各部分的变异与随机误差进行比较,以判断各部分的变异是否具有统计学意义。

方差分析的基本原理认为不同处理组的均数间的差别基本来源有两个:

1. 组间变异 即不同的处理因素造成的。它反映了不同处理因素的影响,同时也包括了随机误差。用变量在各组的均值与总均值之偏(离均)差平方和的总和表示,记作 $SS_{组间}$。

2. 组内变异 由随机误差造成的,又称误差变异。用变量在各组的均值与该组内变量值之偏(离均)差平方和的总和表示,记作 $SS_{组内}$。

$SS_{组间}$、$SS_{组内}$ 除以各自的自由度得到其均方值即组间均方和组内均方。

一种情况是处理因素没有作用,即各样本均来自同一总体,有 $MS_{组间}/MS_{组内}=1$。考虑抽样误差的存在,则有 $MS_{组间}/MS_{组内}\approx 1$。

另一种情况是处理因素确实有作用。组间均方是由于不同处理因素与随机误差共同导致的结果,即各样本来自不同总体。那么,组间均方会远远大于组内均方,有 $MS_{组间}>>MS_{组内}$。

$MS_{组间}/MS_{组内}$ 比值构成 F 分布,即 $F=MS_{组间}/MS_{组内}$。用 F 值与其临界值比较,推断各样本是否来自相同的总体。

第一节 方差分析所使用的菜单功能

SPSS17.0 提供的方差分析功能有:

一、One-Way ANOVA

即单因素方差分析,按 Analyze→Compare Means→One-Way ANOVA 顺序,弹出 One-Way ANOVA(单因素方差分析)主对话框。

单因素方差分析也称一维(元)方差分析。它检验由单一因素影响的一个(或几个相互独立的)因变量由因素各水平分组的均值之间的差异是否具有统计意义,还可以对该因素的若干水平分组中哪一组与其他各组均值间具有显著性差异进行分析即进行均值的多重比较,即可以进行单因素方差分析、均值多重比较和相对比较。要求因变量服从正态分布。

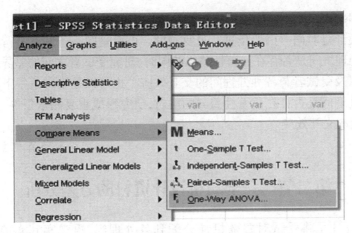

图 6-1 统计分析模块中一元方差分析菜单

二、General Linear Model（GLM）

称一般线性模型，按 Analyze→General Linear Model 顺序，弹出一般线性模型各分析功能项。

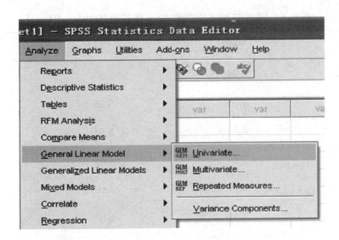

图 6-2 统计分析模块中一般线性模型分析菜单

- Univariate　单变量方差分析
- Multivariate　多变量方差分析
- Repeated Measures　重复测量方差分析
- Variance Components　方差分量分析

本章介绍 Univariate 和 Repeated Measures 两种分析过程。

（一）Univariate（单因变量多因素方差分析）

单因变量多因素方差分析是对一个独立变量是否受一个或多个因素或变量影响而进行的方差分析和回归分析。利用该分析过程，可以检验不同组别之间均数由于受不同因素影响是否有差异。可以用于完全随机设计资料、随机区组设计资料、交叉设计资料、析因设计资料、拉丁方设计资料和协方差分析等多种资料的方差分析。此过程不仅可以分析每一个因素的作用，还可以分析因素之间的交互作用。

（二）Repeated Measures（重复测量方差分析）

重复测量设计是对同一因变量进行重复测度。可以是同一条件下进行的重复测度,目的是研究各种处理之间是否存在显著性差异的同时,研究受试者之间的差异、受试者几次测量之间的差异以及受试者与各种处理间的交互效应。也可以是不同条件下的重复测度,目的是研究各种处理间是否存在显著性差异的同时,研究形成重复测量条件间的差异以及这些条件与处理间的交互效应。

（肖艳杰　李志强）

第二节　完全随机设计资料的方差分析

完全随机设计是将受试对象随机地分配到各处理组,再观察其实验效应。该种设计资料的方差分析又称单因素方差分析,调用 One-Way ANOVA 和 General Linear Model (Univariate) 两种方差分析过程均可完成,实际上调用 One-Way ANOVA 就足够了。

例题 6-1　选取已做成贫血模型的大鼠 45 只,随机等分为 3 组,每组 15 只,分别用三种不同的饲料喂养。喂养一周后,测定大鼠红细胞数（$\times 10^{12}$/L）,试分析喂养三种不同饲料的大鼠贫血恢复情况是否不同?

表 6-1　喂养三种不同饲料的大鼠红细胞数（$\times 10^{12}$/L）

	A 饲料	B 饲料	C 饲料
大鼠红细胞数（$\times 10^{12}$/L）	3.98	5.60	7.85
	4.86	5.86	7.45
	4.50	5.54	6.96
	5.16	4.65	8.03
	4.01	5.69	7.89
	5.31	6.02	5.55
	4.97	5.08	8.18
	4.81	4.82	7.15
	3.65	5.26	8.17
	3.77	6.67	7.84
	3.54	5.98	7.51
	4.24	6.05	7.41
	3.78	4.49	7.38
	4.85	6.92	5.91
	4.58	4.60	6.70

(一) 建立数据文件

定义两个变量：group（组别，8，0）和 rbc（红细胞数，8，2），其中 group 取值：1="A 饲料"，2="B 饲料"，3="C 饲料"，录入数据，保存数据文件名为 one-way ANOVA.sav（图 6-3）。

	Name	Type	Width	Decimals	Label	Values	Missing	Columns	Align	Measure
1	group	Numeric	8	0	组别	{1, A饲料}...	None	8	≡ Right	♣ Nominal
2	rbc	Numeric	8	2	红细胞数	None	None	8	≡ Right	✦ Scale

图 6-3　one-way ANOVA.sav 变量编辑视窗

(二) 操作过程

打开数据文件 one-way ANOVA.sav，按 Analyze→Compare Means→One-Way ANOVA 顺序，弹出 One-Way ANOVA（单因素方差分析）主对话框。

1. One-Way ANOVA（单因素方差分析）主对话框（图 6-4a 和图 6-4b）

(1) Dependent List：选入因变量，可选入一个或多个（可以分别进行单因素方差分析）。

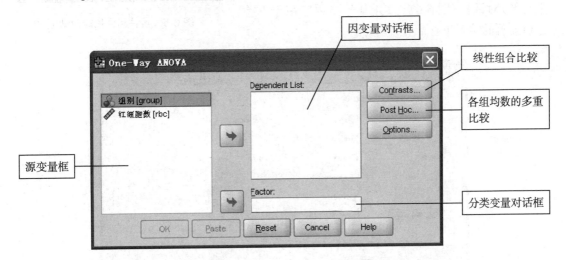

图 6-4a　单因素方差分析主对话框

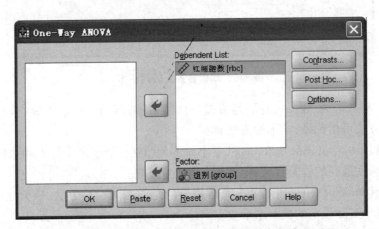

图 6-4b　单因素方差分析主对话框（选入变量后）

本例选入变量"rbc"。

(2) Factor：选入一个分类变量(因素)。本例选入变量"group"。

2. Contrasts(线性组合比较)对话框 单击 Contrasts 按钮，弹出 Contrasts(线性组合比较)对话框。Contrast 是参数或统计量的线性函数，用于检验均数间的关系及线性趋势。选中 Polynomial(多项式)选项，该操作激活其右面的 Degree 参数框(图6-5)。

点击 Degree 参数框右面的向下箭头展开阶次菜单，可以选择的阶次：Linear(线性)、Quadratic(二次)、Cubic(三次)、4th(四次)、5th(五次)。

输入各组均值系数的操作步骤：在 Coefficients 框中输入一个系数，Add 按钮被激活，点击 Add 按钮，Coefficients 框中的系数进入下面的方框中。

3. Post Hoc(均数多重比较)对话框 单击 Post Hoc 按钮，弹出 Post Hoc Multiple Comparisons(多重比较)对话框(图6-6)。多重比较主要应用于方差分析显著的情况下。

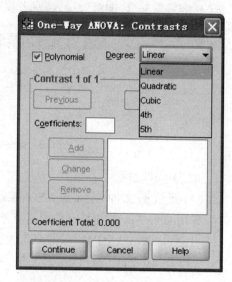

图 6-5 线性组合比较对话框

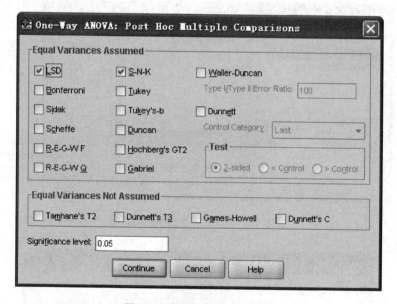

图 6-6 均数多重比较对话框

(1) Equal Variances Assumed：满足方差齐性的多重(两两)比较方法。满足方差齐性要求时有14种方法可供选择，常用的方法有：

1) LSD(Least-significant Difference，最小显著差值法)：用于多个样本均数间每两个样本作比较，是敏感度最高的检验方法，但控制 I 型误差较差。

2) S-N-K(Student-Neuman-Keuls)：是运用最广泛的两两检验方法，该方法能保证犯 I 型错误的概率等于实际设定的检验水准。

3) Tukey：用于多个样本均数间每两个作比较，和 S-N-K 相似，但它控制的是所有比较中最大的 I 型错误的概率不超过检验水准。

4) Dunnett：用于多个处理组与一个对照组的比较，可以选择参照类，默认为 last，可以作单侧检验（>control：检验处理组的均数是否大于对照组均数，<control：检验处理组的均数是否小于对照组均数）和双侧检验（2-sided）。

本例选入 LSD 法和 S-N-K 法两项。

(2) Equal Variances Not Assumed：不满足方差齐性的多重比较方法

不满足方差齐性的多重比较方法有 4 种，选用 Games-Howell 法较好。

(3) Significance level：框中输入检验的显著性水准，系统默认值为 0.05。

4. Options（选项）对话框　单击 Options 按钮，弹出 Options（选项）对话框（图 6-7）。

(1) Statistics：统计量。

1) Descriptive：分组别输出描述统计量。

2) Fixed and random effects：按固定效应及随机效应输出标准差、标准误和 95% 可信区间。

3) Homogeneity of variance test：方差齐性 Levene 检验。

4) Brown-Forsythe：近似方差分析，方差不齐时较稳健。

5) Welch：近似方差分析，方差不齐时较稳健。

(2) Means plot：均数图。横轴为分类变量，纵轴为反应变量的均数线图。

(3) Missing Values：缺失值处理方法。

1) Exclude cases analysis by analysis：剔除分析所涉及变量中带缺失值的观测单位，系统默认。

2) Exclude cases listwise：剔除所有选入变量中带有缺失值的观测单位。

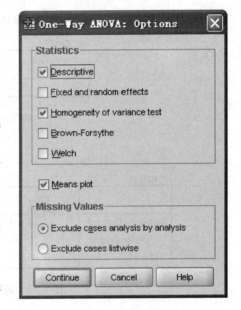

图 6-7　选项对话框

本例选入 Descriptive、Homogeneity of variance test 和 Means plot 三个选项。

以上三组选择项每组选择完成后，均单击 Continue 按钮，确认选择并返回主对话框。单击 Cancel 按钮作废本次选择，单击 Help 按钮，显示有关的帮助信息。如无需要更改选项，单击 OK，执行本次操作，输出分析结果。

（三）结果及分析

1. 基本统计量　图 6-8 输出了每组的样本量（N）、均数（Mean）、标准差（Std.Deviation）、标准误（Std.Error）、均数 95% 可信区间（95%Confidence Interval for Mean）、最小值（Minimum）和最大值（Maximum）。

2. 方差齐性检验　图 6-9 输出经 Levene 方差齐性检验，$F=0.175$，$P=0.840$，方差齐。

3. 方差分析　图 6-10 输出 Between Groups 为处理组间项；Within Groups 为处理组内项，即误差项；Total 为合计项；Sum of Squares 为离差平方和；Mean Square 为均方：组间均方为 32.727，组内均方为 0.499，二者相除得：$F=65.639$，$P=0.000$，按 $\alpha=0.05$ 水准，拒绝 H_0，差别有统计学意义，可以认为喂养三种不同饲料的大鼠红细胞数的总体均值不全相同。需进一步作多重比较。

Descriptives

红细胞数

	N	Mean	Std. Deviation	Std. Error	95% Confidence Interval for Mean		Minimum	Maximum
					Lower Bound	Upper Bound		
A饲料	15	4.4007	.58509	.15107	4.0767	4.7247	3.54	5.31
B饲料	15	5.5487	.73579	.18998	5.1412	5.9561	4.49	6.92
C饲料	15	7.3320	.78234	.20200	6.8988	7.7652	5.55	8.18
Total	45	5.7604	1.40126	.20889	5.3395	6.1814	3.54	8.18

图 6-8　基本统计量

Test of Homogeneity of Variances

红细胞数

Levene Statistic	df1	df2	Sig.
.175	2	42	.840

图 6-9　方差齐性检验结果

ANOVA

红细胞数

	Sum of Squares	df	Mean Square	F	Sig.
Between Groups	65.454	2	32.727	65.639	.000
Within Groups	20.941	42	.499		
Total	86.395	44			

图 6-10　基于方差齐性的方差分析结果

4. 多重比较　图 6-11a 和图 6-11b 输出的是基于方差齐的多重比较结果

（1）LSD 法：结果中输出每两组之间红细胞数的均数差值（Mean Difference）、标准误（Std. Error）及所对应的概率 P 值（Sig.），按 $\alpha=0.05$ 水准，拒绝 H_0，每两组之间差别均有统计学意义。

Multiple Comparisons

Dependent Variable:红细胞数

	(I) 组别	(J) 组别	Mean Difference (I-J)	Std. Error	Sig.	95% Confidence Interval	
						Lower Bound	Upper Bound
LSD	A饲料	B饲料	-1.14800*	.25784	.000	-1.6683	-.6277
		C饲料	-2.93133*	.25784	.000	-3.4517	-2.4110
	B饲料	A饲料	1.14800*	.25784	.000	.6277	1.6683
		C饲料	-1.78333*	.25784	.000	-2.3037	-1.2630
	C饲料	A饲料	2.93133*	.25784	.000	2.4110	3.4517
		B饲料	1.78333*	.25784	.000	1.2630	2.3037

图 6-11a　多重比较 LSD 法

红细胞数

	组别	N	Subset for alpha = 0.05		
			1	2	3
Student-Newman-Keuls[a]	A饲料	15	4.4007		
	B饲料	15		5.5487	
	C饲料	15			7.3320
	Sig.		1.000	1.000	1.000

Means for groups in homogeneous subsets are displayed.

a. Uses Harmonic Mean Sample Size = 15.000.

图 6-11b　多重比较 S-N-K 法

可以认为：A 饲料组与 B 饲料组之间红细胞数存在显著性差异（P=0.000）；A 饲料组与 C 饲料组之间红细胞数存在显著性差异（P=0.000）；B 饲料组与 C 饲料组之间红细胞数存在显著性差异（P=0.000）。

通过 95% 可信区间的结果，可以看出各组可信区间均不包含 0，也提示在 α=0.05 水准各组之间有显著差异。

结合三组均数值，得出结论：喂养三种不同饲料的大鼠红细胞数（$\times 10^{12}$/L）两两组间均存在显著性差异，B 饲料组高于 A 饲料组，C 饲料组高于 B 饲料组。

（2）S-N-K 法：Subset for alpha=0.05 为两两比较的检验水准，如果两组均数在同一列，则按目前检验水准无统计学意义，并在最后一行给出了确切的 P 值。由于每一列只有一组数据，故 P=1.000，如果均数不在同一列，则可认为有统计学意义，如本例的三组不同饲料喂养法红细胞均数均不在同一列，说明两两间均存在显著性差异。

5. 均数图　图 6-12 均数图显示，C 饲料组红细胞均数值最高，其次是 B 饲料组，最低是 A 饲料组。

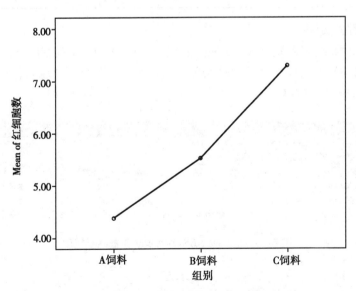

图 6-12　不同饲料组红细胞数均数图

（肖艳杰　李志强）

第三节 随机区组设计资料的方差分析

随机区组设计又称配伍组设计，通常是将受试对象按性质（如动物的窝别、性别、体重等非实验因素）相同或相近者组成 b 个区组（又称配伍组），再将每个区组中的受试对象分别随机分配到 k 个处理组中。随机区组设计的方差分析属无重复数据的两因素方差分析(two-way ANOVA)。

例题 6-2 某研究者将 36 只小鼠按窝别配成 9 个区组，每组 4 只，分别随机分配到温度为 10、20、30、40℃的四个处理组中，测量小鼠的血糖浓度值（mmol/L），结果如表 6-2 所示，分析四种温度下测量小鼠的血糖浓度值是否不同？

表 6-2 四种温度下测量小鼠的血糖浓度值（mmol/L）

窝别	温度（℃）			
	10	20	30	40
1	90.10	102.35	109.94	127.85
2	88.43	106.42	107.20	129.36
3	95.72	90.24	98.67	120.70
4	102.47	81.90	90.70	138.24
5	81.57	97.38	115.56	104.56
6	74.64	82.93	101.66	110.51
7	100.35	110.26	119.45	121.49
8	109.20	83.47	100.88	139.62
9	82.12	82.50	90.34	112.56

（一）建立数据文件

定义三个变量：nest（窝别，8，0）、group（分组，8，0）和 GLU（血糖浓度，8，2），其中 group 取值：1="10℃"、2="20℃"、3="30℃"、4="40℃"共 4 个处理组，录入数据，保存数据文件名为 two-way ANOVA.sav（图 6-13）。

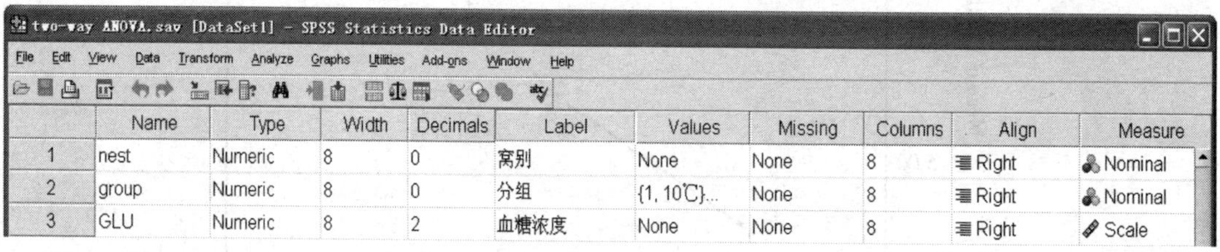

	Name	Type	Width	Decimals	Label	Values	Missing	Columns	Align	Measure
1	nest	Numeric	8	0	窝别	None	None	8	Right	Nominal
2	group	Numeric	8	0	分组	{1, 10℃}...	None	8	Right	Nominal
3	GLU	Numeric	8	2	血糖浓度	None	None	8	Right	Scale

图 6-13 two-way ANOVA.sav 变量编辑视窗

（二）操作过程

打开数据文件 two-way ANOVA.sav，按 Analyze→General Linear Model → Univariate 顺序，弹出 Univariate 主对话框。

1. Univariate（单变量方差分析）主对话框（图 6-14）

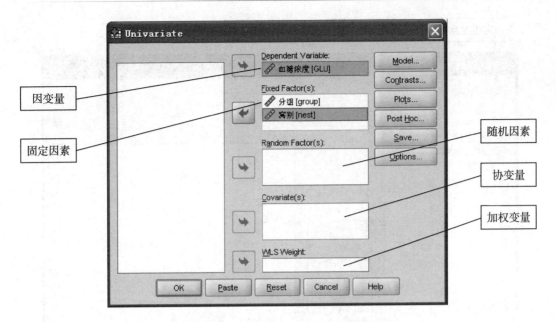

图 6-14 单变量方差分析主对话框

(1) Dependent Variable：因变量，数值型。本例选入变量"GLU"。

(2) Fixed Factor(s)：固定因素，分类变量，可放入一个或多个。当因素为固定效应时，选入此框。本例选入变量"group"和"nest"。

(3) Random Factor(s)：随机因素，为分类变量，可放入一个或多个。当某因素为随机效应时，选入此框。

(4) Covariate(s)：协变量，数值型变量，协方差分析时选用。

(5) WLS Weight：加权变量，加权最小二乘分析时选用此项。

2. Model（模型）对话框（图 6-15a 和图 6-15b）

(1) Specify model：指定模型。

1）Full factorial：全因素模型。系统默认。包括所有因素的主效应及因素间的交互效应分析，不包括协变量与其他因素的交互效应。

2）Custom：自定义模型。用户根据自己需要来确定，选择此项就激活了 Factors & Covariates、Model 和 Build Term(s)各项。本例选此项。

(2) Factors & Covariates：列出了模型中所有的因素。

(3) Model：模型方式，当选择⊙Custom 时，此框激活，用户可自己选择主效应因素和交互效应因素，所选项均置入此框中。

(4) Build Term(s)：单击其下面的 Interaction 按钮，下拉小菜单中有 6 种选择：

1）Interaction：模型中包括所有因素不同水平组合的交互效应。

2）Main effects：只考虑主效应。本例选主效应，将变量"group"和"nest"移入 Model 框中。

3）All2-way：所选因素中所有可能的二维交互效应。

4）All3-way：所选因素中所有可能的三维交互效应。

5）All4-way：所选因素中所有可能的四维交互效应。

6）All5-way：所选因素中所有可能的五维交互效应。

选择效应类型后，将 Factors & Covariates 框中要分析的变量顺箭头移入到 Model 框中，

指定模型类型　　　因素和协变量　　　效应类型选择

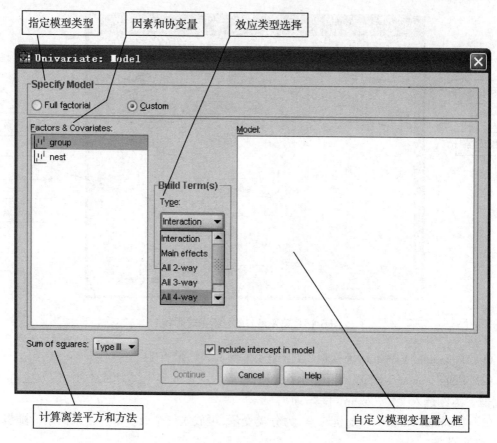

计算离差平方和方法　　　　　　　　　　自定义模型变量置入框

图 6-15a　模型对话框

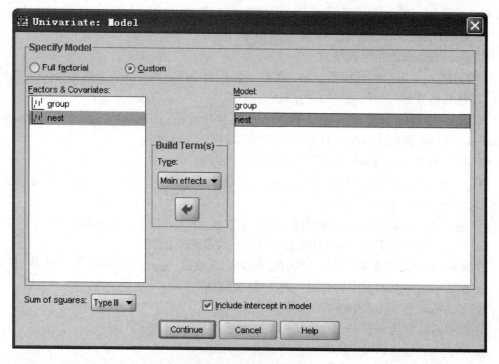

图 6-15b　模型对话框

用户选择的主效应、交互效应项会显示在 Model 框中。

（5）Sum of squares：模型计算离均差平方和（SS）的方法。

1）Type Ⅰ：适用于平衡设计的模型。计算与因素进入模型的顺序有关，即模型中每一个因素对因变量的效应，仅仅校正了在它之前进入模型的因素，例如嵌套设计、多项式回归模型。

2）Type Ⅱ：适用于平衡设计的模型。

3）Type Ⅲ：适用于无缺失数据，平衡、非平衡设计，有交互作用的模型。计算与因素进入模型的顺序无关。Type Ⅲ为默认选项，最常用。

4）Type Ⅳ：适用于有缺失数据的平衡、非平衡设计的模型。计算与因素进入模型的顺序无关。

（6）Include intercept in model：指所建立的模型中包含截距项。

3. Contrasts（因素内水平间比较）对话框（图 6-16）

（1）Factors：因素列表栏，因素后括号内显示的是该因素各水平间比较的方法，可以通过下面的 Change 按钮改变比较的方法。

（2）Change Contrast：改变因素内水平间比较的方法。单击按钮 None ，下拉菜单中有 7 种比较方法供选择：

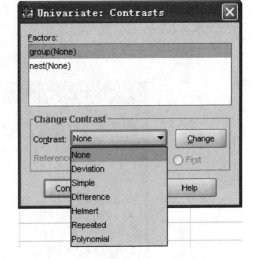

图 6-16　因素内水平间比较对话框

1）None：不进行均数的比较，系统默认。

2）Deviation：因素的各水平与总均数进行比较。

3）Simple：因素的各水平与参考水平进行比较，可以在 Reference Category 中选择参考水平，系统默认⊙Last。

4）Difference：因素的每个水平（除第一水平外）与其前面所有水平的平均水平进行比较。

5）Helmert：因素的每个水平（除最后的水平外）与其后所有水平的平均水平进行比较。

6）Repeated：对相邻的水平进行比较，即任何两个相邻的水平比较其平均水平。

7）Polynomial：比较线性效应、二次项效应、三次项效应等，可以进行趋势检验或非线性曲线拟合。

（3）Reference Category：参照种类。

1）Last：以变量的最后水平作为参照，默认。

2）First：以变量的第一水平作为参照。

4. Plots（绘制边际均值图）对话框（图 6-17）

（1）Factors：因素栏。

（2）Horizontal Axis：横坐标框，定义水平轴的因素。本例选入变量"group"。

（3）Separate Lines：分线变量框，按该因素的不同水平作图。

（4）Separate Plots：分图框，按该因素的不同水平作不同的均数图。

（5）Plots：绘图，将选入的变量通过 add 按钮移入 Plots 绘图框。 add 、 change 、 remove 按

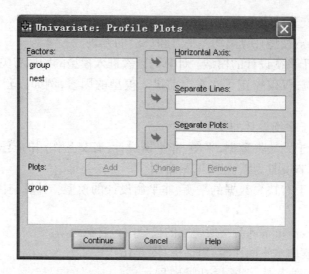

图 6-17　绘制边际均值图对话框

钮用来增加、改变、移走所作的选择。

5. Post Hoc(多重比较)对话框(图 6-18)

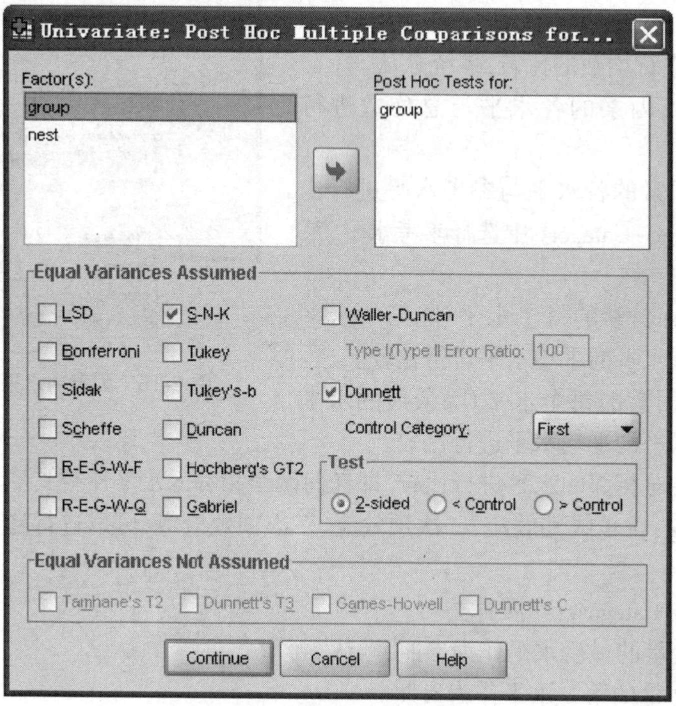

图 6-18　多重比较对话框

(1) Factors:因素栏。

(2) Post Hoc Test for:在此放入要求进行比较的因素。本例选入"group"。

(3) Equal Variances Assumed:方差相等时进行均数比较的方法,具体见 One-Way ANOVA 过程。本例选入:

☑ S-N-K　☑ Dunnett

（4）Equal Variances Not Assumed：方差不等时 Games-Howell 法比较好。

6. Save（保存变量）对话框（图 6-19）

（1）Predicated Values：预测值。

1）Unstandardized：非标准化预测值。

2）Weighted：当有权重变量时，加权非标化预测值。

3）Standard error：非标准化预测值的标准误。

（2）Diagnostics：诊断统计量。

1）Cook's distance：Cook 距离，可以探测到对模型有较大影响的观测。

2）Leverage values：非中心化的杠杆值，反映每一个观测对模型拟合的相对影响大小。

（3）Residuals：残差。

1）Unstandardized：非标准化残差，实际值与模型预测值之差。

2）Weighted：当有权重变量时，加权非标化残差。

3）Standardized：标准化残差。

4）Studentized：学生化残差。

5）Deleted：剔除残差，因变量值与校正预测值之差。

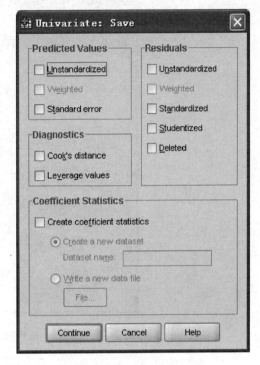

图 6-19　保存变量对话框

（4）Coefficient statistics：创建系数统计，把回归系数保存到数据集或数据文件。

7. Options（选项）对话框（图 6-20）

（1）Estimated Marginal Means：估计边际均数。

1）Factor（s）and Factor Interactions：因素及交互效应因素栏。

2）Display Means for：输出选入框中因素的均数，包括均数、标准误、可信区间。本例选入变量"group"和"nest"。

3）Compare main effects：比较所选因素不同水平的主效应。

Confidence interval adjustment：有 LSD、Bonferroni、Sidak 三种选择。

（2）Display：选择输出内容。

1）Descriptive statistics：输出描述性统计量，如均数、标准差等。

2）Estimates of effect size：估计效应值大小。方差分析中效应的大小定义为偏 eta 的平方，指所研究因素的离均差平方和占总离均差平方和的比例，所取值范围在 0 到 1 之间，但实际中很少能达到 0.5。

3）Observed power：检验效能，检验效能的大小关系到结果的可信与否，如果实验效能低，即使总体确实有差别也检测不出来。检验效能一般要在 80% 以上。

4）Parameter estimates：输出各因素变量的模型参数估计值及显著性检验结果。

5）Contrast coefficient matrix：对比系数 L 矩阵。

6）Homogeneity tests：方差齐性检验。

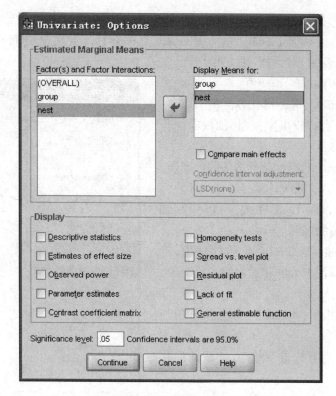

图 6-20 选项对话框

7）Spread vs. level plot：水平散点图，帮助探测方差是否相等。

8）Residual plot：观测值、预测值、标准化残差之间的残差图，帮助检测方差是否相等。

9）Lack of fit：拟合不足检验。

10）General estimable function：列出模型的设计矩阵。

（3）Significance level：设定检验水准，默认为 0.05。Confidence intervals are 95%：可信区间为 95%。

以上 6 组选择项每组选择完成后，均单击 Continue 按钮，确认选择并返回主对话框。单击 Cancel 按钮作废本次选择，单击 Help 按钮，显示有关的帮助信息。如无需要更改选项，单击 OK，执行本次操作，输出分析结果。

（三）结果及分析

1. 方差分析　图 6-21 中第一列是变异来源（Source）：校正的总变异（Corrected Total）分解为校正模型（Corrected Model）所引起的变异与误差项变异（Error），校正模型所引起的变异分解为 group、nest 两项之和；第二列是Ⅲ型离均差平方和（Type Ⅲ）；第三列是自由度（df）；第四列是均方（Mean Square）；第五列是 F 值；第六列是 P 值（Sig.）。结果显示：

校正模型的 $F=6.688$，$P=0.000$，P 值小于 0.05，说明模型有统计学意义。

group 的 $F=18.863$，$P=0.000$，按 $\alpha=0.05$ 水准，拒绝 H_0，接受 H_1，不同处理组间差异具有统计学意义，可以认为 4 种温度下小鼠血糖浓度值不全相同。尚需运用两两比较方法进一步分析。

nest 的 $F=2.123$，$P=0.074$，按 $\alpha=0.05$ 水准，不拒绝 H_0，尚不能认为不同窝别小鼠血糖浓度值不同。

Tests of Between-Subjects Effects

Dependent Variable:血糖浓度

Source	Type III Sum of Squares	df	Mean Square	F	Sig.
Corrected Model	7250.718[a]	11	659.156	6.688	.000
Intercept	380553.272	1	380553.272	3861.320	.000
group	5577.054	3	1859.018	18.863	.000
nest	1673.664	8	209.208	2.123	.074
Error	2365.325	24	98.555		
Total	390169.316	36			
Corrected Total	9616.044	35			

a. R Squared = .754 (Adjusted R Squared = .641)

图 6-21 方差分析

2. 边际均数 图 6-22a 和 6-22b 输出了两组边际均数,包括不同温度组和不同窝别小鼠血糖浓度的平均数、标准误和 95% 可信区间。

1. 分组

Dependent Variable:血糖浓度

分组	Mean	Std. Error	95% Confidence Interval	
			Lower Bound	Upper Bound
10℃	91.622	3.309	84.792	98.452
20℃	93.050	3.309	86.220	99.880
30℃	103.822	3.309	96.992	110.652
40℃	122.766	3.309	115.936	129.595

图 6-22a 不同温度组的均数

2. 窝别

Dependent Variable:血糖浓度

窝别	Mean	Std. Error	95% Confidence Interval	
			Lower Bound	Upper Bound
1	107.560	4.964	97.315	117.805
2	107.852	4.964	97.608	118.097
3	101.332	4.964	91.088	111.577
4	103.327	4.964	93.083	113.572
5	99.767	4.964	89.523	110.012
6	92.435	4.964	82.190	102.680
7	112.888	4.964	102.643	123.132
8	108.292	4.964	98.048	118.537
9	91.880	4.964	81.635	102.125

图 6-22b 不同窝别的均数

3. 多重比较

(1) 图 6-23a 中第一列和第二列是两个比较的组别(I)分组、(J)分组,第三列 Mean

Multiple Comparisons

Dependent Variable:血糖浓度

	(I) 分组	(J) 分组	Mean Difference (I-J)	Std. Error	Sig.	95% Confidence Interval	
						Lower Bound	Upper Bound
Dunnett t (2-sided)[a]	20℃	10℃	1.4278	4.67987	.981	-10.3031	13.1587
	30℃	10℃	12.2000[*]	4.67987	.040	.4691	23.9309
	40℃	10℃	31.1433[*]	4.67987	.000	19.4124	42.8742

Based on observed means.
The error term is Mean Square(Error) = 98.555.

a. Dunnett t-tests treat one group as a control, and compare all other groups against it.

*. The mean difference is significant at the .05 level.

图 6-23a　Dunnett *t* 法比较

Difference（I-J）是所比较组别的均数之差，如 20℃组和 10℃组均数之差为 1.4278，第四列 Std. Error 为均数差值的标准误，如 20℃组和 10℃组均数之差的标准误为 4.67987，Sig. 为概率，最后两列是两组均数之差的 95% 可信区间（95% Confidence Interval）。结果显示，按 α=0.05 水准，20℃组与 10℃组相比，差别无统计学意义，尚不能认为 20℃组与 10℃组小鼠的血糖浓度值的总体均数不同；30℃组与 10℃组及 40℃组与 10℃组比较的差别有统计学意义（P=0.040 及 P=0.00），可以认为 30℃组与 10℃组及 40℃组与 10℃组小鼠的血糖浓度值的总体均数不同。输出结果中差别如有统计学意义，旁边用"*"标示。

（2）图 6-23b 中 10℃与 20℃组血糖浓度均值在同一列中，出现在同一列中的组别无差别，即无统计学差异（P=0.763）；30℃组、40℃组与其他三组均值不在同一列中，差别有统计学意义，可以认为 30℃组与 10℃、20℃、40℃组及 40℃组与 10℃、20℃、30℃组小鼠的血糖浓度值的总体均数均有不同，40℃组血糖浓度值最高。

血糖浓度

	分组	N	Subset		
			1	2	3
Student-Newman-Keuls[a,b]	10℃	9	91.6222		
	20℃	9	93.0500		
	30℃	9		103.8222	
	40℃	9			122.7656
	Sig.		.763	1.000	1.000

Means for groups in homogeneous subsets are displayed.
Based on observed means.
The error term is Mean Square(Error) = 98.555.

a. Uses Harmonic Mean Sample Size = 9.000.

b. Alpha = .05.

图 6-23b　S-N-K 法比较

4. 边际均数图　图 6-24 中是以 group 为横轴绘出的血糖浓度均数图，可以直观的看出 40℃组血糖浓度均值最高。

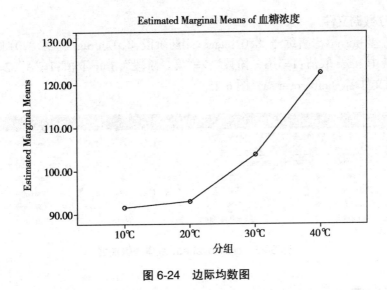

图 6-24　边际均数图

（肖艳杰　李志强）

第四节　交叉设计资料的方差分析

交叉设计是一种特殊的自身对照设计,可分为两阶段交叉设计和多阶段交叉设计。2×2 交叉设计是将同质个体随机分为两组,每组接受一种处理措施,待第一阶段结束后,两组交换处理措施,进行第二阶段的实验,相当于每一个体在不同阶段都接受了两种处理。交叉设计常用于反复发作、不易治愈或病程较长的疾病研究,如精神性疾病、免疫系统疾病等。

例题 6-3　某医师研究 A、B 两种药物对高血压患者降低血压的效果,将 18 名患者按交叉设计方案随机分为两组,观察两种药物、两个阶段血压降低值,每个阶段治疗两周,间隔两周。第一组患者为 A → B 顺序,即第一阶段服用 A 药,第二阶段服用 B 药;第二组为 B → A 顺序,即第一阶段服用 B 药,第二阶段服用 A 药。结果见表 6-3。

表 6-3　高血压患者血压降低值(mmHg)

用药顺序	患者编号(n)	第一阶段	第二阶段	用药顺序	患者编号(n)	第一阶段	第二阶段
A → B	1	26	18	B → A	10	24	20
	2	28	30		11	25	29
	3	17	23		12	15	23
	4	24	25		13	18	26
	5	27	28		14	21	19
	6	21	17		15	27	27
	7	19	20		16	22	21
	8	25	24		17	26	24
	9	23	22		18	25	22

（一）建立数据文件

定义四个变量：no（患者编号，8，0）、stage（用药阶段，8，0）、drug（药物，8，0）和 BP（血压降低值，8，0），其中 stage 取值：1="第一阶段"，2="第二阶段"；drug 取值：1="A"，2="B"，录入数据，保存数据文件名为 crossover.sav（图 6-25）。

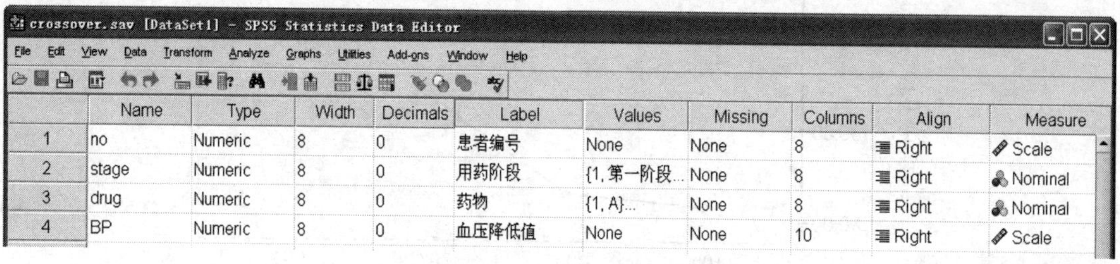

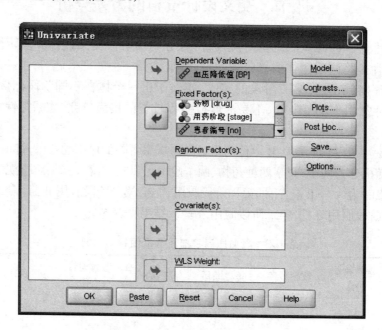

图 6-25　crossover.sav 变量编辑视窗

（二）操作过程

按 Analyze → General Linear Model → Univariate 顺序，弹出 Univariate 主对话框。

1. Univariate 主对话框（图 6-26）

图 6-26　单变量方差分析主对话框

（1）Dependent Variable：选入变量"BP"。

（2）Fixed Factor(s)：选入变量"drug"、"stage"和"no"。

2. Model 对话框（图 6-27）

（1）Specify model：⊙ Custom。

（2）Model：drug、stage、no。

（3）Build Term(s)：Main effects。

其他功能默认。

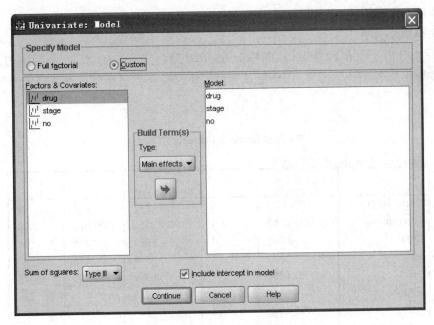

图 6-27　模型对话框

3. Options 对话框（图 6-28）　将变量"drug"、"stage"移入 Display Means for 框中。

以上 2 组选择项每组选择完成后，均单击 Continue 按钮，确认选择并返回主对话框。单击 Cancel 按钮作废本次选择，单击 Help 按钮，显示有关的帮助信息。如无需要更改选项，单

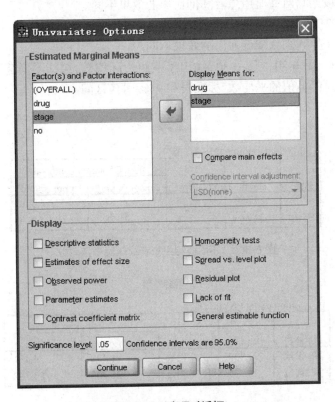

图 6-28　选项对话框

击 OK,执行本次操作,输出分析结果。

(三) 结果及分析

1. 方差分析 图 6-29 中 drug 的 $F=0.365$,$P=0.554$,按 $\alpha=0.05$ 水准,不拒绝 H_0,两处理因素间差异不具有统计学意义,尚不能认为 A、B 两种药物对高血压患者降低血压的效果不同。

Tests of Between-Subjects Effects

Dependent Variable:血压降低值

Source	Type III Sum of Squares	df	Mean Square	F	Sig.
Corrected Model	333.306[a]	19	17.542	1.904	.099
Intercept	19182.250	1	19182.250	2081.570	.000
drug	3.361	1	3.361	.365	.554
stage	.694	1	.694	.075	.787
no	329.250	17	19.368	2.102	.072
Error	147.444	16	9.215		
Total	19663.000	36			
Corrected Total	480.750	35			

a. R Squared = .693 (Adjusted R Squared = .329)

图 6-29 方差分析

stage 的 $F=0.075$,$P=0.787$,按 $\alpha=0.05$ 水准,不拒绝 H_0,两阶段间差异不具有统计学意义,尚不能认为两阶段药物对高血压患者降低血压的效果不同。

no 的 $F=2.102$,$P=0.072$,按 $\alpha=0.05$ 水准,不拒绝 H_0,患者个体间差异不具有统计学意义,尚不能认为患者个体间药物降低血压的效果不同。

2. 边际均数 图 6-30a~ 图 6-30c 输出了三组边际均数,包括不同药物组、不同用药阶段和不同患者血压降低值的平均数、标准误和 95% 可信区间。

1. 药物

Dependent Variable:血压降低值

药物	Mean	Std. Error	95% Confidence Interval	
			Lower Bound	Upper Bound
A	23.389	.716	21.872	24.906
B	22.778	.716	21.261	24.295

图 6-30a 不同药物组患者血压降低值均数

2. 用药阶段

Dependent Variable:血压降低值

用药阶段	Mean	Std. Error	95% Confidence Interval	
			Lower Bound	Upper Bound
第一阶段	22.944	.716	21.428	24.461
第二阶段	23.222	.716	21.705	24.739

图 6-30b 不同用药阶段患者血压降低值均数

3. 患者编号

Dependent Variable:血压降低值

患者编号	Mean	Std. Error	95% Confidence Interval	
			Lower Bound	Upper Bound
1	22.000	2.147	17.450	26.550
2	29.000	2.147	24.450	33.550
3	20.000	2.147	15.450	24.550
4	24.500	2.147	19.950	29.050
5	27.500	2.147	22.950	32.050
6	19.000	2.147	14.450	23.550
7	19.500	2.147	14.950	24.050
8	24.500	2.147	19.950	29.050
9	22.500	2.147	17.950	27.050
10	22.000	2.147	17.450	26.550
11	27.000	2.147	22.450	31.550
12	19.000	2.147	14.450	23.550
13	22.000	2.147	17.450	26.550
14	20.000	2.147	15.450	24.550
15	27.000	2.147	22.450	31.550
16	21.500	2.147	16.950	26.050
17	25.000	2.147	20.450	29.550
18	23.500	2.147	18.950	28.050

图 6-30c　不同患者血压降低值均数

（肖艳杰　李志强）

第五节　析因设计资料的方差分析

析因设计是将两个或多个实验因素的各水平进行全面组合,对各组合都进行实验,从而探讨各实验因素的单独效应(simple effect)、主效应(main effect)以及各因素间的交互效应。所谓交互效应是指两个或多个受试因素间的效应互不独立,当某一因素的水平发生变化时,另一个或多个因素不同水平的效应也相应的发生变化。最常用最简单的析因设计为 2×2 析因设计。

例题 6-4　为研究某降血糖药物对糖尿病及正常家兔心肌受体的影响,某研究者将 28 只家兔随机等分成四组:两组正常家兔,另两组制成糖尿病模型,各组分别进行给药物和不给药物处理,测得各组光度值(%)结果见表 6-4。

表 6-4　四种不同处理情况下光度值(%)

	正常家兔		糖尿病家兔	
	使用药物	不使用药物	使用药物	不使用药物
光度值 (%)	36	35	34	48
	33	29	33	59
	40	24	29	50
	35	27	21	40
	34	38	42	47
	28	36	37	45
	32	51	31	52

(一) 建立数据文件

定义三个变量：group（分组，8，0）、drug（用药，8，0）和 receptor（光度值，8，0），其中 group 取值：1="正常家兔"，2="糖尿病家兔"；drug 取值：1="用药"，2="不用药"，录入数据，保存数据文件名为 factorial.sav（图 6-31）。

图 6-31   factorial.sav 变量编辑视窗

(二) 操作过程

按 Analyze→General Linear Model→Univariate 顺序，弹出 Univariate 主对话框。

1. Univariate 主对话框（图 6-32）

（1）Dependent Variable：选入变量 "receptor"。

（2）Fixed Factor(s)：选入变量 "group" 和 "drug"。

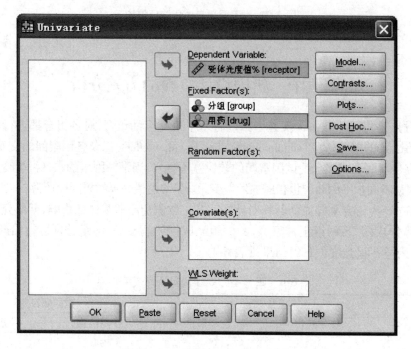

图 6-32   单变量方差分析主对话框

2. Model 对话框（图 6-33） 按系统默认选全模型。

3. Plots 对话框（图 6-34） 将变量 "group"、"drug" 分别选入横轴框（Horizontal Axis），再通过 Add 按钮移至下面的绘图框（Plots）；将变量 "group" 选入横轴框，变量 "drug" 选入分线框（Separate Lines），也通过 Add 按钮，移至下面的绘图框。

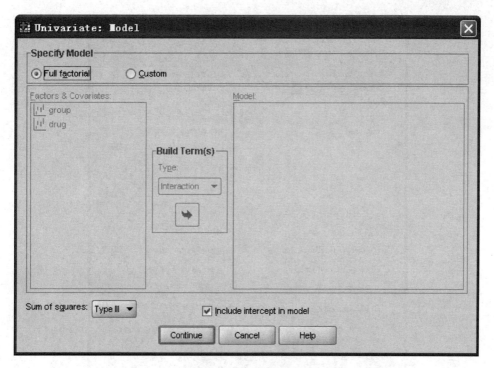

图 6-33 模型对话框

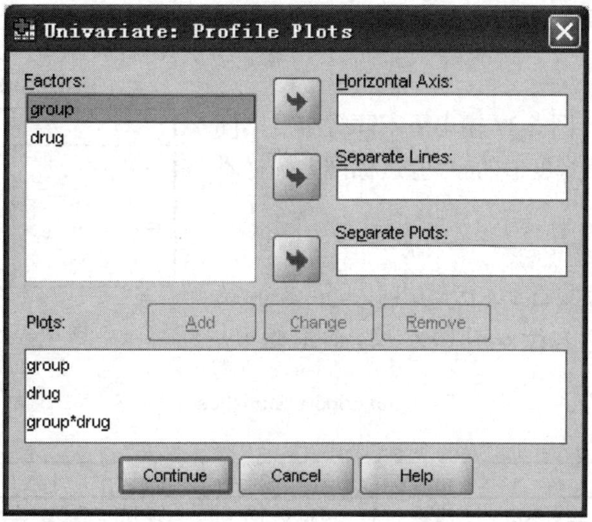

图 6-34 绘图对话框

4. Options 对话框（图 6-35） 将（OVERALL）和变量"group"、"drug"、"group*drug"全部移入 Display Means for 框中，Display 中选入：

☑ Descriptive statistics

☑ Homogeneity tests

(三) 结果及分析

1. 因素变量信息 图 6-36 是因素变量信息，列出了分组和用药的水平及每个水平的样

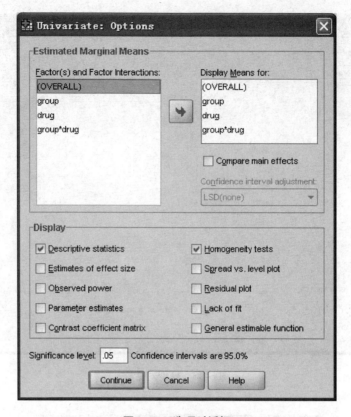

图 6-35 选项对话框

本含量。

2. 基本统计量 图 6-37 输出了不同分组及不同用药情况下家兔受体光度值的平均数、标准差和样本含量。

3. 方差分析

(1) 方差齐性检验:图 6-38 输出 Levene 检验统计量 $F=1.073$, $P=0.379$, 按 $\alpha=0.10$ 水准, 不拒绝 H_0,

Between-Subjects Factors

		Value Label	N
分组	1	正常家兔	14
	2	糖尿病家兔	14
用药	1	用药	14
	2	不用药	14

图 6-36 因素变量信息

Descriptive Statistics

Dependent Variable:受体光度值%

分组	用药	Mean	Std. Deviation	N
正常家兔	用药	34.00	3.697	7
	不用药	34.29	8.976	7
	Total	34.14	6.597	14
糖尿病家兔	用药	32.43	6.579	7
	不用药	48.71	5.936	7
	Total	40.57	10.375	14
Total	用药	33.21	5.191	14
	不用药	41.50	10.464	14
	Total	37.36	9.138	28

图 6-37 基本统计量

Levene's Test of Equality of Error Variances[a]

Dependent Variable:受体光度值%

F	df1	df2	Sig.
1.073	3	24	.379

Tests the null hypothesis that the error variance of the dependent variable is equal across groups.

a. Design: Intercept + group + drug + group * drug

图 6-38　方差齐性检验

认为所比较组方差相等。

（2）方差分析：图 6-39 方差分析结果显示：

group 的 $F=6.698$，$P=0.016$，按 $\alpha=0.05$ 水准，拒绝 H_0，接受 H_1，两组差异具有统计学意义，正常家兔和糖尿病家兔的受体光度值有显著差异。

drug 的 $F=11.127$，$P=0.003$，按 $\alpha=0.05$ 水准，拒绝 H_0，接受 H_1，是否用药差异具有统计学意义，用药与否受体光度值有显著差异。

group*drug 的 $F=10.373$，$P=0.004$，按 $\alpha=0.05$ 水准，拒绝 H_0，接受 H_1，表明分组和药物两个因素间存在交互效应。

Tests of Between-Subjects Effects

Dependent Variable:受体光度值%

Source	Type III Sum of Squares	df	Mean Square	F	Sig.
Corrected Model	1217.857[a]	3	405.952	9.399	.000
Intercept	39075.571	1	39075.571	904.727	.000
group	289.286	1	289.286	6.698	.016
drug	480.571	1	480.571	11.127	.003
group * drug	448.000	1	448.000	10.373	.004
Error	1036.571	24	43.190		
Total	41330.000	28			
Corrected Total	2254.429	27			

a. R Squared = .540 (Adjusted R Squared = .483)

图 6-39　方差分析

4. 边际均数　图 6-40a~图 6-40d 输出了四组边际均数，包括所有观测的、按家兔类型分组的、按是否用药分组的和按家兔类型及是否用药同时分组的受体光度值的边际均数。

5. 均数图　对照图 6-41a 和图 6-40b 的边际均数值，可以看出正常家兔和糖尿病家兔受体光度值的差异。

1. Grand Mean

Dependent Variable:受体光度值%

Mean	Std. Error	95% Confidence Interval	
		Lower Bound	Upper Bound
37.357	1.242	34.794	39.920

图 6-40a　所有观测的受体光度值均数

2. 分組

Dependent Variable:受体光度值%

分組	Mean	Std. Error	95% Confidence Interval	
			Lower Bound	Upper Bound
正常家兔	34.143	1.756	30.518	37.768
糖尿病家兔	40.571	1.756	36.946	44.197

图 6-40b 按家兔类型分组的受体光度值均数

3. 用药

Dependent Variable:受体光度值%

用药	Mean	Std. Error	95% Confidence Interval	
			Lower Bound	Upper Bound
用药	33.214	1.756	29.589	36.839
不用药	41.500	1.756	37.875	45.125

图 6-40c 按是否用药分组的受体光度值均数

4. 分組 * 用药

Dependent Variable:受体光度值%

分組	用药	Mean	Std. Error	95% Confidence Interval	
				Lower Bound	Upper Bound
正常家兔	用药	34.000	2.484	28.873	39.127
	不用药	34.286	2.484	29.159	39.412
糖尿病家兔	用药	32.429	2.484	27.302	37.555
	不用药	48.714	2.484	43.588	53.841

图 6-40d 按家兔类型及是否用药分组的受体光度值均数

对照图 6-41b 和图 6-40c 的边际均数值，可以看出用药组与不用药组家兔受体光度值的差异。

图 6-41c 为两因素交互效应图，因素 group 为横轴变量，因素 drug 为分线变量。图中两直线不呈平行关系，提示存在交互效应。从图中还可明显看出最大和最小均数值。

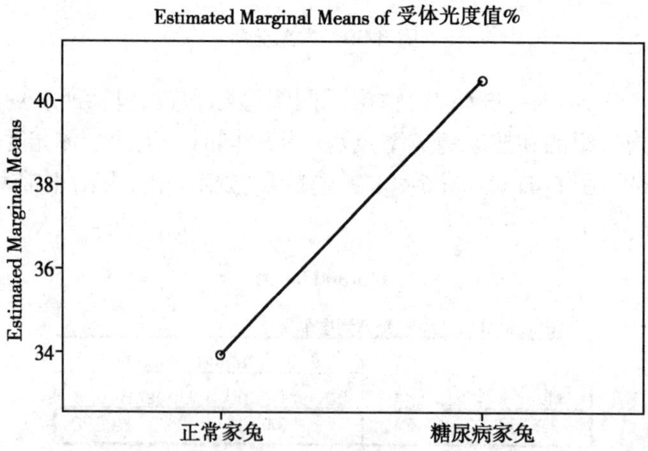
Estimated Marginal Means of 受体光度值%
Estimated Marginal Means
40
38
36
34
正常家兔
糖尿病家兔

图 6-41a 按家兔类型分组的边际均数图

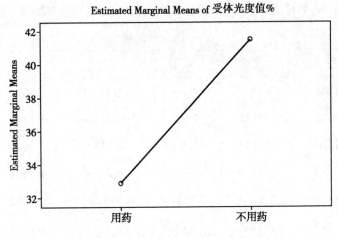

图 6-41b　按是否用药分组的边际均数图

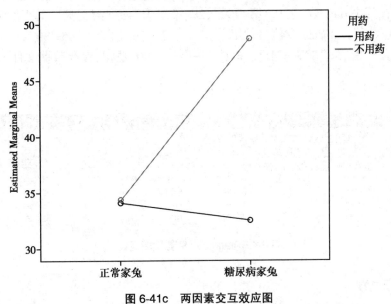

图 6-41c　两因素交互效应图

（肖艳杰　李志强）

第六节　拉丁方设计资料的方差分析

拉丁方实验设计（latin square design）的特点是有两个以上因素变量，每个因素变量的水平数相等。

例题 6-5　6 种防护服，由 6 人各在不同的 6 天中穿着测定脉搏数，试分析 6 种防护服对脉搏有无不同的作用（表中甲、乙、丙、丁、戊、己代表 6 个受试者，A、B、C、D、E、F 表示 6 套不同的防护服）。

表 6-5　不同日期 6 个受试者穿着 6 种不同防护服时的脉搏数(次 / 分)

试验日期	受试者					
	甲	乙	丙	丁	戊	己
1	A 128.6	B 116.5	C 114.5	D 105.0	E 103.2	F 110.5
2	B 141.5	C 119.6	D 113.2	E 128.4	F 116.5	A 120.2
3	C 141.7	D 118.5	E 115.8	F 123.5	A 104.8	B 108.6
4	D 133.5	E 110.8	F 112.5	A 123.5	B 104.8	C 108.6
5	E 141.5	F 112.4	A 114.0	B 99.4	C 110.6	D 115.2
6	F 136.4	A 110.6	B 105.8	C 119.6	D 109.8	E 110.4

(一) 建立数据文件

定义四个变量:date(试验日期,8,0)、subjects(受试者,8,0)、clothes(防护服,8,0)和 pulse(脉搏数,8,1),其中 date 取值:1="第一天",2="第二天",3="第三天",4="第四天",5="第五天",6="第六天";subjects 取值:1="甲",2="乙",3="丙",4="丁",5="戊",6="己";clothes 取值:1="A",2="B",3="C",4="D",5="E",6="F"。录入数据,保存数据文件名为 latin.sav(图 6-42)。

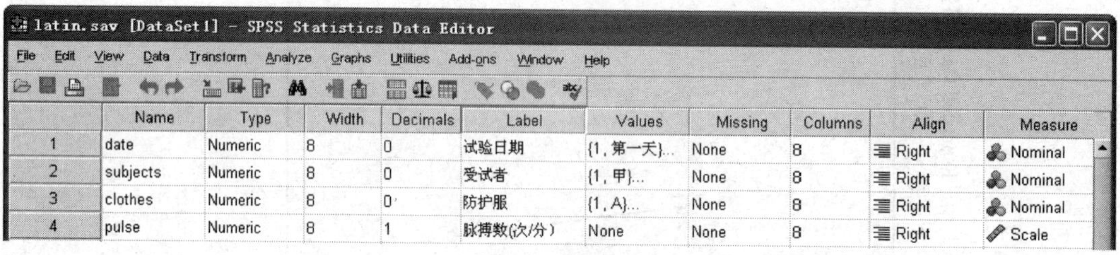

图 6-42　latin.sav 变量编辑视窗

(二) 操作过程

按 Analyze→General Linear Model→Univariate 顺序,弹出 Univariate 主对话框。

1. Univariate 主对话框(图 6-43)

(1) Dependent Variable:选入变量 "pulse"。

(2) Fixed Factor(s):选入变量 "clothes"、"subjects" 和 "date"。

2. Model 对话框(图 6-44)　选入 ⊙Custom,将变量 "clothes"、"subjects" 和 "date" 按主效应移入 Model 框中。

3. Post Hoc 对话框(图 6-45)　将变量 "clothes"、" subjects" 和 "date" 全部移入 Post Hoc Test for 框中;Equal Variances Assumed 中选入:

☑ LSD

☑ S-N-K

4. Options 对话框(图 6-46)　将(OVERALL)和变量 "clothes"、" subjects" 和 "date" 全部移入 Display Means for 框中,计算边际均数。

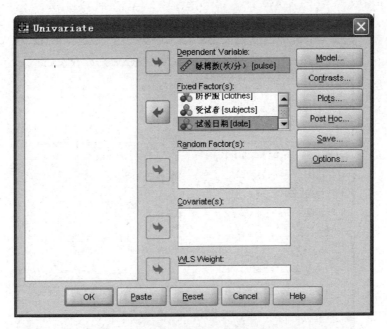

图 6-43 单变量方差分析主对话框

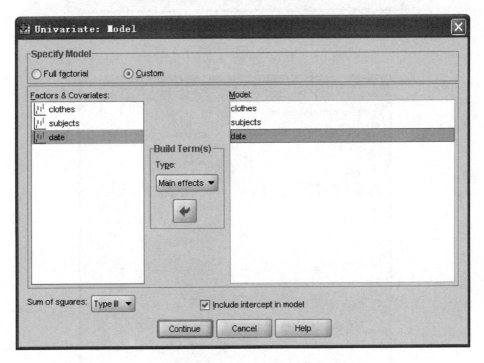

图 6-44 模型对话框

(三) 结果及分析

1. 方差分析 图 6-47 中方差分析结果显示:

clothes 的 $F=1.059$, $P=0.412$, 按 $\alpha=0.05$ 水准, 不拒绝 H_0, 差异无统计学意义, 尚不能认为 6 种防护服对脉搏有不同作用。

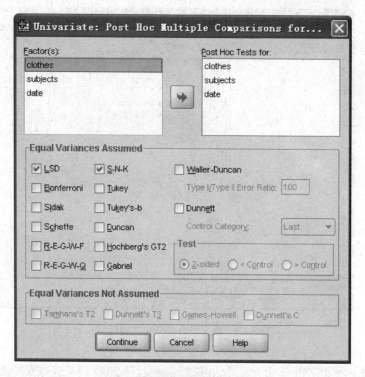

图 6-45 多重比较对话框

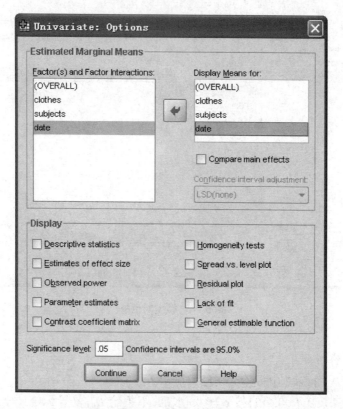

图 6-46 选项对话框

Tests of Between-Subjects Effects

Dependent Variable:脉搏数（次/分）

Source	Type III Sum of Squares	df	Mean Square	F	Sig.
Corrected Model	3740.127[a]	15	249.342	7.832	.000
Intercept	492336.111	1	492336.111	15464.706	.000
clothes	168.539	5	33.708	1.059	.412
subjects	3185.746	5	637.149	20.013	.000
date	385.842	5	77.168	2.424	.071
Error	636.722	20	31.836		
Total	496712.960	36			
Corrected Total	4376.849	35			

a. R Squared = .855 (Adjusted R Squared = .745)

图 6-47　方差分析

subjects 的 $F=20.013$，$P=0.000$，按 $\alpha=0.05$ 水准，拒绝 H_0，接受 H_1，差异有统计学意义，可以认为 6 个受试者的脉搏数不全相同。

date 的 $F=2.424$，$P=0.071$，按 $\alpha=0.05$ 水准，不拒绝 H_0，差异无统计学意义，尚不能认为 6 个日期中脉搏数有不同。

2. 边际均数　图 6-48a~6-48d 输出了 4 组边际均数，包括所有观测的、6 种防护服的、6 个受试者的和 6 个日期的脉搏均数。

3. 多重比较　方差分析结果表明，6 种防护服对脉搏没有不同作用，因此无需再进行多重比较。但 6 个受试者的脉搏数不全相同，需要进行多重比较。图 6-49a 和 6-49b 的结果均显示甲受试者的脉搏数高于乙、丙、丁、戊、己，而乙、丙、丁、戊、己 5 个受试者的脉搏数无明显差异。

1. Grand Mean

Dependent Variable:脉搏数（次/分）

Mean	Std. Error	95% Confidence Interval	
		Lower Bound	Upper Bound
116.944	.940	114.983	118.906

图 6-48a　所有观测的脉搏均数

2. 防护服

Dependent Variable:脉搏数（次/分）

防护服	Mean	Std. Error	95% Confidence Interval	
			Lower Bound	Upper Bound
A	116.950	2.303	112.145	121.755
B	112.767	2.303	107.962	117.572
C	119.100	2.303	114.295	123.905
D	115.867	2.303	111.062	120.672
E	118.350	2.303	113.545	123.155
F	118.633	2.303	113.828	123.438

图 6-48b　6 种防护服的脉搏均数

3. 受试者

Dependent Variable:脉搏数（次/分）

受试者	Mean	Std. Error	95% Confidence Interval	
			Lower Bound	Upper Bound
甲	137.200	2.303	132.395	142.005
乙	114.733	2.303	109.928	119.538
丙	112.633	2.303	107.828	117.438
丁	116.567	2.303	111.762	121.372
戊	108.283	2.303	103.478	113.088
己	112.250	2.303	107.445	117.055

图 6-48c　6 个受试者的脉搏均数

4. 试验日期

Dependent Variable:脉搏数（次/分）

试验日期	Mean	Std. Error	95% Confidence Interval	
			Lower Bound	Upper Bound
第一天	113.050	2.303	108.245	117.855
第二天	123.233	2.303	118.428	128.038
第三天	118.817	2.303	114.012	123.622
第四天	115.617	2.303	110.812	120.422
第五天	115.517	2.303	110.712	120.322
第六天	115.433	2.303	110.628	120.238

图 6-48d　6 个日期的脉搏均数

Multiple Comparisons

Dependent Variable:脉搏数（次/分）

	(I) 受试者	(J) 受试者	Mean Difference (I-J)	Std. Error	Sig.	95% Confidence Interval	
						Lower Bound	Upper Bound
LSD	甲	乙	22.467*	3.2576	.000	15.671	29.262
		丙	24.567*	3.2576	.000	17.771	31.362
		丁	20.633*	3.2576	.000	13.838	27.429
		戊	28.917*	3.2576	.000	22.121	35.712
		己	24.950*	3.2576	.000	18.155	31.745
	乙	甲	-22.467*	3.2576	.000	-29.262	-15.671
		丙	2.100	3.2576	.526	-4.695	8.895
		丁	-1.833	3.2576	.580	-8.629	4.962
		戊	6.450	3.2576	.062	-.345	13.245
		己	2.483	3.2576	.455	-4.312	9.279
	丙	甲	-24.567*	3.2576	.000	-31.362	-17.771
		乙	-2.100	3.2576	.526	-8.895	4.695
		丁	-3.933	3.2576	.241	-10.729	2.862
		戊	4.350	3.2576	.197	-2.445	11.145
		己	.383	3.2576	.908	-6.412	7.179
	丁	甲	-20.633*	3.2576	.000	-27.429	-13.838
		乙	1.833	3.2576	.580	-4.962	8.629
		丙	3.933	3.2576	.241	-2.862	10.729
		戊	8.283*	3.2576	.019	1.488	15.079
		己	4.317	3.2576	.200	-2.479	11.112
	戊	甲	-28.917*	3.2576	.000	-35.712	-22.121
		乙	-6.450	3.2576	.062	-13.245	.345
		丙	-4.350	3.2576	.197	-11.145	2.445
		丁	-8.283*	3.2576	.019	-15.079	-1.488
		己	-3.967	3.2576	.238	-10.762	2.829
	己	甲	-24.950*	3.2576	.000	-31.745	-18.155
		乙	-2.483	3.2576	.455	-9.279	4.312
		丙	-.383	3.2576	.908	-7.179	6.412
		丁	-4.317	3.2576	.200	-11.112	2.479
		戊	3.967	3.2576	.238	-2.829	10.762

图 6-49a　LSD 法比较

Based on observed means.
The error term is Mean Square(Error) = 31.836.

*. The mean difference is significant at the .05 level.

脉搏数（次/分）

	受试者	N	Subset 1	Subset 2
Student-Newman-Keuls[a,b]	戊	6	108.283	
	己	6	112.250	
	丙	6	112.633	
	乙	6	114.733	
	丁	6	116.567	
	甲	6		137.200
	Sig.		.121	1.000

Means for groups in homogeneous subsets are displayed.
Based on observed means.
The error term is Mean Square(Error) = 31.836.

a. Uses Harmonic Mean Sample Size = 6.000.

b. Alpha = .05.

图 6-49b S-N-K 法比较

（肖艳杰　李志强）

第七节　协方差分析

协方差分析（analysis of covariance，ANCOVA）是利用线性回归方法消除混杂因素的影响后进行的方差分析。其基本思想是：在去除了某一个或多个协变量因素对因变量的线性影响后，比较各处理因素不同水平间的差异及分析各处理因素间是否存在交互作用。

例题 6-6　研究矽尘作业工人暴露于矽尘的年数与肺活量的关系。按暴露年数将工人分为两组：甲组暴露≥10年，乙组暴露<10年。两组工人的年龄未经控制。问该两组暴露于矽尘作业的工人平均肺活量是否相同？

表 6-6　矽尘作业工人年龄与肺活量资料

甲组(暴露于矽尘≥10年)		乙组(暴露于矽尘<10年)	
年龄(岁)	肺活量(升)	年龄(岁)	肺活量(升)
57	2.96	38	3.65
44	4.15	58	2.89
46	3.62	38	5.09
53	3.24	46	4.68
59	3.77	51	4.52
58	2.68	48	4.06
49	5.12	37	4.30
45	4.03	50	2.72
41	3.76	43	4.63
40	5.29	45	3.06
65	3.06	50	3.51

续表

甲组(暴露于矽尘≥10 年)		乙组(暴露于矽尘 <10 年)	
年龄(岁)	肺活量(升)	年龄(岁)	肺活量(升)
39	4.64	42	5.14
61	2.73	43	3.90
47	4.32	38	4.57
52	2.70	39	4.74
41	5.52	43	4.62

(一) 建立数据文件

定义三个变量:group(分组,8,0)、age(年龄,8,0)和 VC(肺活量,8,2),其中 group 取值:1="甲组暴露≥10 年",2="乙组暴露 <10 年"。录入数据,保存数据文件名为 ANCOVA.sav(图 6-50)。

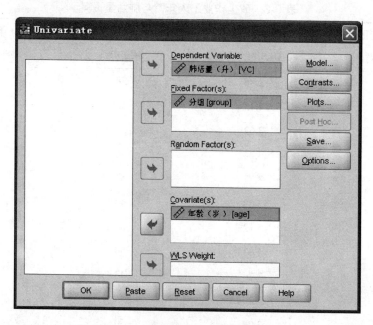

图 6-50   ANCOVA.sav 变量编辑视窗

(二) 操作过程

按 Analyze→General Linear Model→Univariate 顺序,弹出 Univariate 主对话框。

1. Univariate 主对话框(图 6-51)

图 6-51   单变量方差分析主对话框

（1）Dependent Variable：选入变量"VC"。

（2）Fixed Factor（s）：选入变量"group"。

（3）Covariate（s）：选入变量"age"。

2. Model 对话框（图 6-52） 按系统默认选全模型。

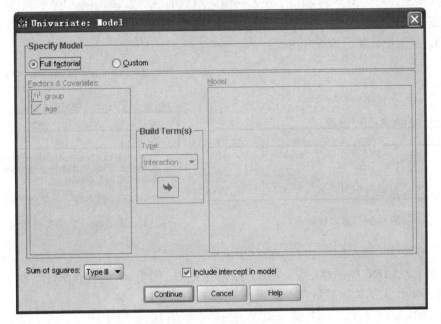

图 6-52　模型对话框

3. Options 对话框（图6-53） 将变量"group"移入 Display Means for框中；Display 中选入：

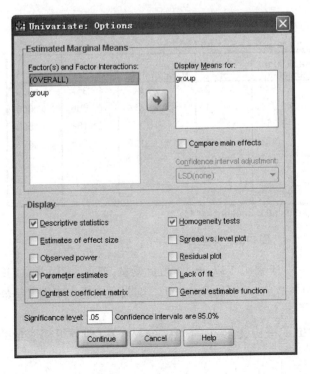

图 6-53　选项对话框

☑ Descriptive statistics

☑ Homogeneity tests

☑ Parameter estimates

（三）结果及分析

1. 基本统计量　图 6-54 输出了甲乙两组肺活量的平均数、标准差和样本含量。

2. 方差齐性检验　图 6-55 输出 Levene 检验统计量 $F=0.008$，$P=0.931$，按 $\alpha=0.10$ 水准，不拒绝 H_0，认为所比较组方差相等。

Descriptive Statistics

Dependent Variable:肺活量（升）

分组	Mean	Std. Deviation	N
甲组暴露≥10年	3.8494	.93966	16
乙组暴露＜10年	4.1300	.76699	16
Total	3.9897	.85569	32

图 6-54　基本统计量

Levene's Test of Equality of Error Variances[a]

Dependent Variable:肺活量（升）

F	df1	df2	Sig.
.008	1	30	.931

Tests the null hypothesis that the error variance of the dependent variable is equal across groups.

a. Design: Intercept + age + group

图 6-55　方差齐性检验

3. 方差分析　图 6-56 中方差分析结果显示：

age 的 $F=25.168$，$P=0.000$，按 $\alpha=0.05$ 水准，拒绝 H_0，接受 H_1，差异有统计学意义，可以认为不同年龄的工人平均肺活量存在显著差异。

group 的 $F=0.474$，$P=0.497$，按 $\alpha=0.05$ 水准，不拒绝 H_0，差异无统计学意义，尚不能认为扣除年龄影响后，两组暴露于矽尘作业的工人平均肺活量存在差异。

因此，肺活量的差异是由于工人的年龄差异所致，与工人接触矽尘的时间是否大于 10 年无关。

Tests of Between-Subjects Effects

Dependent Variable:肺活量（升）

Source	Type III Sum of Squares	df	Mean Square	F	Sig.
Corrected Model	10.884[a]	2	5.442	13.357	.000
Intercept	41.824	1	41.824	102.660	.000
age	10.254	1	10.254	25.168	.000
group	.193	1	.193	.474	.497
Error	11.815	29	.407		
Total	532.062	32			
Corrected Total	22.698	31			

a. R Squared = .479 (Adjusted R Squared = .444)

图 6-56　方差分析

4. 参数估计及检验　图 6-57 中输出了以 age 作为自变量，VC 作为因变量的线性回归方程的斜率，即变量 age 的回归系数为 -0.081（$P=0.000$）。说明在成年人中随着年龄的增长，肺活量会有所下降。

5. 边际均数　图 6-58 输出了将协变量 age 固定到 47.06 岁（即各组协变量的总均数）时各组肺活量均数的修正值。

Parameter Estimates

Dependent Variable:肺活量（升）

Parameter	B	Std. Error	t	Sig.	95% Confidence Interval	
					Lower Bound	Upper Bound
Intercept	7.737	.736	10.506	.000	6.230	9.243
age	-.081	.016	-5.017	.000	-.115	-.048
[group=1]	.167	.243	.688	.497	-.329	.663
[group=2]	0[a]	.	.	.	.	.

a. This parameter is set to zero because it is redundant.

图 6-57　参数估计及检验

分组

Dependent Variable:肺活量（升）

分组	Mean	Std. Error	95% Confidence Interval	
			Lower Bound	Upper Bound
甲组暴露≥10年	4.073[a]	.166	3.734	4.412
乙组暴露<10年	3.906[a]	.166	3.567	4.245

a. Covariates appearing in the model are evaluated at the following values: 年龄（岁）= 47.06.

图 6-58　甲乙两组肺活量均数

（肖艳杰　李志强）

第八节　重复测量资料的方差分析

重复测量资料（repeated measurement data）是同一受试对象的同一观察指标在不同时间点上进行多次测量所获得的资料,常用来分析该观察指标在不同时间点上的变化特点。这种类型的资料在医学研究中是非常常见的。

例题 6-7　某医师对不同类型脑血管病患者酸性磷脂在不同时间点的变化,进行了如下观察:随机选取三种不同类型的脑血管病（短暂脑缺血、脑血栓、脑梗死）患者各 10 例,分别于脑血管病发生的第 12、24、36、120 小时采血,测量血中磷脂的值,结果见表 6-7。

表 6-7　不同类型脑血管病患者的磷脂值（μmol/L）

患者类型	病例编号	测量时间			
		12h	24h	36h	120h
短暂脑缺血	1	5.28	7.48	8.26	2.80
	2	4.95	17.45	9.80	4.10
	3	5.78	9.92	8.49	3.59
	4	32.10	37.90	26.40	8.12
	5	11.37	18.16	11.78	3.43
	6	12.30	14.52	15.68	5.28
	7	7.14	15.83	21.83	6.27
	8	5.84	21.54	19.38	4.05

续表

患者类型	病例编号	测量时间			
		12h	24h	36h	120h
短暂脑缺血	9	14.36	18.37	20.53	7.37
	10	17.42	20.76	24.35	9.62
脑血栓	11	17.26	22.34	25.76	3.47
	12	22.57	28.97	33.36	19.79
	13	23.75	26.19	26.70	10.88
	14	10.28	19.86	18.78	7.96
	15	8.53	18.48	14.26	8.75
	16	23.19	32.26	30.75	14.69
	17	8.56	13.87	27.40	23.24
	18	6.27	13.42	15.39	11.58
	19	12.65	15.74	21.33	12.27
	20	16.54	22.59	28.96	10.97
脑梗死	21	23.90	16.32	20.34	15.77
	22	41.80	31.25	8.50	20.06
	23	25.66	7.40	34.70	7.21
	24	31.28	28.74	27.83	12.07
	25	10.27	9.02	6.72	10.13
	26	26.74	24.16	32.25	55.32
	27	59.08	51.63	13.36	17.85
	28	40.06	12.23	11.23	19.61
	29	29.45	30.62	21.67	24.62
	30	25.17	26.57	30.42	18.39

(一) 建立数据文件

定义六个变量:type(患者类型,8,0)、no(病例编号,8,0)、Phospho12h(12h 血中磷脂值,8,2)、Phospho24h(24h 血中磷脂值,8,2)、Phospho36h(36h 血中磷脂值,8,2)和 Phospho120h(120h 血中磷脂值,8,2),其中 type 取值:1="短暂脑缺血",2="脑血栓",3="脑梗死"。录入数据,保存数据文件名为 Repeated.sav(图 6-59)。

图 6-59 Repeated.sav 变量编辑视窗

(二) 操作过程

按 Analyze→General Linear Model→Repeated Measures 顺序，弹出 Repeated Measures Define Factor(s)(重复测量定义因素)对话框。

1. Repeated Measures Define Factor(s)(重复测量定义因素)对话框(图 6-60a)

(1) Within-Subject Factor Name:定义组内因素(重复测量因素)名称。系统默认"factor1"，本例填入"time"。

(2) Number of Levels:重复测量因素的水平数。本例填入"4"。

填入重复测量因素名称及水平数后，Add 按钮被激活，点击 Add 按钮，重复测量因素名称和水平数"time(4)"进入待定义框内，Define 按钮被激活(图 6-60b)。

(3) Measure Name:测量名称。当观测指标不止一个时，需分别用不同名称在此标记，注意标记名称不能与已有变量名相同。本例只有一个观测指标，无需在此定义。

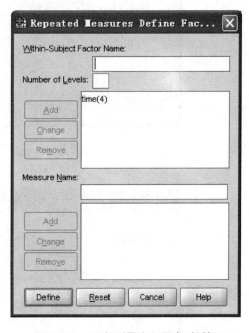

| 图 6-60a 重复测量定义因素对话框 | 图 6-60b 重复测量定义因素对话框 |

2. 单击 Define 按钮，弹出 Repeated Measures(重复测量分析)主对话框(图 6-61a)。

(1) Within-Subject Variables:重复测量因素变量。本例为变量"time"，有 4 个水平，将其 4 个水平变量"phospho12h"、" phospho24h"、" phospho36h"和"phospho120h"分别移入 Within-Subject Variables 框问号处，变量名后括号内数字分别代表水平的顺次，在输出结果中为各变量水平的代码。

(2) Between-Subject Factor(s):组间因素。本例选入变量"type"(图 6-61b)。

(3) Covariates:协变量。

3. Model 对话框(图 6-62) 本例选全因素模型(Full factorial)分析所有主效应及交互效应，视窗按系统默认。如需自定义模型⊙Custom，则在 Within-Subject Model 框中选入组内因素(重复测量因素)，在 Between-Subject Model 框中选入组间因素(分组因素)。

该对话框与一元方差分析的 Model 对话框最大的区别是将因素效应分级，分为组内效

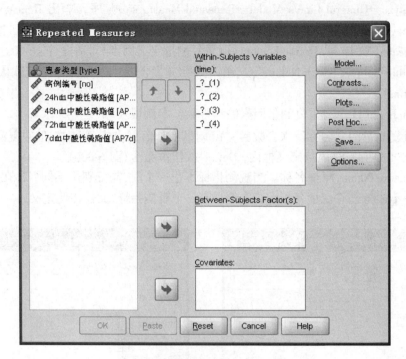

图 6-61a　重复测量分析主对话框

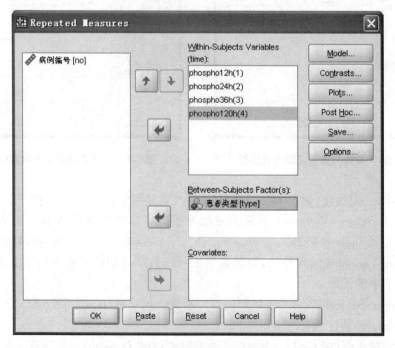

图 6-61b　重复测量分析主对话框

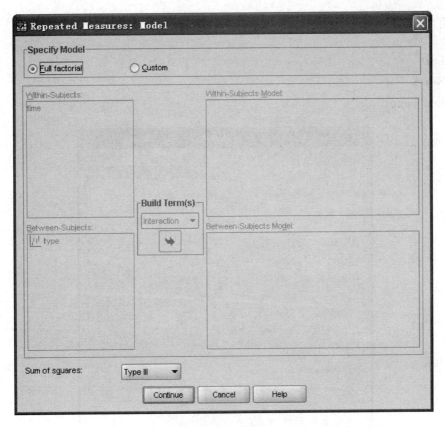

图 6-62　模型对话框

应和组间效应。

4. Contrasts　因素内的水平间比较(略)

5. plots 对话框(图 6-63)　将变量"time"选入横轴框(Horizontal Axis),变量"type"选入分线框(Separate Lines),通过被激活的 Add 按钮移至下面的绘图框。

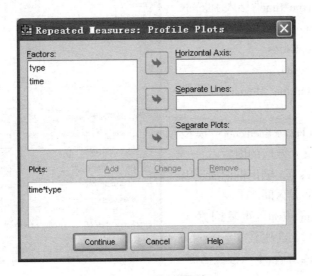

图 6-63　绘图对话框

6. post Hoc 对话框（图 6-64）　将变量"type"移入 Post Hoc Test for 框中；Equal Variances Assumed 中选入：

☑ LSD

☑ S-N-K

☑ Bonfferoni

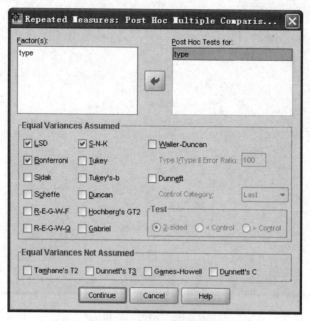

图 6-64　多重比较对话框

7. Save　保存变量。可将预测值、残差、Cook 距离等保存为数据文件中的新变量（略）。

8. Options 对话框（图 6-65）　将变量"type"、"time"、"type*time"移入 Display Means for 框中，Display 中选入：

☑ Descriptive statistics

☑ Homogeneity tests

（1）Estimated Marginal Means：边际均数估计。

1）Factor(s) and Factor Interactions：模型中选入的主效应与交互效应的因素。

2）Display Means for：输出框内所选因素的均数、标准误和可信区间。

3）Compare main effects：重复因素主效应不同水平间的多重比较，当 Display Means for 框内选入因素后，本项被激活。

4）Confidence interval adjustment：有

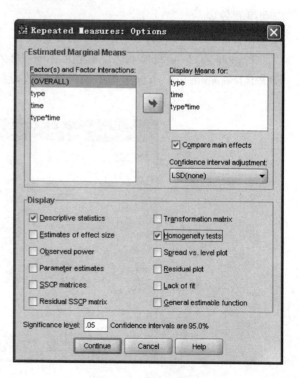

图 6-65　选项对话框

三种多重比较方法供选择,即 LSD 法、Bonfferoni 法和 Sidak 法,系统默认 LSD 法。

(2) Display:输出。

1) Descriptive statistics:描述统计量,包括均数、标准差和样本量。

2) Estimates of effect size:效应度估计。

3) Observed power:观察检验效能,由样本推算得来,与理论检验效能不同。

4) Parameter estimates:参数估计,包括回归系数、eta 统计量、非中心参数等。

5) SSCP matrices:平方和及交叉积矩阵(sums-of squares and cross-products matrices)。

6) Residual SSCP matrix:残差的平方和及交叉积矩阵。

7) Transformation matrix:转置矩阵。

8) Homogeneity tests:Levene 方差齐性检验。

9) Spread vs.level plots:不同因素组合的均数与标准差(方差)的散点图。

10) Residual plots:残差、观察值及预测值三变量相关散点图。

11) Lack of fit test:失拟检验,检验模型拟合是否有意义。

12) General estimable function:水平间比较的一般线性组合函数。

(3) Significance level:0.05:显著性水准。系统默认 0.05,也可自己设定。Confidence intervals are 95%:可信区间为 95%,不能自己设定。

(三) 结果及分析

1. 基本统计量 图 6-66 输出了不同时间及不同类型患者血中磷脂值的平均数、标准差和样本含量。

Descriptive Statistics

	患者类型	Mean	Std. Deviation	N
12h血中磷脂值	短暂脑缺血	11.6540	8.38888	10
	脑血栓	14.9600	6.63120	10
	脑梗死	31.3410	13.12048	10
	Total	19.3183	12.86703	30
24h血中磷脂值	短暂脑缺血	18.1930	8.22616	10
	脑血栓	21.3720	6.35781	10
	脑梗死	23.7940	13.27468	10
	Total	21.1197	9.67861	30
36h血中磷脂值	短暂脑缺血	16.6500	6.76798	10
	脑血栓	24.2690	6.51813	10
	脑梗死	20.7020	10.34744	10
	Total	20.5403	8.40543	30
120h血中磷脂值	短暂脑缺血	5.4630	2.29126	10
	脑血栓	12.3600	5.72685	10
	脑梗死	20.1030	13.40767	10
	Total	12.6420	10.22699	30

图 6-66 基本统计量

2. 球对称性检验(Mauchly's test of sphericity) 图 6-67 中 Mauchly 球形检验统计量 $W=0.505$,$P=0.004$,按 $\alpha=0.10$ 水准,拒绝球形假设,即该资料不满足球对称性,应用单变量检验方法时需用 ε(Epsilon)校正系数来校正自由度。

Mauchly's Test of Sphericity[b]

Measure:MEASURE_1

Within Subjects Effect	Mauchly's W	Approx. Chi-Square	df	Sig.	Epsilon[a]		
					Greenhouse-Geisser	Huynh-Feldt	Lower-bound
time	.505	17.563	5	.004	.716	.837	.333

图 6-67　球对称性检验

ε（Epsilon）校正系数：表中列出 3 种 ε 校正系数，分别是 Greenhouse-Geisser，Huynh-Feldt 和 Lower-bound ε 校正系数。

3. 组内（重复）效应及交互效应的比较（单变量检验）　本资料不满足球形假设，故参看 Greenhouse-Geisser，Huynh-Feldt 和 Lower-bound 三行结果，见图 6-68。

Tests of Within-Subjects Effects

Measure:MEASURE_1

Source		Type III Sum of Squares	df	Mean Square	F	Sig.
time	Sphericity Assumed	1379.262	3	459.754	8.199	.000
	Greenhouse-Geisser	1379.262	2.148	642.131	8.199	.001
	Huynh-Feldt	1379.262	2.512	548.981	8.199	.000
	Lower-bound	1379.262	1.000	1379.262	8.199	.008
time * type	Sphericity Assumed	1324.675	6	220.779	3.937	.002
	Greenhouse-Geisser	1324.675	4.296	308.359	3.937	.006
	Huynh-Feldt	1324.675	5.025	263.627	3.937	.003
	Lower-bound	1324.675	2.000	662.337	3.937	.032
Error(time)	Sphericity Assumed	4542.265	81	56.077		
	Greenhouse-Geisser	4542.265	57.995	78.322		
	Huynh-Feldt	4542.265	67.835	66.961		
	Lower-bound	4542.265	27.000	168.232		

图 6-68　重复效应及交互效应的比较（单变量检验）

time 的 $F=8.199$，P 值分别为 0.001、0.000 和 0.008，按 $\alpha=0.05$ 水准，拒绝 H_0，接受 H_1，差异有统计学意义，可以认为不同时间（12、24、36、120 小时）血中的磷脂值不全相同。

Time*type 的 $F=3.937$，P 值分别为 0.006、0.003 和 0.032，按 $\alpha=0.05$ 水准，三种方法结果拒绝 H_0，接受 H_1，差异有统计学意义，可以认为时间与患者类型间存在交互作用。

4. 方差齐性检验　图 6-69 输出 Levene 单变量组间方差齐性检验结果，time1~time4 的检验统计量 F 对应的 P 值均大于 0.10，四个变量组间方差齐同。

Levene's Test of Equality of Error Variances[a]

	F	df1	df2	Sig.
12h血中磷脂值	1.128	2	27	.339
24h血中磷脂值	2.120	2	27	.140
36h血中磷脂值	2.266	2	27	.123
120h血中磷脂值	2.247	2	27	.125

图 6-69　方差齐性检验

5. 组间效应比较　图 6-70 输出方差分析检验结果：

Tests of Between-Subjects Effects

Measure:MEASURE_1
Transformed Variable:Average

Source	Type III Sum of Squares	df	Mean Square	F	Sig.
Intercept	40649.651	1	40649.651	254.443	.000
type	2419.431	2	1209.715	7.572	.002
Error	4313.510	27	159.760		

图 6-70　组间效应比较

type 的 $F=7.572, P=0.002$，按 $\alpha=0.05$ 水准，拒绝 H_0，接受 H_1，差异有统计学意义，可认为不同类型脑血管病患者血中的磷脂值不全相同。

6. 边际均数　图 6-71a~ 图 6-71c 输出了按患者类型分组、按时间分组及同时按两因素分组所计算的磷脂值的边际均数、标准误及 95% 可信区间。

7. 多重比较　组间及组内效应比较结果表明：三种不同类型的脑血管病患者的磷脂值在不同时间点上的变化是不同的，因此需要进一步做两两比较。

(1) 图 6-72a 和图 6-72b 输出了应用 LSD 法、Bonferroni 法和 S-N-K 法对三类患者磷脂值进行的两两比较，结果均显示：三类患者中，只有短暂脑缺血与脑梗死患者磷脂值之间有显著性差异 ($P<0.05$)，而二者与脑血栓患者磷脂值之间均无显著性差异 ($P>0.05$)。脑梗死患者磷脂值高于短暂脑缺血患者。

(2) 图 6-72c 为 LSD 法比较的结果，四个时间点测得的磷脂值之间，第 120h 与第 12h、24h、36h 间均有显著差异 ($P=0.006$、0.000、0.000)，以第 120h 测得的磷脂值为最低，而 12h、24h、36h 三个时间点磷脂值两两之间均无显著性差异 ($P>0.05$)。

Estimates

Measure:MEASURE_1

患者类型	Mean	Std. Error	95% Confidence Interval	
			Lower Bound	Upper Bound
短暂脑缺血	12.990	1.998	8.889	17.091
脑血栓	18.240	1.998	14.140	22.341
脑梗死	23.985	1.998	19.884	28.086

图 6-71a　不同类型患者磷脂值均数

2. time

Measure:MEASURE_1

time	Mean	Std. Error	95% Confidence Interval	
			Lower Bound	Upper Bound
1	19.318	1.784	15.658	22.979
2	21.120	1.777	17.473	24.766
3	20.540	1.473	17.517	23.563
4	12.642	1.556	9.450	15.834

图 6-71b　不同时间磷脂值均数

3. 患者类型 * time

Measure:MEASURE_1

患者类型	time	Mean	Std. Error	95% Confidence Interval	
				Lower Bound	Upper Bound
短暂脑缺血	1	11.654	3.090	5.313	17.995
	2	18.193	3.078	11.877	24.509
	3	16.650	2.552	11.414	21.886
	4	5.463	2.695	-.066	10.992
脑血栓	1	14.960	3.090	8.619	21.301
	2	21.372	3.078	15.056	27.688
	3	24.269	2.552	19.033	29.505
	4	12.360	2.695	6.831	17.889
脑梗死	1	31.341	3.090	25.000	37.682
	2	23.794	3.078	17.478	30.110
	3	20.702	2.552	15.466	25.938
	4	20.103	2.695	14.574	25.632

图 6-71c　不同类型患者及不同时间磷脂值均数

Multiple Comparisons

Measure:MEASURE_1

	(I) 患者类型	(J) 患者类型	Mean Difference (I-J)	Std. Error	Sig.	95% Confidence Interval	
						Lower Bound	Upper Bound
LSD	短暂脑缺血	脑血栓	-5.2502	2.82630	.074	-11.0493	.5488
		脑梗死	-10.9950*	2.82630	.001	-16.7941	-5.1959
	脑血栓	短暂脑缺血	5.2502	2.82630	.074	-.5488	11.0493
		脑梗死	-5.7448	2.82630	.052	-11.5438	.0543
	脑梗死	短暂脑缺血	10.9950*	2.82630	.001	5.1959	16.7941
		脑血栓	5.7448	2.82630	.052	-.0543	11.5438
Bonferroni	短暂脑缺血	脑血栓	-5.2502	2.82630	.222	-12.4643	1.9638
		脑梗死	-10.9950*	2.82630	.002	-18.2090	-3.7810
	脑血栓	短暂脑缺血	5.2502	2.82630	.222	-1.9638	12.4643
		脑梗死	-5.7448	2.82630	.156	-12.9588	1.4693
	脑梗死	短暂脑缺血	10.9950*	2.82630	.002	3.7810	18.2090
		脑血栓	5.7448	2.82630	.156	-1.4693	12.9588

Based on observed means.
 The error term is Mean Square(Error) = 39.940.

*. The mean difference is significant at the .05 level.

图 6-72a　三类患者磷脂值的两两比较

Homogeneous Subsets

MEASURE_1

	患者类型	N	Subset	
			1	2
Student-Newman-Keuls[a,b,c]	短暂脑缺血	10	12.9900	
	脑血栓	10	18.2402	18.2402
	脑梗死	10		23.9850
	Sig.		.074	.052

图 6-72b　三类患者磷脂值的两两比较

Pairwise Comparisons

Measure:MEASURE_1

(I) time	(J) time	Mean Difference (I-J)	Std. Error	Sig.[a]	95% Confidence Interval for Difference[a]	
					Lower Bound	Upper Bound
1	2	-1.801	1.125	.121	-4.110	.507
	3	-1.222	2.113	.568	-5.557	3.113
	4	6.676*	2.241	.006	2.078	11.274
2	1	1.801	1.125	.121	-.507	4.110
	3	.579	2.022	.777	-3.570	4.729
	4	8.478*	2.118	.000	4.131	12.824
3	1	1.222	2.113	.568	-3.113	5.557
	2	-.579	2.022	.777	-4.729	3.570
	4	7.898*	1.761	.000	4.284	11.512
4	1	-6.676*	2.241	.006	-11.274	-2.078
	2	-8.478*	2.118	.000	-12.824	-4.131
	3	-7.898*	1.761	.000	-11.512	-4.284

Based on estimated marginal means

a. Adjustment for multiple comparisons: Least Significant Difference (equivalent to no adjustments).

*. The mean difference is significant at the .05 level.

图 6-72c 四个时间点磷脂值的两两比较

8. 均数图 以 time 作为横轴变量,type 作为分线变量,绘制磷脂值的边际均数图 6-73。可以直观地看出三种不同类型的脑血管病患者的磷脂值在不同时间点上的变化态势。

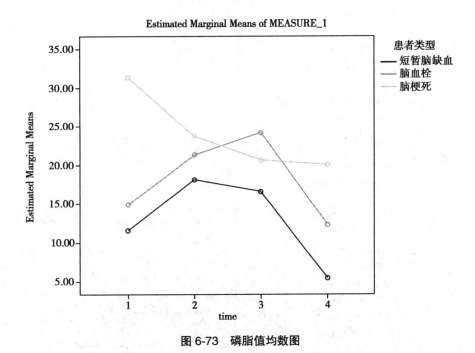

图 6-73 磷脂值均数图

（肖艳杰 李志强）

第七章

回 归 分 析

变量与变量之间的关系可以分为确定性关系和非确定性关系两类。确定性关系是指某一个或某几个现象的变动必然会引起另一个现象确定的变动,如圆的周长与半径的关系:周长 =2πr。非确定性关系则不然,例如,在发育阶段,随年龄的增长,人的身高会增加。但不能根据年龄找到确定的身高,即不能得出 10 岁儿童身高一定就是 1.35 米。研究变量之间既存在又不确定的相互关系及其密切程度的分析称为相关分析。 如果把其中的一些因素作为自变量,而另一些随自变量的变化而变化的变量作为因变量,研究它们之间的非确定性因果关系,这种分析就称为回归分析(regression analysis)。SPSS 统计分析模块中的回归分析菜单见图 7-1。

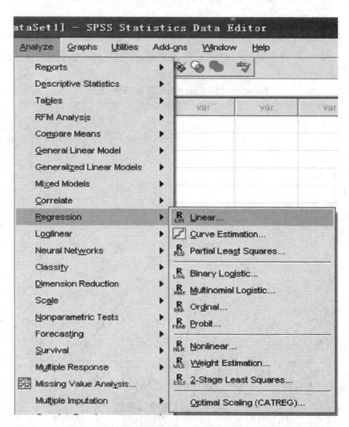

图 7-1　统计分析模块中的回归分析菜单

在实际工作中，研究者常常需要通过可测或易测的变量对未知或难测或不可测的变量进行估测，可以借助回归分析。如用身高、体重、肺活量来估计心室血输出量、体循环总血量；用尿雌三醇的含量来推测胎儿体重，等等。利用回归分析，还可以探索疾病的危险因素和保护因素，预测疾病或事件发生的概率。

SPSS17.0 提供的回归分析功能如下：

- Linear：线性回归分析
- Curve Estimation：曲线估计
- Partial Least Squares：偏最小二乘分析
- Binary Logistic：二分类 Logistic 回归分析
- Multinomial Logistic：多分类 Logistic 回归分析
- Ordial：顺序回归分析
- Probit：概率单位回归分析
- Nonlinear：非线性回归分析
- Weighted Estimation：权重估计分析
- 2-Stage Least Squares：二阶段最小二乘分析
- Optimal Scaling：最优编码回归

本章介绍 Linear、Curve Estimation 和 Binary Logistic 三种分析过程。

第一节　线性回归分析

线性回归（linear regression）用于分析一个或多个自变量与一个因变量之间的线性数量关系，并可进行回归诊断分析。

一、一元线性回归分析

一元线性回归分析是研究两个连续型变量之间数量上的线性依存关系，也称简单回归（simple regression）。其适用条件有：

1. 线形趋势　自变量与因变量的关系是线形的，如果不是，则不能采用线性回归来分析。

2. 独立性　可表述为因变量 y 的取值相互独立，它们之间没有联系。反映到模型中，实际上就是要求残差间相互独立，不存在自相关。

3. 正态性　自变量的任何一个线形组合，因变量 y 均服从正态分布，反映到模型中，实际上就是要求随机误差项服从正态分布。

4. 方差齐性　自变量的任何一个线形组合，因变量 y 的方差均齐性，实质就是要求残差的方差齐。

概括起来，"线性（Linear）"、"独立（Independent）"、"正态（Normal）"、"等方差（Equal variance）"是线性回归的四个条件。将四个单词的首个字母连在一起，记为 LINE。

一元线性回归方程（linear regression equation）的一般表达式为：

$$\hat{Y} = a + bX$$

例题 7-1　某研究欲探讨女性腹围与髂前上棘皮褶的关系，采用西藏拉萨市 40 名 18 岁女生腹围和髂前上棘皮褶的资料，结果如表 7-1 所示。试建立髂前上棘皮褶和腹围的直线回归方程。

表 7-1　40 名女生腹围和髂前上棘皮褶的测量值

编号	腹围(cm)	髂前上棘皮褶(mm)	编号	腹围(cm)	髂前上棘皮褶(mm)
1	60.09	10.5	21	60.85	9.2
2	66.05	10.9	22	82.22	17.5
3	69.98	12.6	23	78.62	17.5
4	70.31	9.8	24	71.60	11.5
5	69.45	7.5	25	64.00	9.0
6	74.10	16.0	26	64.70	12.0
7	57.05	6.5	27	64.10	12.0
8	68.95	12.1	28	67.00	11.6
9	69.50	13.0	29	75.80	14.0
10	69.82	16.6	30	66.57	9.9
11	78.95	17.5	31	73.95	17.0
12	69.02	10.4	32	61.58	5.6
13	75.56	20.0	33	74.55	13.2
14	81.12	22.5	34	80.00	14.5
15	64.57	10.2	35	63.10	9.1
16	71.50	8.3	36	58.45	5.6
17	66.00	8.0	37	71.50	13.6
18	72.50	11.4	38	66.00	11.0
19	83.80	22.1	39	67.80	9.9
20	63.50	9.5	40	74.10	19.5

(一) 建立数据文件

定义二个变量 girth(腹围,8,2)和 skinfold(髂前上棘皮褶,8,1),录入数据,保存数据文件名为 linear regression.sav(图 7-2)。

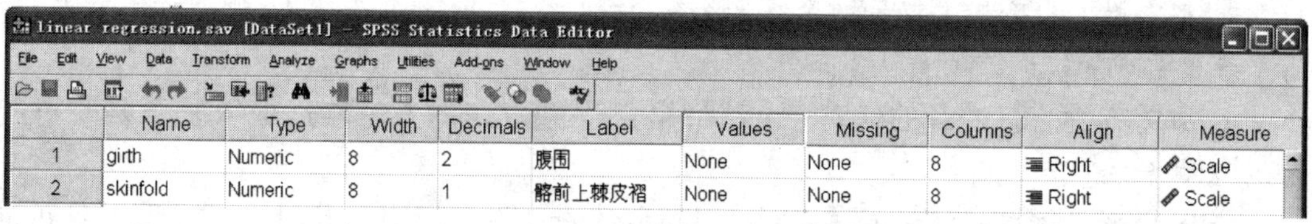

图 7-2　linear regression.sav 变量编辑视窗

(二) 操作过程

1. 绘制散点图　按 Graphs → Legacy Dialogs → Scatter/Dot 顺序,弹出 Scatter/Dot(散点图)主对话框,选择 Simple Scatter(系统默认),单击 Define,打开 Simple Scatterplot(简单散点图)定义对话框,以 "girth" 为横坐标,"skinfold" 为纵坐标绘制散点图(图 7-3),可见散点大致呈

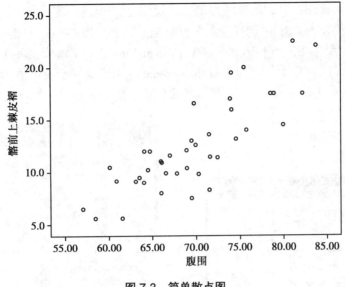

图 7-3 简单散点图

直线趋势。

2. Linear 过程 按 Aanalyze → Regression → Linear 顺序,弹出 Linear Regression(线性回归)主对话框。

(1) Linear Regression(线性回归)主对话框(图 7-4)

1) Dependent:选择 1 个数值型因变量,本例选入"skinfold"。

2) Independent(s):选择 1 个或多个数值型自变量,本例选入"girth"。

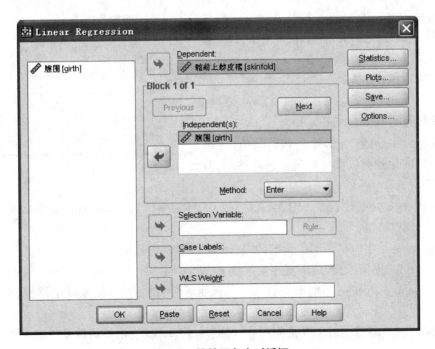

图 7-4 线性回归主对话框

3) Selection variable:定义选择观测单位的规则,将变量选入该框中后,$\boxed{\text{Rule}}$ 按钮被激活,单击该按钮,弹出 Set Rule(选择观测单位范围)对话框(图 7-5a)。单击$\boxed{\text{equal to}}$的倒三角处(图 7-5b),下拉菜单中有 6 种方式供选择:①equal to:等于设定值;②not equal to:不等于设定值;③less than:小于设定值;④less than or equal:小于或等于设定值;⑤greater than:大于设定值;⑥greater than or equal:大于或等于设定值。在 Value 框内键入所选变量的设定值。

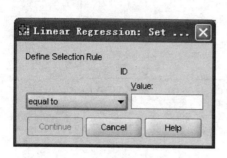

图 7-5a 选择观测单位范围对话框

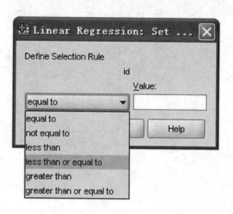

图 7-5b 选择观测单位范围对话框

4) Case Labels:设置观测单位识别变量,用于绘图时观测值的识别。

5) WLS Weight:选择加权变量。

(2) Statistics(统计量)对话框(图 7-6)

1) Regression Coefficient:回归系数。①Estimates:一般回归系数和标准回归系数及其标准误和显著性检验。②Confidence intervals:一般回归系数的 95% 可信区间。③Covariance matrix:方差及协方差矩阵和相关矩阵。

2) Residuals:残差。①Dubin-Watson:对残差的顺序相关的 Dubin-Watson 检验。②Casewise diagnostics:个体诊断,给出残差和预测值、标准化残差和标准化预测值的统计量。选此项后,激活以下选项:

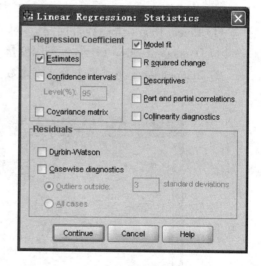

图 7-6 统计量对话框

⊙ Outliers outside $\boxed{3}$ standard deviations:凡个体观察值超出均数加减 n 倍标准差被视为离群点,系统默认此项 n 为 3。

○ All case:给出所有观测单位的残差、标准化残差和预测值。

3) Model fit:模型检验,给出复相关系数 R、决定系数 R^2、调整 R^2 及方差分析结果。

4) R squared change:每剔除或引入一个自变量所引起的 R^2 的变化量及相应的 F 值和 P 值。

5) Descriptives:输出每个变量的均数、标准差、样本含量、相关系数及单侧 P 值矩阵。

6) Part and partial correlations:简单相关系数及偏相关系数。

7) Collinearity diagnostics:共线性诊断。

本例统计量对话框选择 Estimates 和 Model fit 两项,见图 7-6。

(3) Plots(绘图)对话框(图 7-7):可绘制散点图、残差的直方图(Histogram)、正态概率图(Normal probability)及残差散点图(Produce all partial plots)等。

(4) Save(保存变量)对话框(图 7-8):将框内所选项保存为新变量或新文件。

1) Predicted Values 预测值:①Unstandardized:非标准化预测值。②Standardized:标准化预测值。③Adjusted:调整预测值。④S.E.of mean predictions:预测值均数的标准误。

2) Residuals:残差。①Unstandardized:非标准化残差。②Standardized:标准化残差。③Studentized:学生化残差。④Deleted:剔除残差。⑤Studentized deleted:剔除学生化残差。

3) Distances:距离。①Mahalanobis:马氏距离。②Cook's: Cook 距离。③Leverage values: Leverage 值。

4) Influence Statistics:影响统计量。①DfBeta(s):剔除某一观察值所引起的回归系数的变化。②Standardized DfBeta(s):标准化 DfBeta。③DfFit:剔除某一观察值所引起的预测值的变化。④Standardized DfFit:标准化 DfFit。⑤Covariance ratio:剔除某一观察值的协方差阵与含全部观察值的协方差阵的比率。

5) Prediction Intervals:预测值的可信区间。①Mean:预测值均数的可信区间。②Individual:个体预测值的可信区间。

Confidence interval 95 %:可信区间范围。系统默认 95%。

6) Coefficient statistics:创建系数统计,把回归系数保存到数据集或数据文件。

7) Export model information to XML file:将模型信息存为 XML 文件。

Include the covariance matrix:输出协方差矩阵。

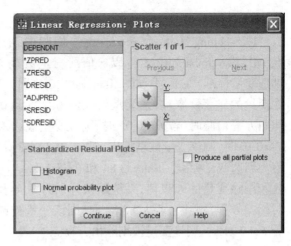

图 7-7 绘图对话框

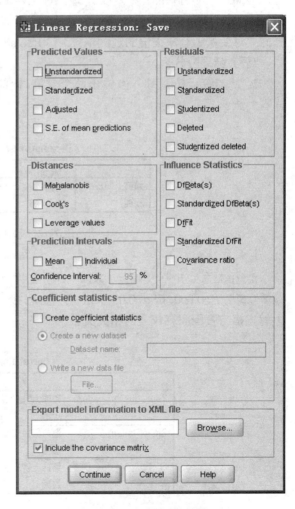

图 7-8 保存变量对话框

（5）Options（选项）对话框（图 7-9）

1）Stepping Method Criteria：逐步回归的剔选变量标准。① Use probability of F：以 F 值所对应的概率 P 值为剔选变量标准。Entry 05 和 Removal 10 分别为选入和剔除变量的显著性水准，系统默认分别为 0.05 和 0.10，即对回归方程检验时，若 $P \leq 0.05$ 时，则该变量被选入方程；若 $P \geq 0.10$ 时，则该变量被剔除出方程。② Use F value：以 F 值为剔选变量标准。Entry 3.84 和 Removal 2.71 分别为选入和剔除变量的 F 界值，系统默认分别为 3.84 和 2.71，即对回归方程检验时，若 $F \geq 3.84$ 时，则该变量被选入方程；若 $F \leq 2.71$ 时，则该变量被剔除出方程。

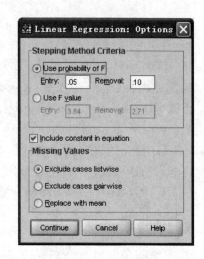

图 7-9　选项对话框

2）Include constant in equation：回归方程中含有常数项。

3）Missing values：缺失值处理。①Exclude cases listwise：剔除所有变量中有缺失值的观测单位。②Exclude cases pairwise：仅剔除正在参与运算的一对变量中有缺失值的观测单位。③Replace with mean：用变量的均数代替缺失值。

（三）结果及分析

1. 基本统计量　图 7-10 输出两个变量"髂前上棘皮褶"和"腹围"的平均数、标准差和样本例数。

Descriptive Statistics

	Mean	Std. Deviation	N
髂前上棘皮褶	12.465	4.2688	40
腹围	69.7078	6.62228	40

图 7-10　基本统计量

2. 相关系数矩阵及检验　图 7-11 输出两个变量"髂前上棘皮褶"和"腹围"的相关系数 $r=0.831$，$P=0.000$，按 $\alpha=0.05$ 水准，拒绝 H_0，接受 H_1，相关系数有统计学意义，可认为髂前上棘皮褶与腹围间有较强的相关关系。

Correlations

		髂前上棘皮褶	腹围
Pearson Correlation	髂前上棘皮褶	1.000	.831
	腹围	.831	1.000
Sig. (1-tailed)	髂前上棘皮褶	.	.000
	腹围	.000	.
N	髂前上棘皮褶	40	40
	腹围	40	40

图 7-11　相关系数矩阵及检验

3. 模型检验

（1）图 7-12 输出决定系数、调整决定系数及标准误：在判定一个线性回归直线的拟合优度的好坏时，决定系数 R^2（R Square）是一个重要的判定指标。$R^2=SS_回/SS_总$，即 R^2 体现了回归模型所能解释的因变量变异性的百分比。本例 $R^2=0.691$，说明变量 y 的变异中有 69.1% 是由变量 x 引起的，即女生的腹围信息可以解释其髂前上棘皮褶变异的 69.1%。当 $R^2=1$ 时，表示所有的观测点全部落在回归直线上。当 $R^2=0$ 时，表示自变量与因变量无线性关系。

Model Summary

Model	R	R Square	Adjusted R Square	Std. Error of the Estimate
1	.831ᵃ	.691	.683	2.4053

a. Predictors: (Constant), 腹围

图 7-12　回归方程的决定系数

调整决定系数 R^2（Adjusted R Square）：为了尽可能准确的反映模型的拟合度，SPSS 输出中的 Adjusted R Square 是消除了自变量个数影响的 R^2 的修正值，$R^2_{adj}=1-MS_{剩余}/MS_总$。即根据方程中自变量的多少对 R^2 进行调整，以避免偏性。

（2）图 7-13 输出回归方程的方差分析，$F=84.842$（$F=$ 回归均方 / 残差均方），$P=0.000$，按 $\alpha=0.05$ 水准，拒绝 H_0，接受 H_1，回归方程有统计学意义，可以认为髂前上棘皮褶与腹围之间有直线回归关系。

ANOVAᵇ

Model		Sum of Squares	df	Mean Square	F	Sig.
1	Regression	490.846	1	490.846	84.842	.000ᵃ
	Residual	219.845	38	5.785		
	Total	710.691	39			

a. Predictors: (Constant), 腹围

b. Dependent Variable: 髂前上棘皮褶

图 7-13　回归方程的方差分析

4. 参数估计

根据图 7-14 中的非标准化系数 B（Unstandardized Coefficient）写出一元直线回归方程为：

$$\hat{Y}=-24.878+0.536X$$

Coefficientsᵃ

Model		Unstandardized Coefficients		Standardized Coefficients	t	Sig.	95.0% Confidence Interval for B	
		B	Std. Error	Beta			Lower Bound	Upper Bound
1	(Constant)	-24.878	4.072		-6.110	.000	-33.122	-16.635
	腹围	.536	.058	.831	9.211	.000	.418	.653

a. Dependent Variable: 髂前上棘皮褶

图 7-14　回归方程的参数估计

对方程中回归系数和常数项进行检验：

（1）$t=b/S_b=0.536 \div 0.058=9.211$，$P=0.000$，按 $\alpha=0.05$ 水准，拒绝 H_0，接受 H_1，总体回归系数有统计学意义，即回归方程有统计学意义。

（2）$t=a/S_a=-24.878 \div 4.072=-6.110$，$P=0.000$，按 $\alpha=0.05$ 水准，拒绝 H_0，接受 H_1，常数项有统计学意义。

（3）回归系数 B 的 95% 可信区间为 0.418~0.653，该区间不包括 0，按 $\alpha=0.05$ 水准同样可得到总体回归系数不为 0 的结论，即用区间估计回答假设检验的问题。

二、多重线性回归分析（multiple linear regression analysis）

是一元线性回归分析或简单线性回归分析的推广，它研究的是一组自变量（$X_1, X_2, \cdots, X_n$）如何影响一个因变量（Y），即根据多个自变量的最优组合建立回归方程来预测因变量。

多重线性回归分析的模型为：$\hat{Y}=b_0+b_1X_1+b_2X_2+\cdots+b_nX_n$

多重线性回归模型也必须满足一元线性回归方程中所述的假设条件，并满足多个自变量之间不存在多重共线性。

例题 7-2   为研究高血压患者血压与年龄体重等变量的关系，随机测量了 36 名 40 岁以上男性的血压（mmHg）、年龄（岁）、身高体重以及吸烟史。其中体重指数 BMI = 体重 / 身高 ^{2}，试分析之。

表 7-2   36 例男性的年龄、BMI 指数、吸烟与收缩压实测值

编号	年龄	BMI 指数	吸烟	收缩压	编号	年龄	BMI 指数	吸烟	收缩压
1	65	28.10	0	163	19	56	25.73	0	141
2	62	27.62	0	152	20	64	30.16	0	154
3	63	29.32	1	168	21	51	29.87	1	138
4	63	26.00	0	162	22	59	28.77	1	166
5	43	22.56	1	126	23	64	32.37	1	180
6	43	20.89	0	122	24	44	19.68	1	146
7	48	23.17	1	134	25	54	25.88	1	157
8	54	25.01	1	148	26	60	26.35	1	162
9	50	24.36	0	132	27	47	18.90	1	132
10	53	24.96	0	137	28	54	23.79	1	146
11	58	27.51	0	145	29	52	28.68	0	148
12	56	25.28	1	149	30	49	25.48	0	130
13	56	25.46	0	142	31	41	26.51	0	122
14	57	23.75	0	135	32	45	20.76	0	135
15	46	22.69	1	144	33	55	24.62	0	140
16	49	25.74	1	145	34	47	23.59	0	142
17	50	21.98	1	135	35	61	25.44	1	152
18	54	24.62	1	140	36	52	24.92	1	150

(一)建立数据文件

定义五个变量 id(编号,8,0)、age(年龄,8,0)、BMI(体重指数,8,2)、smoke(吸烟,8,0)和 SBP(收缩压,8,0),其中 smoke 取值:0="不吸",1="吸烟",录入数据,保存数据文件名为 MLR.sav(图 7-15)。

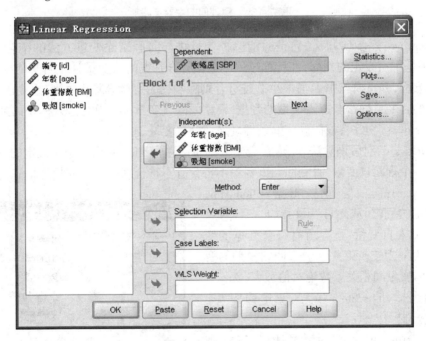

	Name	Type	Width	Decimals	Label	Values	Missing	Columns	Align	Measure
1	id	Numeric	8	0	编号	None	None	8	≡ Right	✔ Scale
2	age	Numeric	8	0	年龄	None	None	8	≡ Right	✔ Scale
3	BMI	Numeric	8	2	体重指数	None	None	8	≡ Right	✔ Scale
4	smoke	Numeric	8	0	吸烟	{0, 不吸}...	None	8	≡ Right	♣ Nominal
5	SBP	Numeric	8	0	收缩压	None	None	8	≡ Right	✔ Scale

图 7-15　MLR.sav 变量编辑视窗

(二)操作过程

按 Analyze → Regression → Linear 顺序,弹出 Linear Regression(线性回归)主对话框。

1. Linear Regression(线性回归)主对话框(图 7-16a)

图 7-16a　线性回归主对话框

(1) Dependent:选入因变量"SBP"。

(2) Independent(s):选入 3 个自变量"age"、"BMI"、"smoke"。

(3) Block 1 of 1:向回归方程中引入不同的自变量组合。Next 和 Previous 分别是后翻按钮和前翻按钮,可以调整不同的自变量组合方案。对每种自变量组合可采用不同的方法,如有的自变量采用 Enter,有的采用 Stepwise。

(4) Method:回归分析方法,有 5 种方法可供选择(图 7-16b):

1) Enter:强行进入法,即所选择的自变量全部进入回归模型,为系统默认方式。

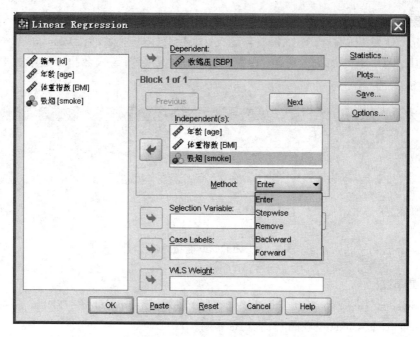

图 7-16b　线性回归主对话框

2) Stepwise：逐步回归法，它是向前选择变量法与向后剔除变量方法的结合。根据在 option 对话框中所设定的判据，在计算过程中选择符合判据的自变量且对因变量贡献最大的进入回归方程，并将模型中 F 值最小的且符合剔除判据的变量剔除出模型，重复进行直到回归方程中的自变量均符合进入模型的判据，模型外的自变量都不符合进入模型的判据为止。

3) Remove：消去法，根据设定的条件剔除部分自变量。

4) Backward：向后剔除法，先建立全模型，然后根据 option 对话框中所设定的判据，在计算过程中逐个剔除自变量，直到回归方程中不再含有不符合判据的自变量为止。

5) Forward：向前选择法，根据 option 对话框中所设定的判据，从无自变量开始，在计算过程中逐个加入自变量，直至所有符合判据的变量都进入模型为止。第一个引入回归模型的变量应该与因变量间相关系数绝对值最大。

本例选择 Enter/Stepwise（全变量回归 / 逐步回归），分别操作。

2. Statistics（统计量）对话框（图 7-17）　本例选入：

√ Estimates

√ Confidence intervals

√ Model fit

√ Descriptives

√ Collinearity diagnostics

√ Casewise diagnostics

⊙ Outliers outside ☐2 standard deviations

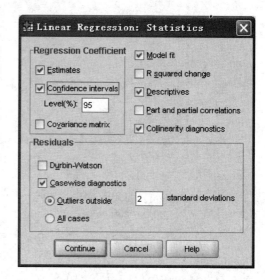

图 7-17　统计量对话框

3. Plots（绘图）对话框（图 7-18）　将 ZPRED 选入 X 轴，SRESID 选入 Y 轴，可绘制残差散点图；同时选入：

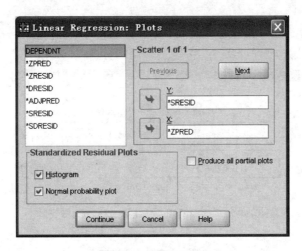

图 7-18　绘图对话框

☑ Histogram

☑ Normal probability

可绘制残差直方图和正态概率图。

（三）结果及分析

1. 基本统计量　图 7-19 输出各变量的平均数、标准差和样本例数。

Descriptive Statistics

	Mean	Std. Deviation	N
收缩压	145.00	13.182	36
年龄	53.47	6.708	36
体重指数	25.2922	2.96798	36
吸烟	.53	.506	36

图 7-19　基本统计量

2. 相关系数矩阵及检验　图 7-20 上部是 Pearson 积矩相关系数矩阵；中部是相关系数单侧检验的 P 值；下部是样本量。

有统计学意义（P=0.000）的相关系数有：

Correlations

		收缩压	年龄	体重指数	吸烟
Pearson Correlation	收缩压	1.000	.800	.643	.270
	年龄	.800	1.000	.696	-.059
	体重指数	.643	.696	1.000	-.080
	吸烟	.270	-.059	-.080	1.000
Sig. (1-tailed)	收缩压	.	.000	.000	.056
	年龄	.000	.	.000	.367
	体重指数	.000	.000	.	.321
	吸烟	.056	.367	.321	.
N	收缩压	36	36	36	36
	年龄	36	36	36	36
	体重指数	36	36	36	36
	吸烟	36	36	36	36

图 7-20　相关系数矩阵及检验

收缩压与年龄、体重指数的相关系数分别为 0.800 和 0.643；年龄与体重指数的相关系数为 0.696。即收缩压与年龄之间、与体重指数之间，年龄与体重指数之间均存在较强的相关关系。

3. 入选、剔除回归方程的变量　图 7-21a 为全变量回归分析（enter），三个自变量均进入回归模型内，没有剔除自变量。图 7-21b 为逐步回归分析（stepwise），第一步选入模型内的变量是"年龄"，第二步选入模型内的变量是"吸烟"，无自变量从模型剔除。

Variables Entered/Removed

Model	Variables Entered	Variables Removed	Method
1	吸烟, 年龄, 体重指数[a]	.	Enter

a. All requested variables entered.

图 7-21a　全变量回归分析入选方程的自变量

Variables Entered/Removed[a]

Model	Variables Entered	Variables Removed	Method
1	年龄	.	Stepwise (Criteria: Probability-of-F-to-enter <= .050, Probability-of-F-to-remove >= .100).
2	吸烟	.	Stepwise (Criteria: Probability-of-F-to-enter <= .050, Probability-of-F-to-remove >= .100).

a. Dependent Variable: 收缩压

图 7-21b　逐步回归分析入选方程的自变量

4. 模型检验

（1）图 7-22a 输出全变量回归分析的决定系数 $R^2=0.759$，调整决定系数 $R^2=0.737$。图 7-22b 输出逐步回归分析模型 1 的决定系数 $R^2=0.640$，调整决定系数 $R^2=0.629$；模型 2 的 $R^2=0.741$，调整决定系数 $R^2=0.725$。

Model Summary[b]

Model	R	R Square	Adjusted R Square	Std. Error of the Estimate
1	.871[a]	.759	.737	6.764

a. Predictors: (Constant), 吸烟, 年龄, 体重指数

b. Dependent Variable: 收缩压

图 7-22a　全变量回归分析的决定系数

Model Summary^c

Model	R	R Square	Adjusted R Square	Std. Error of the Estimate
1	.800^a	.640	.629	8.025
2	.861^b	.741	.725	6.914

a. Predictors: (Constant), 年龄

b. Predictors: (Constant), 年龄, 吸烟

c. Dependent Variable: 收缩压

图 7-22b 逐步回归分析的决定系数

(2) 图 7-23a 输出全变量回归分析的方程检验结果：$F=33.648$，$P=0.000$，按 $\alpha=0.05$ 水准，拒绝 H_0，接受 H_1，回归模型有统计学意义。图 7-23b 输出逐步回归分析两个模型的方程检验结果：模型 2 的 $F=47.107$，$P=0.000$，按 $\alpha=0.05$ 水准，拒绝 H_0，接受 H_1，回归模型有统计学意义，可认为年龄和吸烟对血压的影响具有统计学意义。

ANOVA^b

Model		Sum of Squares	df	Mean Square	F	Sig.
1	Regression	4618.041	3	1539.347	33.648	.000^a
	Residual	1463.959	32	45.749		
	Total	6082.000	35			

a. Predictors: (Constant), 吸烟, 年龄, 体重指数

b. Dependent Variable: 收缩压

图 7-23a 全变量回归方程的方差分析

ANOVA^c

Model		Sum of Squares	df	Mean Square	F	Sig.
1	Regression	3892.498	1	3892.498	60.445	.000^a
	Residual	2189.502	34	64.397		
	Total	6082.000	35			
2	Regression	4504.287	2	2252.143	47.107	.000^b
	Residual	1577.713	33	47.809		
	Total	6082.000	35			

a. Predictors: (Constant), 年龄

b. Predictors: (Constant), 年龄, 吸烟

c. Dependent Variable: 收缩压

图 7-23b 逐步回归方程的方差分析

5. 参数估计

(1) 图 7-24a 输出参数估计值 B 为：$b_0=46.990$，$b_1=1.348$，$b_2=0.848$，$b_3=8.467$。于是得到全变量回归方程为：

$$\hat{Y}=46.990+1.348X_1+0.848X_2+8.467X_3$$

对方程内偏回归系数 B 进行检验，其中年龄 X_1（$t=5.678$，$P=0.000$）和吸烟 X_3（$t=3.738$，

Coefficients[a]

Model		Unstandardized Coefficients		Standardized Coefficients	t	Sig.	95.0% Confidence Interval for B		Collinearity Statistics	
		B	Std. Error	Beta			Lower Bound	Upper Bound	Tolerance	VIF
1	(Constant)	46.990	10.521		4.466	.000	25.559	68.420		
	年龄	1.348	.237	.686	5.678	.000	.865	1.832	.515	1.941
	体重指数	.848	.538	.191	1.577	.125	-.247	1.943	.514	1.947
	吸烟	8.467	2.265	.325	3.738	.001	3.853	13.082	.994	1.006

a. Dependent Variable: 收缩压

图 7-24a　全变量回归方程的参数估计

P=0.001）两个自变量的偏回归系数具有统计学意义。

标准化偏回归系数 Beta 为：b_1'=0.686，b_2'=0.191，b_3'=0.325。通过比较可知，三个自变量对因变量（收缩压）的影响强度从大到小依次为年龄、吸烟和体重指数。

（2）图 7-24b 输出模型 2 的参数估计值为：b_0=54.613，b_1=1.609，b_2=8.272。b_1=1.609 表示 40 岁以上男性吸烟状态不变的条件下，年龄每增加 1 岁，收缩压平均提高 1.609mmHg；b_2=8.272 表示年龄不变的条件下，吸烟者与不吸烟者相比，收缩压平均提高 8.272mmHg。于是得到逐步回归模型 2 的方程为：

$$\hat{Y}=54.613+1.609X_1+8.272X_2$$

Coefficients[a]

Model		Unstandardized Coefficients		Standardized Coefficients	t	Sig.	95.0% Confidence Interval for B		Collinearity Statistics	
		B	Std. Error	Beta			Lower Bound	Upper Bound	Tolerance	VIF
1	(Constant)	60.937	10.895		5.593	.000	38.796	83.078		
	年龄	1.572	.202	.800	7.775	.000	1.161	1.983	1.000	1.000
2	(Constant)	54.613	9.552		5.717	.000	35.179	74.048		
	年龄	1.609	.175	.819	9.217	.000	1.254	1.964	.997	1.003
	吸烟	8.272	2.312	.318	3.577	.001	3.567	12.976	.997	1.003

a. Dependent Variable: 收缩压

图 7-24b　逐步回归方程的参数估计

对方程内偏回归系数 B 进行检验，自变量年龄 X_1（t=9.217，P=0.000）和吸烟 X_2（t=3.577，P=0.001）的偏回归系数具有统计学意义。

标准化偏回归系数 Beta 为：b_1'=0.819，b_2'=0.318。通过比较可知，年龄对收缩压的影响强度约为吸烟的 2.5 倍。

图 7-24c 显示每一步回归过程中不在方程中的变量信息。从左至右分别为 Model：模型

Excluded Variables[c]

Model		Beta In	t	Sig.	Partial Correlation	Collinearity Statistics		
						Tolerance	VIF	Minimum Tolerance
1	体重指数	.166[a]	1.164	.253	.199	.515	1.941	.515
	吸烟	.318[a]	3.577	.001	.529	.997	1.003	.997
2	体重指数	.191[b]	1.577	.125	.269	.514	1.947	.514

a. Predictors in the Model: (Constant), 年龄

b. Predictors in the Model: (Constant), 年龄, 吸烟

c. Dependent Variable: 收缩压

图 7-24c　逐步回归过程中不在方程中的变量

编号;Beta in:变量的标准化回归系数,用来判定变量下一步是否进入方程;t 值和其显著水平值 Sig. 用来检验回归系数为 0 的假设。回归系数的显著水平值小于 0.05 或 0.01,则此变量可以进入方程。Partial correlation:偏相关系数。

　6. 异常值诊断及残差统计量

　(1) 残差是预测值与实测值之差。图 7-25a 输出第 24 号观测量收缩压实测值为 146mmHg,全变量回归分析的预测值为 131.47mmHg,残差值为 14.531mmHg,标准化残差为 2.148,超过了本例设定的 2 倍标准差范围,因此被认为是奇异值列出;图 7-25b 列出的奇异值是 23 号观测量。

Casewise Diagnostics[a]

Case Number	Std. Residual	收缩压	Predicted Value	Residual
24	2.148	146	131.47	14.531

a. Dependent Variable: 收缩压

图 7-25a　全变量回归分析的异常值诊断

Casewise Diagnostics[a]

Case Number	Std. Residual	收缩压	Predicted Value	Residual
23	2.048	180	165.84	14.158

a. Dependent Variable: 收缩压

图 7-25b　逐步回归分析的异常值诊断

　(2) 图 7-26a 和图 7-26b 输出了两种回归方法的残差统计量。

Residuals Statistics[a]

	Minimum	Maximum	Mean	Std. Deviation	N
Predicted Value	122.68	169.19	145.00	11.487	36
Std. Predicted Value	-1.943	2.106	.000	1.000	36
Standard Error of Predicted Value	1.566	3.813	2.191	.540	36
Adjusted Predicted Value	122.79	166.02	144.97	11.434	36
Residual	-11.545	14.531	.000	6.467	36
Std. Residual	-1.707	2.148	.000	.956	36
Stud. Residual	-1.962	2.327	.002	1.029	36
Deleted Residual	-15.247	17.055	.026	7.505	36
Stud. Deleted Residual	-2.058	2.513	.010	1.056	36
Mahal. Distance	.905	10.151	2.917	2.071	36
Cook's Distance	.000	.308	.042	.072	36
Centered Leverage Value	.026	.290	.083	.059	36

a. Dependent Variable: 收缩压

图 7-26a　全变量回归分析的残差统计量

Residuals Statistics^a

	Minimum	Maximum	Mean	Std. Deviation	N
Predicted Value	120.57	165.84	145.00	11.344	36
Std. Predicted Value	-2.153	1.837	.000	1.000	36
Standard Error of Predicted Value	1.594	2.805	1.968	.340	36
Adjusted Predicted Value	120.29	163.76	144.92	11.328	36
Residual	-11.310	14.158	.000	6.714	36
Std. Residual	-1.636	2.048	.000	.971	36
Stud. Residual	-1.692	2.193	.005	1.016	36
Deleted Residual	-12.096	16.241	.076	7.353	36
Stud. Deleted Residual	-1.743	2.336	.013	1.038	36
Mahal. Distance	.888	4.787	1.944	1.043	36
Cook's Distance	.001	.236	.032	.046	36
Centered Leverage Value	.025	.137	.056	.030	36

a. Dependent Variable: 收缩压

图 7-26b   逐步回归分析的残差统计量

7. 残差图

（1）直方图：图 7-27a 和图 7-27b 为收缩压标准化残差的频数分布直方图，可见标准化残差大致呈正态分布，说明数据基本服从正态分布。

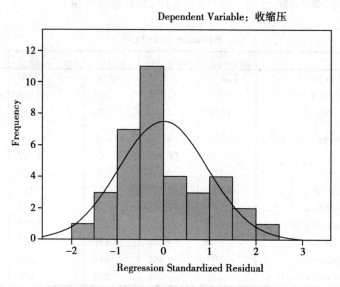

图 7-27a   全变量回归分析的残差直方图

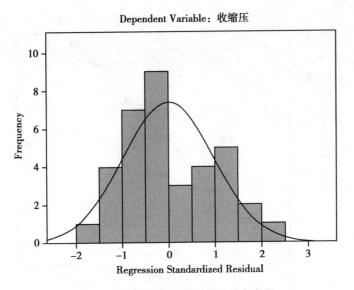

图 7-27b　逐步回归分析的残差直方图

(2) 正态概率图：图 7-28a 和图 7-28b 为收缩压的实际累计概率与期望累计概率的正态概率图，可见数据点几乎都分布在从左下到右上的直线上，说明数据基本服从正态分布。

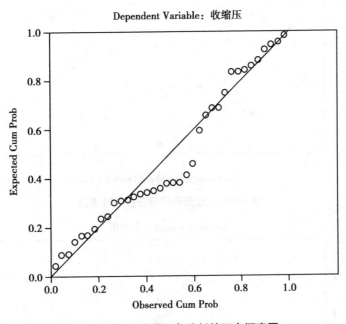

图 7-28a　全变量回归分析的正态概率图

(3) 散点图：图 7-29a 和图 7-29b 为收缩压的标准化预测值与其学生化残差散点图，可以看到绝大部分观测量随机地落在垂直围绕 ±2 的范围内，预测值与学生化残差值之间没有明显的关系，所以回归方程应该满足线性与方差齐性的假设且拟合效果较好。

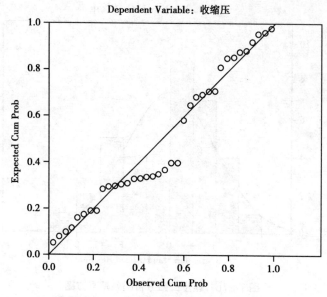

图 7-28b 逐步回归分析的正态概率图

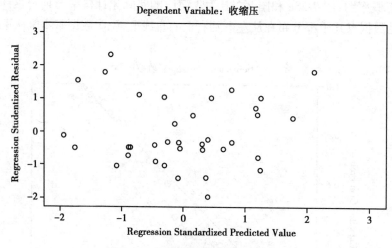

图 7-29a 全变量回归分析的散点图

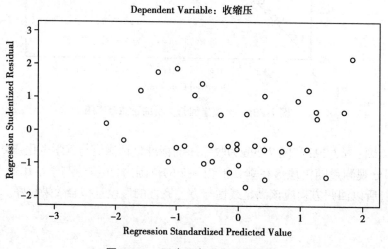

图 7-29b 逐步回归分析的散点图

8. 共线性诊断　在回归方程中,虽然各自变量对因变量都是有意义的,但某些自变量彼此相关,即存在共线性的问题。给评价自变量的贡献率带来困难。因此,需要对回归方程中的变量进行共线性诊断,并且确定它们对参数估计的影响。

进行共线性论断常用的参数有:方差膨胀因子(VIF)、容许度、条件指数等。

(1) 方差膨胀因子(variance inflation factor, VIF):VIF=$1/(1-R_i^2)$,其值介于 1~∞ 之间。其值越大,自变量之间存在共线性的可能性越大。VIF≥10 时,可认为多重共线性存在。

(2) 容忍度(Tolerance):方差膨胀因子的倒数,即 $1-R^2$,其值介于 0~1 之间,其值越小,自变量之间的共线性越强。

(3) 条件指数(Condition Index):其数值越大,说明自变量之间的共线性的可能性越大;一般认为,条件指数 >30 时存在共线性问题。

(4) 方差分量(Variance Proportions):比例越大,其共线性的可能越大。

图 7-24a 和图 7-24b 可见,方差膨胀因子值均较小,容忍度值均较大,提示自变量间不存在共线性。

图 7-30a 和图 7-30b 可见,最后一行的条件指数和方差分量值都略偏大,提示变量年龄与体重指数、年龄与常数项之间可能存在共线性,尚需进一步分析。

Collinearity Diagnostics[a]

Model	Dimension	Eigenvalue	Condition Index	Variance Proportions			
				(Constant)	年龄	体重指数	吸烟
1	1	3.588	1.000	.00	.00	.00	.02
	2	.400	2.994	.00	.00	.00	.95
	3	.008	21.282	.96	.25	.07	.02
	4	.004	29.124	.04	.75	.93	.00

a. Dependent Variable: 收缩压

图 7-30a　全变量回归分析的共线性诊断

Collinearity Diagnostics[a]

Model	Dimension	Eigenvalue	Condition Index	Variance Proportions		
				(Constant)	年龄	吸烟
1	1	1.992	1.000	.00	.00	
	2	.008	16.230	1.00	1.00	
2	1	2.631	1.000	.00	.00	.05
	2	.362	2.696	.01	.01	.93
	3	.007	18.794	.99	.99	.02

a. Dependent Variable: 收缩压

图 7-30b　逐步回归分析的共线性诊断

共线性问题是建立回归模型过程中比较常见而又较难克服的问题,常用的解决方法:

(1) 剔除不重要的有共线性问题的自变量。

(2) 增加样本量。

(3) 重新抽取样本数据。不同样本的观测量的共线性是不一致的,所以重新抽取样本数据有可能减少共线性问题的严重程度。

（肖艳杰　李志强）

第二节 曲线估计

医学领域中许多变量间的关系呈曲线趋势,需要用曲线方程描述它们之间的数量关系,称为曲线拟合。

曲线估计(Curve Estimation)过程可以自动拟合 11 种曲线,还可以进行相应的参数估计和假设检验,拟合曲线图形及产生预测值、残差等新变量。可以利用曲线估计在众多的回归模型中来建立一个简单而又比较适合的模型。

例题 7-3 欲研究某药物反应时间与溶解量之间的关系,进行了动物实验,分别记录反应时间和溶解容积(表 7-3),试问该药反应时间与溶解量之间是否存在回归关系?

表 7-3 某药物反应时间(h)与溶解容积(%)

序号	1	2	3	4	5	6	7	8	9	10	11	12	13	14
反应时间	0.15	0.25	0.50	1.00	1.50	2.00	2.50	3.00	3.50	4.00	4.50	5.00	5.50	6.00
溶解量	8.21	13.12	30.69	43.28	56.23	69.20	72.86	80.77	88.60	89.00	93.25	93.00	93.34	93.72

(一)建立数据文件

定义三个变量 no(序号,8,0)、time(反应时间 /h,8,2)和 dissolution(溶解量 /%,8,2),录入数据,保存数据文件名为 curve fit.sav(图 7-31)。

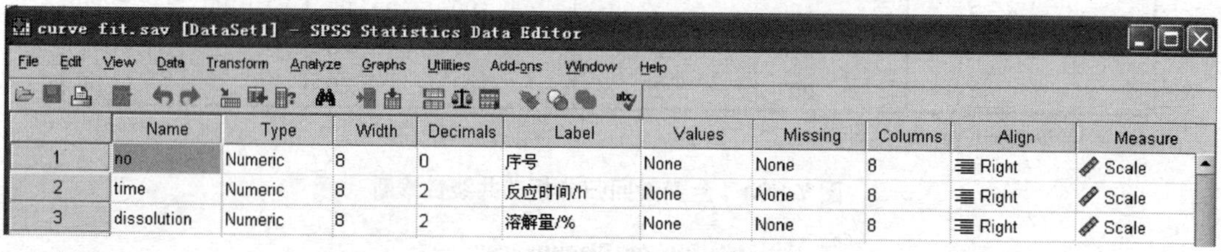

图 7-31 curve fit.sav 变量编辑视窗

(二)操作过程

1. 绘制散点图 按 Graphs → Legacy Dialogs → Scatter/Dot 顺序,弹出 Scatter/Dot(散点图)主对话框,选择 Simple Scatter(系统默认),单击 Define,弹出 Simple Scatterplot(简单散点图)定义对话框,以"time"为横坐标,"dissolution"为纵坐标绘制散点图(图 7-32),可见散点大致呈曲线趋势。

2. 按 Analyze → Regression → Curve Estimation 顺序,弹出 Curve Estimation(曲线估计)主对话框。

(1) Curve Estimation(曲线估计)主对话框(图 7-33)

1)Dependent(s):选择数值型因变量,本例选入"dissolution"。

2)Independent(s):选择自变量。可选已有变量,也可选自动产生的顺序变量(Time)。

• Variable:选入 1 个自变量。本例选入"time"。

• Time:自动按 1,2,3,…,时间序列顺序产生一个自变量。

3)Case labels:设置观测单位识别变量,用于绘图时标注观测值。

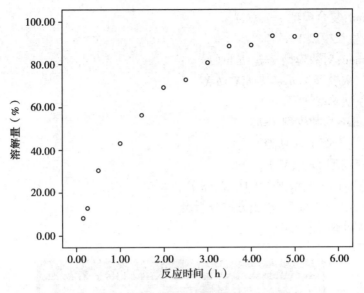

图 7-32　简单散点图

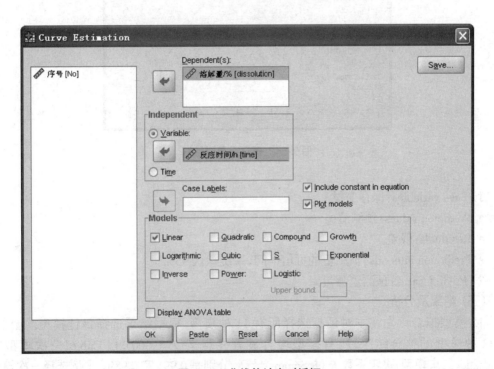

图 7-33　曲线估计主对话框

☑ Include constant in equation：方程中包含常数项。

☑ Plot models：显示所选模型的函数曲线图。

4）Models：模型。可选择一种或多种模型。

- Linear：一元线性模型 $Y=b_0+b_1X$
- Quadratic：二次模型 $Y=b_0+b_1X+b_2X^2$

- Compound：复合模型 $Y=b_0(b_1)^x$
- Growth：生长模型 $Y=e^{(b_0+b_1x)}$
- Logarithmic：对数模型 $Y=b_0+b_1\ln(X)$
- Cubic：三次模型 $Y=b_0+b_1X+b_2X^2+b_3X^3$
- S：S 型模型 $Y=e^{(b_0+b_1/x)}$
- Exponential：指数模型 $Y=b_0e^{(b_1x)}$
- Inverse：逆模型 $Y=b_0+b_1/X$
- Power：幂模型 $Y=b_0(X^{b_1})$
- Logistic：logistic 模型 $Y=1/\left[1/u+b_0(b_1)^x\right]$

☑ Display ANOVA table：输出方差分析表。

（2）Save 对话框（图 7-34）

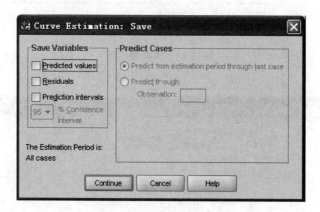

图 7-34　保存变量对话框

1）Save variables：保存变量。

- Predicted values：预测值。
- Residuals：残差。
- Prediction intervals：预测值的可信区间，系统默认 95%。

2）Predict Cases：预测观测量。

（三）结果及分析

1. 模型拟合　先在主对话框选择所有 11 种模型，根据结果选择最佳模型。图 7-35 是 11 种模型的拟合结果，所有模型均有显著性意义（$P=0.000$），以 Cubic（三次模型）和 Quadratic（二次模型）决定系数 R^2（R Square）最高，分别是 0.995 和 0.989。本例选择三次模型，回归方程为：

$$\hat{Y}=3.984+46.428X-8.287X^2+0.510X^3。$$

2. 拟合曲线　在主对话框只选择三次模型（Cubic），拟合的曲线见图 7-36，可见拟合的效果非常好。

Model Summary and Parameter Estimates

Dependent Variable:溶解量/%

Equation	Model Summary					Parameter Estimates			
	R Square	F	df1	df2	Sig.	Constant	b1	b2	b3
Linear	.845	65.213	1	12	.000	26.203	14.173		
Logarithmic	.984	731.051	1	12	.000	50.617	25.833		
Inverse	.754	36.764	1	12	.000	83.132	-14.140		
Quadratic	.989	473.762	2	11	.000	8.275	35.712	-3.676	
Cubic	.995	632.011	3	10	.000	3.984	46.428	-8.287	.510
Compound	.652	22.514	1	12	.000	22.319	1.372		
Power	.954	249.900	1	12	.000	36.911	.646		
S	.940	187.183	1	12	.000	4.478	-.401		
Growth	.652	22.514	1	12	.000	3.105	.316		
Exponential	.652	22.514	1	12	.000	22.319	.316		
Logistic	.652	22.514	1	12	.000	.045	.729		

The independent variable is 反应时间/h.

图 7-35　11 种模型总结和参数估计

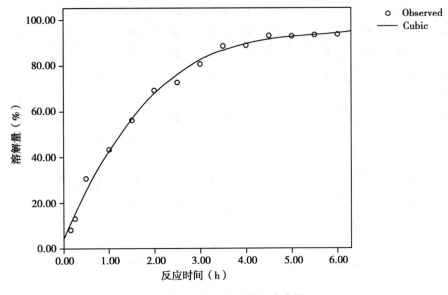

图 7-36　三次模型的拟合曲线

（肖艳杰　李志强）

第三节　二分类 logistic 回归分析

多重线性回归模型要求因变量是连续型的正态分布变量,且自变量与因变量呈线性关系。难以处理因变量为二值变量的情况。在医学中,存在很多二值化的状态,比如生存与死亡、感染与不感染、有效与无效、患病与不患病等等。这时,我们往往要分析生存与死亡或感染与不感染与哪些因素有关,而这些因素(自变量)可能是二值数据或等级分组资料或是计量资料,此时,可以使用 logistic 回归来分析因变量(二值变量)与自变量的关系。

logistic 回归的基本原理：

设 P 表示某事件发生的概率,取值范围为 0~1,$1-P$ 是该事件不发生的概率,将比值 $P/(1-P)$ 取自然对数得 $\ln(P/1-P)$,即对 P 作 logit 转换,记为 $\text{logit}P$,则 $\text{logit}P$ 的取值范围在 $(-\infty,+\infty)$ 之间。以 $\text{logit}P$ 为因变量,建立线形回归方程:$\text{logit}P = b_0 + \sum b_i X_i$。

整理为:$P = \exp(b_0 + \sum b_i X_i) / [1 + \exp(b_0 + \sum b_i X_i)]$

　　　　$OR = \exp\beta = e^\beta$

例题 7-4　为了不通过手术探查而又能弄清前列腺癌细胞淋巴结的转移情况,Brown 在术前检查了 53 例前列腺癌患者,分别记录了年龄、酸性磷酸酯酶、X 射线检查结果、术前探针活检病理分级、直肠指检肿瘤的大小和位置五个变量及手术探查结果。试分析影响前列腺癌细胞淋巴结转移的因素,并建立淋巴结转移的预报模型。

表 7-4　前列腺癌患者资料

no	age	acid	xray	grade	stage	nodes	no	age	acid	xray	grade	stage	nodes
1	64	0.40	0	1	1	0	28	60	0.78	0	0	0	0
2	63	0.40	0	0	1	0	29	52	0.83	0	0	0	0
3	65	0.46	1	0	0	0	30	67	0.95	0	0	1	0
4	67	0.47	0	1	0	0	31	56	0.98	0	0	0	0
5	66	0.48	0	0	0	0	32	61	1.02	0	0	1	0
6	65	0.48	0	1	1	0	33	64	1.87	0	0	0	0
7	60	0.49	0	0	0	0	34	58	0.48	1	0	1	1
8	51	0.49	0	0	0	0	35	65	0.49	0	0	1	1
9	66	0.50	0	0	0	0	36	57	0.51	1	1	1	1
10	58	0.50	0	0	0	0	37	50	0.56	0	1	0	1
11	56	0.50	0	1	0	0	38	67	0.67	1	1	0	1
12	61	0.50	0	0	1	0	39	67	0.67	0	0	1	1
13	64	0.50	0	1	1	0	40	57	0.67	0	1	1	1
14	56	0.52	0	0	0	0	41	45	0.70	0	1	1	1
15	67	0.52	0	0	0	0	42	46	0.70	0	0	1	1
16	49	0.55	1	0	0	0	43	51	0.72	1	1	1	1
17	52	0.55	0	1	1	0	44	60	0.76	1	1	1	1
18	68	0.56	0	0	0	0	45	56	0.78	1	1	1	1
19	66	0.59	0	1	1	0	46	50	0.81	1	1	1	1
20	60	0.62	1	0	0	0	47	56	0.82	0	0	0	1
21	61	0.62	0	0	0	0	48	63	0.82	0	0	1	1
22	59	0.63	1	1	1	0	49	65	0.84	1	1	1	1
23	51	0.65	0	0	0	0	50	64	0.89	1	0	1	1
24	53	0.66	0	0	0	0	51	59	0.99	0	1	0	1
25	58	0.71	0	0	0	0	52	68	1.26	1	1	1	1
26	63	0.75	0	0	0	0	53	61	1.36	1	0	0	1
27	53	0.76	0	0	1	0							

一、建立数据文件

定义七个变量 no（序号,8,0）、age（年龄,8,0）、acid（酸性磷酸酯酶,8,2）、xray（X 射线,8,0）、grade（术前探针活检病理分级,8,0）、stage（直肠指检肿瘤的大小和位置,8,0）和 nodes（淋巴结是否转移,8,0），其中 xray、grade 和 stage 三个分类变量取值:0=“阴性或较轻情况”,1=“阳性或较严重情况”;nodes 取值:0=“淋巴结无转移”,1=“淋巴结有转移”。录入数据,保存数据文件名为 logistic.sav（图 7-37）。

	Name	Type	Width	Decimals	Label	Values	Missing	Columns	Align	Measure
1	no	Numeric	8	0	序号	None	None	8	Right	Scale
2	age	Numeric	8	0	年龄	None	None	8	Right	Scale
3	acid	Numeric	8	2	酸性磷酸酯酶	None	None	8	Right	Scale
4	xray	Numeric	8	0	X射线	{0, 阴性或较...	None	8	Right	Nominal
5	grade	Numeric	8	0	术前探针活检...	{0, 阴性或较...	None	8	Right	Nominal
6	stage	Numeric	8	0	直肠指检肿瘤...	{0, 阴性或较...	None	8	Right	Nominal
7	nodes	Numeric	8	0	淋巴结是否转移	{0, 淋巴结无...	None	8	Right	Nominal

图 7-37 logistic.sav 变量编辑视窗

二、操作过程

按 Analyze → Regression → Binary Logistic 顺序,弹出 logistic Regression（logistic 回归）主对话框。

（一）logistic Regression 主对话框（图 7-38a）

1. Dependent 选择 1 个因变量,且为二分类变量,本例选入“nodes”。

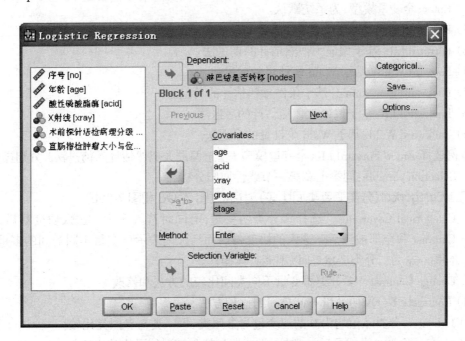

图 7-38a logistic 回归主对话框

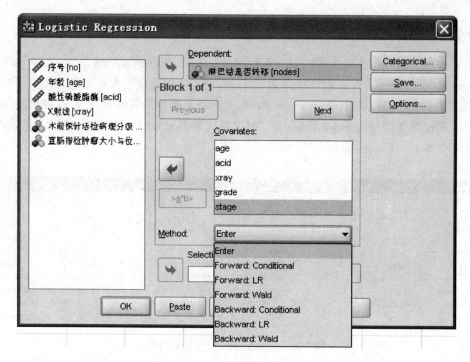

图 7-38b   变量选入的方法

2. Covariates   选择自(协)变量。可选入多个自变量,自变量既可选入单个变量,亦可选入交互变量,如在左侧变量框内同时选中两个以上变量时,$\boxed{>a*b>}$ 按钮被激活,点击该按钮,所选变量被定义为交互变量。

3. Method   选择自变量筛选的方法,有 7 种方法可供选择(图 7-38b)。

(1) Enter:全变量模型,为系统默认。

(2) Forward Conditional:基于条件参数估计的前进法。

(3) Forward LR:基于偏最大似然估计的前进法。

(4) Forward Wald:基于 Wald 统计量的前进法。

(5) Backward Conditional:基于条件参数估计的后退法。

(6) Backward LR:基于偏最大似然估计的后退法。

(7) Backward Wald:基于 Wald 统计量的后退法。

本例选择 Enter/ Forward LR(全变量模型 / 基于偏最大似然估计的前进法),分别操作。

4. Selection variable:同第七章第一节线性回归分析。

(二) Categorical(分类变量类间比较)对话框(图 7-39a 和图 7-39b)

1. Categorical Covariates   选择多分类协变量,可同时选入多个。选入协变量后,下面 Change Contrast 项全部被激活。选入的协变量后面括弧内表示该变量不同类间的多重比较方法。本例 xray 为二分类变量,所以不能具体操作。

2. Change Contrast   多分类协变量不同类间比较的方法和修改。

(1) Contrast:多分类协变量不同类间的比较方法。

1) Indicator:分类赋值均为 0 的亚变量为参照类,每一类与参照类比较。

2) Simple:除第一类或最后一类外,每一类与其余各类的平均效应比较。

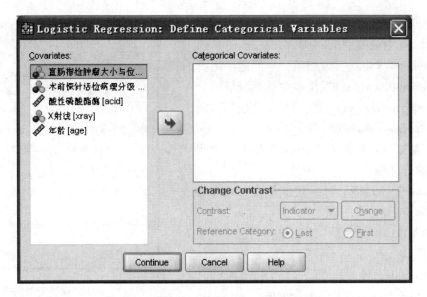

图 7-39a　分类变量类间比较对话框

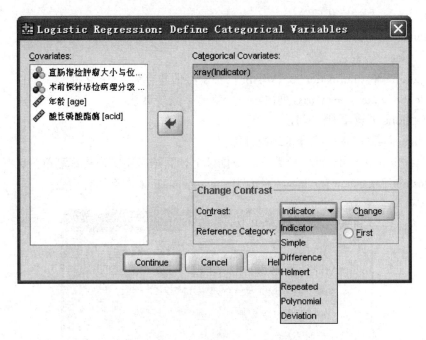

图 7-39b　分类变量类间比较对话框

3）Difference：除第一类外，每一类与其前各类的平均效应比较。

4）Helmert：除最后一类外，每一类与其后各类的平均效应比较。

5）Repeated：相邻分类比较，除第一类外，每一类与其前一类比较。

6）Polynomial：正交多名义分类比较，该法假设每一分类都有相等的空间，仅适于定量变量。

7）Deviation：除参照类外，每一类与总效应比较。

（2）Reference Category：参照类选择，有最后一类 Last 和第一类 First 两种选择，系统默认

Last,也可选择 First。

(三) Save 对话框 (图 7-40)

1. Predicted Values   预测值。本例选择此项。

(1) Probabilities：事件发生概率的预测值。

(2) Group membership：预测观测单位所属组别。

2. Influence   影响统计量。

(1) Cook's：Cook 影响统计量,剔除某一观测单位后残差的变化量。

(2) Leverage values：每一观测单位对模型拟合的相对影响量。

(3) DfBeta(s):剔除某一观测单位后标准化回归系数的变化量。

3. Residuals   残差。

(1) Unstandardized：非标准化残差。

(2) Logit：Logit 残差。

(3) Studentized：学生化残差。

(4) Standardized：标准化残差。

(5) Deviance：偏差。

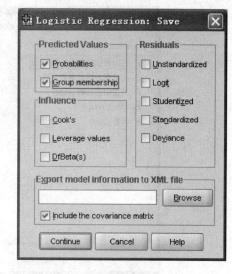

图 7-40   保存变量对话框

4. Export model information to XML file   将模型信息存为 XML 文件。

Include the covariance matrix：列出协方差矩阵。系统默认。

(四) Options 对话框 (图 7-41)

1. Statistics and Plots   统计量和统计图。

(1) Classification plots：判别分类图。根据模型计算结果用图形将观测单位区分为两类。

(2) Hosmer-Lemeshow goodness-of-fit：Hosmer-Lemeshow 模型拟合指数。

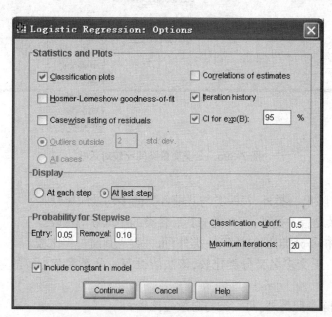

图 7-41   选项对话框

（3）Casewise listing of residuals：列出每一观测单位的非标准化残差、预测概率、实测和预测分类。

⊙ Outliers out ☐2 std.dev.：只列出残差大于 2 倍标准差（系统默认）的观测单位的上述指标。

○ All cases：列出所有观测单位的上述指标。

（4）Correlations of estimates：相关系数矩阵。

（5）Iteration history：迭代过程。

（6）CI for exp（B）95%：优势比 OR 的 95%（系统默认）可信区间。

2. Display　输出。

（1）At each step：输出每一步骤的统计图、统计表及统计量。

（2）At last step：输出最后一步的统计图、统计表及统计量。

3. Probability for Stepwise　逐步筛选变量的概率水准。

（1）Entry：☐0.05☐：以 $P \leq 0.05$ 为选入变量的标准，系统默认。

（2）Removal：☐0.10☐：以 $P > 0.10$ 为剔除变量的标准，系统默认。

4. Classification cutoff：☐0.5☐　以预测概率 0.5 为分类变量的分界点，系统默认。

5. Maximum Iterations：☐20☐　最大迭代次数，系统默认 20 次。

6. Include constant in model　模型中包含常数项。

本例 Options 选项选入

☑ Classification plots

☑ Iteration history

☑ CI for exp（B）95%

⊙ At last step

其他按系统默认，见图 7-41。

三、结果及分析

（一）全变量模型

1. 模型检验　图 7-42a 为 Step0 预测分类表，从这里开始进行模型拟合，当模型不包括任何自变量时，全部观察对象被预测为无淋巴结转移，总的预测准确率为 62.3%。图 7-42b 为 Step0 选入模型中的变量及检验结果，因刚开始时自变量还没有选入，只有常数项（Constant）。

图 7-42c 为 Step0 没有选入模型中的变量及检验结果，通过 P 值可以看出下一步将选入

Classification Table[a,b]

	Observed		Predicted		
			淋巴结是否转移		Percentage Correct
			淋巴结无转移	淋巴结有转移	
Step 0	淋巴结是否转移	淋巴结无转移	33	0	100.0
		淋巴结有转移	20	0	.0
	Overall Percentage				62.3

a. Constant is included in the model.

b. The cut value is .500

图 7-42a　预测分类表

Variables in the Equation

		B	S.E.	Wald	df	Sig.	Exp(B)
Step 0	Constant	-.501	.283	3.123	1	.077	.606

图 7-42b   选入模型中的变量及检验情况

Variables not in the Equation

			Score	df	Sig.
Step 0	Variables	age	1.094	1	.296
		acid	3.117	1	.077
		xray	11.283	1	.001
		grade	4.075	1	.044
		stage	7.438	1	.006
	Overall Statistics		19.451	5	.002

图 7-42c   未选入模型中的变量及检验情况

哪一个变量(首先选入 P 值最小的变量)。

图 7-42d 为 Step0 只含有常数项的模型检验,其 –2 倍的对数似然比(–2 Log likelihood)值为 70.252。

图 7-43 为变量入选后的模型检验,其 –2 倍的对数似然比值为 48.126。

列出模型似然比检验的三项内容:

(1)Model:检验除常数项外所有的总体回归系数是否为 0。统计量(服从 χ^2 分布)$\chi^2=$ 只含常数项模型的 –2 倍的对数似然比(初始似然比) – 当前模型的 –2 倍的对数似然比,即 $\chi^2=70.252-48.126=22.126$。图 7-44 给出本例 $P=0.000$,回归模型有统计学意义。

Iteration History[a,b,c]

Iteration		-2 Log likelihood	Coefficients Constant
Step 0	1	70.253	-.491
	2	70.252	-.501
	3	70.252	-.501

a. Constant is included in the model.

b. Initial -2 Log Likelihood: 70.252

c. Estimation terminated at iteration number 3 because parameter estimates changed by less than .001.

图 7-42d   初始模型检验

Iteration History[a,b,c,d]

Iteration		-2 Log likelihood	Constant	age	acid	xray	grade	stage
Step 1	1	49.805	-.045	-.045	1.606	1.517	.472	1.025
	2	48.193	.073	-.065	2.261	1.931	.694	1.448
	3	48.126	.065	-.069	2.425	2.039	.758	1.558
	4	48.126	.062	-.069	2.434	2.045	.761	1.564
	5	48.126	.062	-.069	2.434	2.045	.761	1.564

a. Method: Enter

b. Constant is included in the model.

c. Initial -2 Log Likelihood: 70.252

d. Estimation terminated at iteration number 5 because parameter estimates changed by less than .001.

图 7-43   变量入选后的模型检验

Omnibus Tests of Model Coefficients

		Chi-square	df	Sig.
Step 1	Step	22.126	5	.000
	Block	22.126	5	.000
	Model	22.126	5	.000

图 7-44　模型总的全局检验

（2）Block：由当前的 block（变量组合）与前一 block 的 −2 倍的对数似然比之差求得。只定义一个 block 时与 model 检验相同。

（3）Step：由当前步与前一步的 −2 倍的对数似然比之差求得，选全变量模型时其结果与 block 结果相同。

图 7-45 输出 Cox & Snell 和 Nagelkerke 决定系数 R^2 分别是 0.341 和 0.465，其含义与线性回归的决定系数含义相同，即表示回归模型对因变量变异贡献的百分比。

Model Summary

Step	-2 Log likelihood	Cox & Snell R Square	Nagelkerke R Square
1	48.126ª	.341	.465

a. Estimation terminated at iteration number 5 because parameter estimates changed by less than .001.

图 7-45　模型总结

2. 判别效果　对淋巴结是否转移进行判别分类，见图 7-46，以预测概率 0.5 为判别分界点（cut value），总判对率为 77.4%，即（28+13）/53=0.774。

Classification Tableª

			Predicted		
			淋巴结是否转移		Percentage Correct
	Observed		淋巴结无转移	淋巴结有转移	
Step 1	淋巴结是否转移	淋巴结无转移	28	5	84.8
		淋巴结有转移	7	13	65.0
	Overall Percentage				77.4

a. The cut value is .500

图 7-46　模型分类判别表

3. 参数估计及检验　图 7-47 输出模型拟合后的参数及检验结果，分别有偏回归系数 B 及其标准误 SE、Wald 值及所对应的自由度和 P 值、OR 值及其 95% 可信区间。

（1）Wald：该统计量用于检验总体偏回归系数与 0 有无显著差异。它服从 χ^2 分布，当自由度为 1 时，Wald 统计量等于偏回归系数与标准误之商的平方，如变量"xray"的 Wald 统计量 $=(2.045/0.807)^2=6.421$。当偏回归系数的绝对值较大时，Wald 统计量的检验效能不佳。

（2）Exp（B）：比值比，或优势比，即 OR 值，是偏回归系数的反自然对数。

logistic 回归方程为：

logit$P$=0.062−0.069age+2.434acid+2.045xray+0.761grade+1.564stage

Variables in the Equation

		B	S.E.	Wald	df	Sig.	Exp(B)	95% C.I.for EXP(B) Lower	95% C.I.for EXP(B) Upper
Step 1[a]	age	-.069	.058	1.432	1	.231	.933	.833	1.045
	acid	2.434	1.316	3.423	1	.064	11.410	.865	150.418
	xray	2.045	.807	6.421	1	.011	7.732	1.589	37.615
	grade	.761	.771	.976	1	.323	2.141	.473	9.700
	stage	1.564	.774	4.084	1	.043	4.778	1.048	21.783
	Constant	.062	3.460	.000	1	.986	1.064		

a. Variable(s) entered on step 1: age, acid, xray, grade, stage.

图 7-47　参数估计及检验

对淋巴结转移有显著影响的变量($P<0.05$)有"xray"和"stage",说明 X 射线检查及直肠指检为阳性或较严重情况是前列腺癌细胞淋巴结转移的危险因素,而年龄(age)、酸性磷酸酯酶(acid)和术前探针活检病理分级(grade)三个变量,与前列腺癌细胞淋巴结转移无显著关系。

(二) 逐步 logistic 回归

采用偏最大似然估计前进法(Forward LR)。

1. 模型检验　图 7-48~ 图 7-51 输出了逐步 logistic 回归分析的模型拟合过程,其每一步的变化体现在 Step 的 χ^2 统计量上,即每一步选入的变量个数与 –2 倍的对数似然比的变化量。由于只定义了 1 个 block,故 block 和 model 的统计量相同。随着变量的逐步引入,决定系数 R^2 逐渐增大。逐步回归分析中我们只给出最后一步模型检验结果,χ^2=16.899,P=0.000,模型有统计学意义。

Iteration History[a,b,c]

Iteration		-2 Log likelihood	Coefficients Constant
Step 0	1	70.253	-.491
	2	70.252	-.501
	3	70.252	-.501

图 7-48　初始模型检验

Iteration History[a,b,o,d]

Iteration		-2 Log likelihood	Coefficients Constant	Coefficients xray	Coefficients stage
Step 3	1	54.101	-1.564	1.735	1.144
	2	53.366	-1.979	2.069	1.527
	3	53.353	-2.043	2.118	1.587
	4	53.353	-2.045	2.119	1.588
	5	53.353	-2.045	2.119	1.588

图 7-49　变量入选后的模型检验

Omnibus Tests of Model Coefficients

		Chi-square	df	Sig.
Step 3	Step	5.647	1	.017
	Block	16.899	2	.000
	Model	16.899	1	.000

图 7-50　模型总的全局检验

Model Summary

Step	-2 Log likelihood	Cox & Snell R Square	Nagelkerke R Square
3	53.353[a]	.273	.372

图 7-51　模型总结

2. **判别效果**　最后一步模型分类判对率为 75.5%，见图 7-52。

Classification Table[a]

	Observed		Predicted		
			淋巴结是否转移		Percentage Correct
			淋巴结无转移	淋巴结有转移	
Step 3	淋巴结是否转移	淋巴结无转移	29	4	87.9
		淋巴结有转移	9	11	55.0
	Overall Percentage				75.5

a. The cut value is .500

图 7-52　模型分类判别表

3. **参数估计**　图 7-53 显示最后入选模型的两个变量为 "xray" 和 "stage"，其检验偏回归系数 B 的 Wald 值分别为 8.054 和 5.148，对应的 P 值分别为 0.005 和 0.023，均具有统计学意义。说明 X 射线检查及直肠指检为阳性或较严重情况是前列腺癌细胞淋巴结转移的危险因素，其相对危险度 OR 值分别为 8.326 和 4.895。logistic 回归方程为：

$$logitP=-2.045+2.119xray+1.588stage$$

Variables in the Equation

		B	S.E.	Wald	df	Sig.	Exp(B)	95% C.I.for EXP(B) Lower	Upper
Step 3[a]	xray	2.119	.747	8.054	1	.005	8.326	1.926	35.989
	stage	1.588	.700	5.148	1	.023	4.895	1.241	19.304
	Constant	-2.045	.610	11.236	1	.001	.129		

a. Variable(s) entered on step 2: stage.

图 7-53　参数估计与检验

图 7-54 显示模型拟合完成后，未选入模型中的变量及检验情况，三个变量 age、acid 和 grade 的 Score 得分所对应的概率 P 值均大于 0.05，因此不会再有变量进入模型。

Variables not in the Equation

			Score	df	Sig.
Step 3	Variables	age	1.268	1	.260
		acid	3.092	1	.079
		grade	.584	1	.445
	Overall Statistics		5.422	3	.143

图 7-54　未选入模型中的变量及检验情况

4. 逐步 logistic 回归分析总结　图 7-55 输出了模型改善情况检验(Improvement)及整个模型检验(Model)结果,还输出了模型分类判对率(Correct Class%)和每一步入选模型的变量(Variable)。

Step Summary[a,b]

Step	Improvement			Model			Correct Class %	Variable
	Chi-square	df	Sig.	Chi-square	df	Sig.		
1	11.251	1	.001	11.251	1	.001	75.5%	IN: xray
2	5.647	1	.017	16.899	2	.000	75.5%	IN: stage

a. No more variables can be deleted from or added to the current model.

b. End block: 1

图 7-55　逐步 logistic 回归分析总结

5. 判别分类图　对淋巴结转移(用 1 表示)与否进行判别分类,以预测概率 0.5 为判别分界点,每个符号代表 2 例。横轴表示对淋巴结转移的预测概率,纵轴表示频数(图 7-56)。

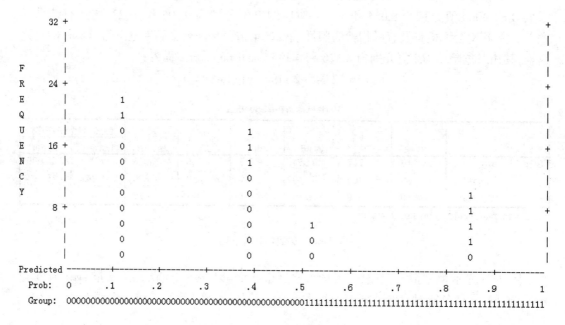

图 7-56　判别分类图

（肖艳杰　李志强）

第八章

相 关 分 析

相关分析是讨论变量间密切关系的一种统计学方法,相关分析一般做简单的线性相关、偏相关、距离分析和分类变量的相关,它们适用范围不同,简单相关适用于讨论等同的两个变量之间的相关性,偏相关是控制一个或多个变量影响后,讨论另外两个变量之间的线性相关关系,距离分析是观测量之间或变量之间相似或不相似程度的一种测度,分类变量的相关是针对分类资料关联性的分析方法。

第一节 简单相关分析

简单相关分析(bivariate correlation)是讨论两个变量之间的相关关系,有两种方法可以反映简单相关关系:一是通过散点图直观地显示,二是通过相关系数准确地反映两个变量之间的相关程度。简单相关分析一般研究两个变量间线性关系的程度,相关系数是描述这种线性关系程度和方向的统计量,通常用 r 表示。相关系数 r 没有单位,其值在 -1~$+1$ 之间,当数值愈接近 -1 或 $+1$ 时,关系愈紧密,愈接近于 0 时,关系愈不紧密,数值可以从小到大排列的数据才能计算其相关系数。

相关系数计算主要采用以下两种公式:

Pearson 积矩相关系数: $r = \dfrac{l_{xy}}{\sqrt{l_{xx}l_{yy}}} = \dfrac{\sum\limits_{i=1}^{n}(x_i - \bar{x})(y_i - \bar{y})}{\sqrt{\sum\limits_{i=1}^{n}(x_i - \bar{x})^2 \sum\limits_{i=1}^{n}(y_i - \bar{y})^2}}$,其中,x、y 为两

连续变量,l_{xy}:xy 离均差乘积和,l_{xx}:x 离均差平方和,l_{yy}:y 离均差平方和。

Spearman 相关系数:$r = \dfrac{l_{pq}}{\sqrt{l_{pp}l_{qq}}}$,其中,将两个变量 x、y 成对的观察值分别从小到大排

序编秩,以 p_i 表示 x_i 秩次;q_i 表示 y_i 秩次,$L_{pq} = \sum pq - \dfrac{(\sum p)(\sum q)}{n}$,$L_{qq} = \sum q^2 - \dfrac{(\sum q)^2}{n}$,

$L_{pp} = \sum p^2 - \dfrac{(\sum p)^2}{n}$ 。

一、散点图

例题 8-1   研究某病患者血浆清蛋白含量与血红蛋白含量的关系,某医生测得 12 名患者血清蛋白含量(g/L),见表 8-1,试分析二者是否有关联。

表 8-1　12 名某病成年男性患者血浆清蛋白含量与血红蛋白含量(g/L)

编号	血浆清蛋白含量	血红蛋白含量	编号	血浆清蛋白含量	血红蛋白含量
1	35	120	7	33	110
2	38	122	8	32	108
3	40	129	9	36	110
4	37	128	10	33	107
5	35	122	11	34	116
6	34	118	12	38	118

(一)建立数据文件

定义三个变量 NO(编号,8,0)、ALB(血浆清蛋白含量,8,0)和 HGB(血红蛋白含量,8,0),录入数据,保存数据文件名为 scatterplot.sav(图 8-1)。

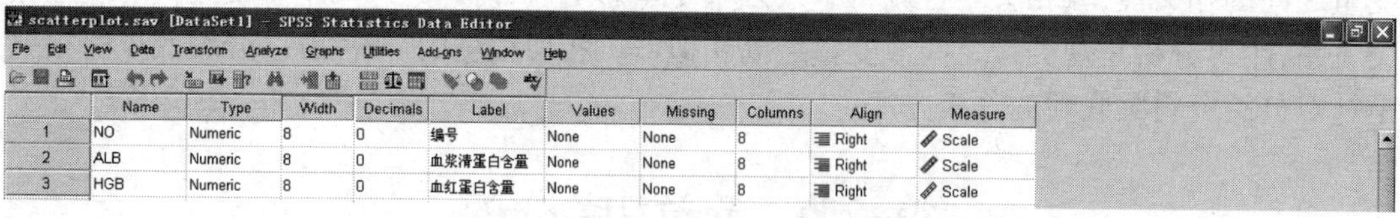

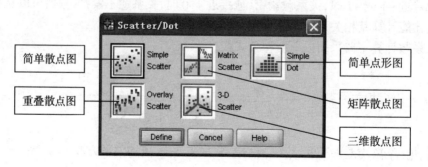

图 8-1　scatterplot.sav 变量编辑视窗

(二)绘制散点图

打开数据文件 scatterplot.sav,按 Analyze → Graphs → Legacy Dialogs → Scatter/Dot 顺序,弹出 Scatter/Dot 主对话框(图 8-2)。

图 8-2　散点图主对话框

Define:统计功能按钮,考虑 ALB、HGB 两个变量,可选择简单的散点图 Simple,然后单击 Define,打开 Simple Scatterplot 对话框,选择变量血浆清蛋白含量[ALB]、血红蛋白含量[HGB]分别进入 X 轴和 Y 轴,如图 8-3a、b,单击 OK 后就可以得到散点图。

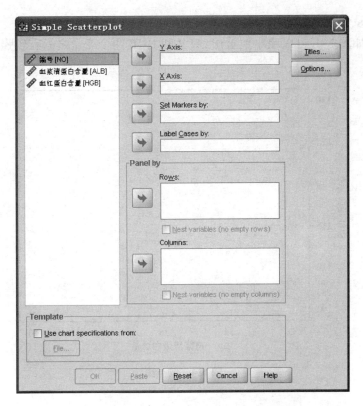

图 8-3a Simple Scatterplot 对话框

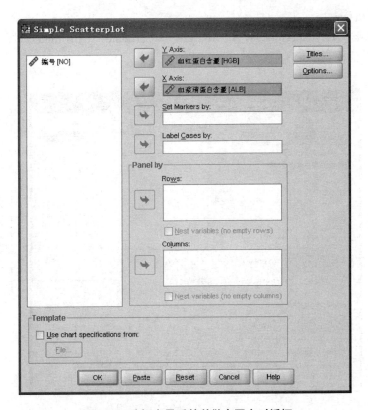

图 8-3b 选择变量后简单散点图主对话框

(三) 结果及分析

输出结果如图 8-4,可以粗略地看出,ALB 和 HGB 两个变量之间有较强的线性正相关关系。

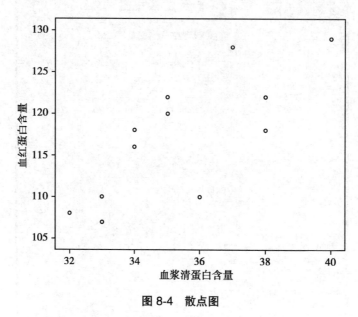

图 8-4　散点图

二、连续变量的简单相关分析

(一) 操作过程

1. 打开数据文件 scatterplot.sav,按 Analyze → Correlate → Bivariate 顺序,弹出 Bivariate Correlation 主对话框(图 8-5)。

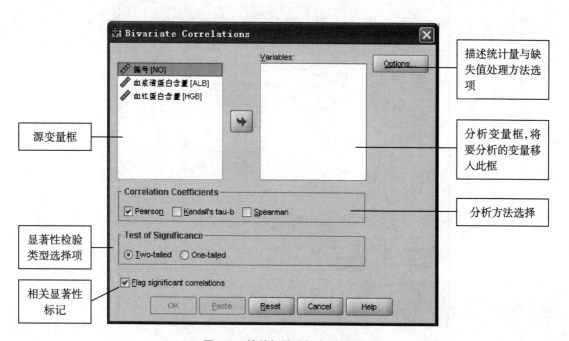

图 8-5　简单相关分析主对话框

（1）Correlation Coefficients：相关系数类型。① Pearson：积矩相关系数，默认输出项，最常用的相关分析方法，适用于连续变量的相关性测度；② Kendall's tau-b：Kendall's 等级相关系数，适用于有序分类变量相关性测度；③ Spearman：Spearman 相关系数，最常用的非参数相关性的测度，即秩相关的测度。

（2）Test of Significance：显著性检验类型。① Two-tailed：双尾检验；② One-tailed：单尾检验。

2. 选择要分析的变量血浆清蛋白含量［ALB］、血红蛋白含量［HGB］进入 Variables 框，因 ALB 与 HGB 为连续变量，默认选择分析项中 Pearson、显著性检验类型和相关显著性标记如图 8-6。

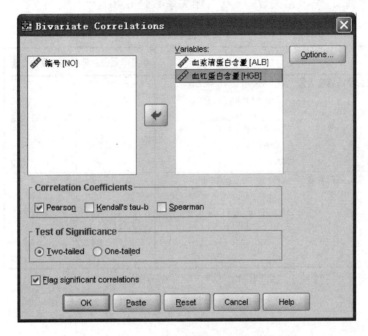

图 8-6 选择变量后简单相关分析主对话框

单击 Options，打开选项对话框，如图 8-7，选择 Means and standard devivations、Cross-product deviations and covariances 和 Missing Values，单击 Continue，回到简单相关分析主对话框，单击 OK，输出结果。

Options：描述统计量与缺失值处理方法选项。

（1）Statistics 复选框：描述统计量复选框。① Means and standard deviations：输出每个变量的均数、标准差；② Cross-

图 8-7 简单相关分析选项对话框

product deviations and covariances：各变量的离均差平方及协方差矩阵。

（2）Missing Values：缺失值处理方式单选框。① Exclude cases pairwise：成对方式排除缺

失值;② Exclude cases listwise:完全排除缺失值。

(二) 结果及分析

1. 描述性统计量如图 8-8,显示了变量血浆清蛋白含量、血红蛋白含量的均数、标准差、样本数。

2. 变量的离均差平方、协方差矩阵及相关性如图 8-9。变量血浆清蛋白含量的离均差平方、协方差矩阵分别是:64.917、

Descriptive Statistics

	Mean	Std. Deviation	N
血浆清蛋白含量	35.42	2.429	12
血红蛋白含量	117.33	7.414	12

图 8-8　描述性统计量

5.902,血红蛋白含量的离均差平方、协方差矩阵分别是:152.333、13.848,它们两者之间相关性有显著统计学意义,呈正相关(P=0.003),相关系数是 0.769。

Correlations

		血浆清蛋白含量	血红蛋白含量
血浆清蛋白含量	Pearson Correlation	1	.769**
	Sig. (2-tailed)		.003
	Sum of Squares and Cross-products	64.917	152.333
	Covariance	5.902	13.848
	N	12	12
血红蛋白含量	Pearson Correlation	.769**	1
	Sig. (2-tailed)	.003	
	Sum of Squares and Cross-products	152.333	604.667
	Covariance	13.848	54.970
	N	12	12

**. Correlation is significant at the 0.01 level (2-tailed).

图 8-9　变量的离均差平方、协方差矩阵及相关性

三、秩相关分析

例题 8-2　某研究者对 16 例 31~52 岁成年男子的舒张压(mmHg)与夜间最低血氧含量分级进行研究,见表 6-4,试分析二者是否有关联。

表 8-2　16 例成年男子的舒张压与夜间最低血氧含量分级测量值

编号	舒张压 (mmHg)	夜间最低血氧含量分级	编号	舒张压 (mmHg)	夜间最低血氧含量分级
1	76	1	9	96	2
2	81	1	10	110	3
3	82	2	11	110	3
4	90	2	12	115	4
5	91	2	13	115	3
6	91	2	14	122	4
7	92	3	15	125	4
8	94	3	16	126	4

(一)建立数据文件

定义三个变量 NO(编号,8,0)、DBP(舒张压,8,0)和 OS(夜间最低血氧含量分级,8,0)。录入数据,保存数据文件名为 rank correlation.sav(图 8-10)。

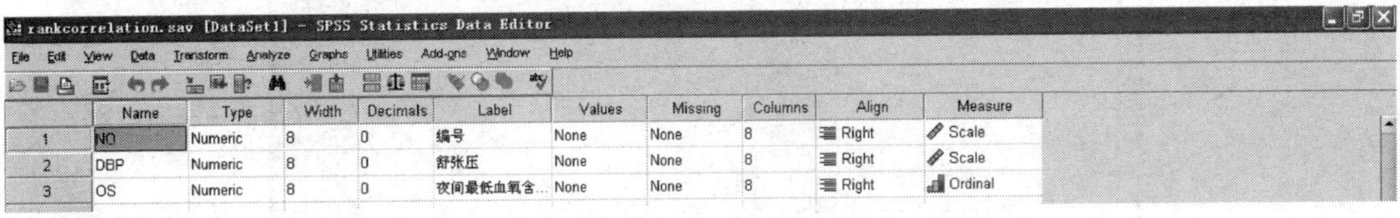

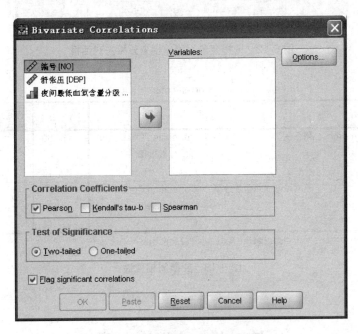

图 8-10　rank correlation.sav 变量编辑视窗

(二)操作过程

1. 打开数据文件 rank correlation.sav,按 Analyze → Correlate → Bivariate 顺序,弹出 Bivariate Correlation 主对话框(图 8-11)。

图 8-11　简单相关分析主对话框

2. 选择要分析的变量舒张压[DBP]、夜间最低血氧含量分级[OS]进入 Variables 框,选择分析项中 Spearman(系统会自动对两变量的值先求秩,再计算秩分数间的相关系数,如选 Kendall 项,计算方法相类似),显著性检验类型和相关显著性标记均默认,如图 8-12(Options 中,Means and standard deviviations、Cross-product deviations and covariances 未被激活,Missing Values 默认即可),其他均默认,单击 OK,输出结果。

(三)结果及分析

变量间相关性图 8-13。31~52 岁成年男子的舒张压(mmHg)与夜间最低血氧含量分级相关性有显著统计学意义,呈正相关($P=0.000$),相关系数是 0.926,即舒张压越大,夜间最低血氧含量分级越高或夜间最低血氧含量分级越高,舒张压越大。

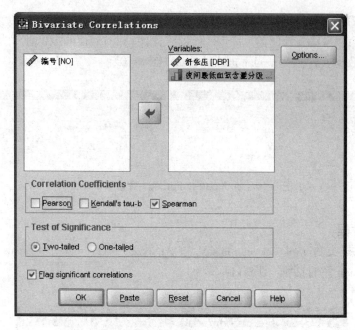

图 8-12　选择变量后简单相关分析主对话框

Correlations

			舒张压	夜间最低血氧含量分级
Spearman's rho	舒张压	Correlation Coefficient	1.000	.926**
		Sig. (2-tailed)	.	.000
		N	16	16
	夜间最低血氧含量分级	Correlation Coefficient	.926**	1.000
		Sig. (2-tailed)	.000	.
		N	16	16

**. Correlation is significant at the 0.01 level (2-tailed).

图 8-13　变量间相关性

（刘 堃　郭蕾蕾）

第二节　偏相关分析

　　简单相关分析是反映两个变量之间线性关系,但如果某两个变量之间的关系受多个变量的作用,简单相关分析就不能真实的反映它们之间的关系,如何剔除其他因素的影响后分析二者之间的相关关系,此时我们采用偏相关分析(Partial Analysis),它描述的是当控制了一个或多个其他变量的影响下,分析两个变量间的相关性。

　　例题 8-3　测得西藏那曲地区 14~18 岁的 440 名青少年体质发育项目的指标,腹围与胫骨点垂距,试用偏相关分析分析控制年龄因素后腹围与胫骨点垂距间的相关关系。

　　（一）建立数据文件

　　定义三个连续性变量,包括 year(年龄,8,0)、JGCJ(胫骨点垂距,8,2)、FW(腹围,8,2)。录入数据,保存数据文件名为 partial analysis.sav(图 8-14)。

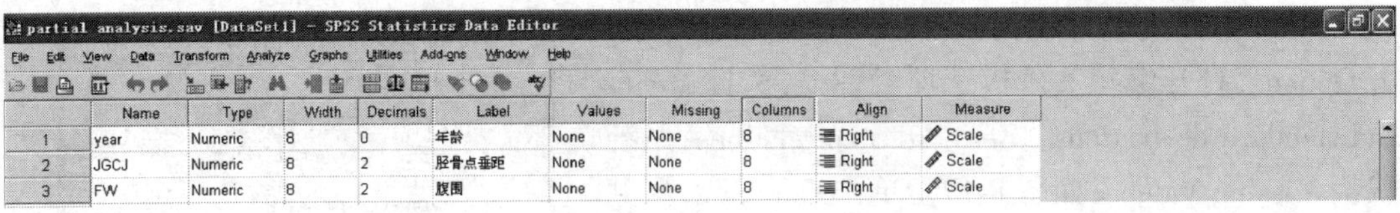

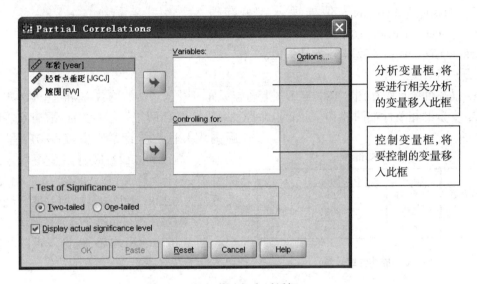

图 8-14 partial analysis.sav 变量编辑视窗

(二) 操作过程

1. 打开数据文件 partial analysis.sav,按 Analyze → Correlate → Partial 顺序,弹出 Partial Analysis 主对话框(图 8-15)。

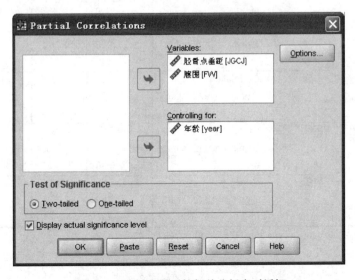

图 8-15 偏相关分析主对话框

2. 选择变量腹围[FW]、胫骨点垂距[JGCJ]进入 Variables 框,年龄[year]进入控制变量框,显著性检验类型和相关显著性标记均默认,如图 8-16。

图 8-16 选择变量后偏相关分析主对话框

Options：描述统计量与缺失值处理方法选项，单击 Options，打开偏相关分析选项对话框，选择 Means and standard devivations、Zero-order correlations，系统默认 Missing Values，如图 8-17。单击 Continue，回到偏相关分析主对话框，单击 OK，输出结果。

（1）Statistics 复选框：描述统计量复选框。① Means and standard devivations：输出每个变量的均数、标准差；② Zero-order correlations：零阶相关系数，显示所有变量之间简单相关系数矩阵。

（2）Missing Values：缺失值处理方式单选框。① Exclude cases pairwise：成对方式排除缺失值；② Exclude cases listwise：完全排除缺失值。

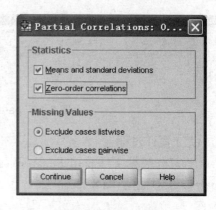

图 8-17　选项对话框

（三）结果及分析

1. 描述性统计量如图 8-18。显示了胫骨点垂距、腹围、年龄的均数、标准差、样本数。

2. 变量的相关性如图 8-19。胫骨点垂距、腹围、年龄两两之间的相关性：胫骨点垂距与腹围相关性有统计学意义（$P=0.01$），呈正相关，相关系数为 0.122；胫骨点垂距与年龄相关性有统计学意义（$P=0.004$），呈正相关，相关系数为 0.138；腹围与年龄相关性有统计学意义（$P=0.000$），呈正相关，相关系数为 0.345。当控制了年龄的影响后，胫骨点垂距与腹围相关性无统计学意义（$P=0.093$）。

Descriptive Statistics

	Mean	Std. Deviation	N
胫骨点垂距	41.6954	3.17587	440
腹围	68.5328	5.73863	440
年龄	16.0045	1.41098	440

图 8-18　描述性统计量

Correlations

Control Variables			胫骨点垂距	腹围	年龄
-none-[a]	胫骨点垂距	Correlation	1.000	.122	.138
		Significance (2-tailed)	.	.010	.004
		df	0	438	438
	腹围	Correlation	.122	1.000	.345
		Significance (2-tailed)	.010	.	.000
		df	438	0	438
	年龄	Correlation	.138	.345	1.000
		Significance (2-tailed)	.004	.000	.
		df	438	438	0
年龄	胫骨点垂距	Correlation	1.000	.080	
		Significance (2-tailed)	.	.093	
		df	0	437	
	腹围	Correlation	.080	1.000	
		Significance (2-tailed)	.093	.	
		df	437	0	

a. Cells contain zero-order (Pearson) correlations.

图 8-19　变量的相关性

（刘　堃　郭蕾蕾）

第三节 距 离 分 析

距离分析(distances analysis)是分析观测量之间或变量之间相似性或不相似程度的分析方法,是计算一对观测量或一对变量之间的广义距离,它给出各观测量或变量间距离的大小,以供我们自己判断其相似性。距离越大,一对观测量或一对变量之间越不相似,距离越小,一对观测量或一对变量之间越相似,这些相似性或距离测度可用于因子分析和聚类分析等。

例题 8-4　为研究女大学生个体间胸围(cm)的相似性,测得五名学生的胸围大小,试分析她们之间的相似性。

(一)建立数据文件

定义两个变量 NO(编号,8,0)、Bust(胸围,8,2),录入数据,保存数据文件名为 distances correlation.sav(图 8-20)。

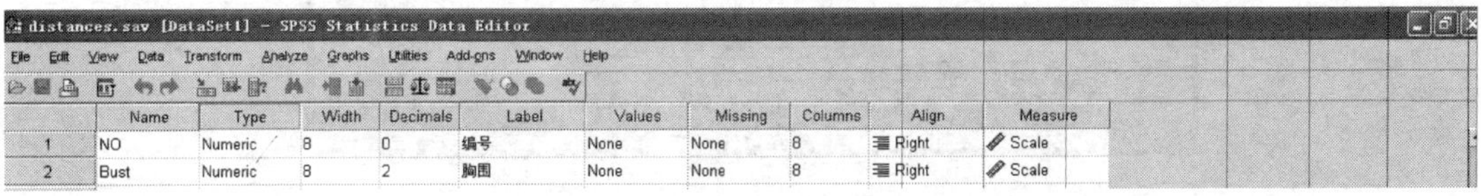

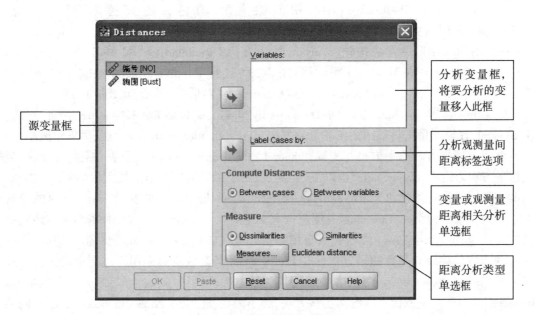

图 8-20　distances correlation.sav 变量编辑视窗

(二)操作过程

1. 打开数据文件 distances correlation.sav,按 Analyze → Correlate → Distances 顺序,弹出 Distances 主对话框(图 8-21)。

图 8-21　距离分析主对话框

2. 选择变量 Bust［胸围］进入分析变量框,默认选择 Between cases 观测量间距离分析、Dissimilarities 不相似性(图 8-22)。

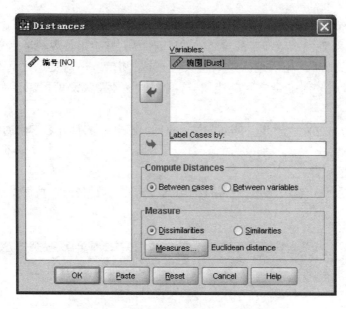

图 8-22　选择变量后距离分析主对话框

(1) Label Cases by:分析观测量间距离时,给出相应观测量上标签。

(2) Compute Distances：① Between case:观测量间距离分析;② Between variables:变量间距离分析。

(3) Measure：① Dissimilarities:不 相 似 性 测 距,值 越 大 距 离 越 远,越 不 相 似;② Similarities:相似性测距,值越大越相似。

(4) Measures:测距方法按钮,Measure 默认选择 Dissimilarities 后,单击 Measures 弹出 Distances:Dissimilarity Measures 对话框(图 8-23),选择 Euclidean distance 欧几里得距离测量,其他选项均默认,单击 Continue,回到 Distances 主对话框,单击 OK,输出结果。

Measures 选择 Dissimilarities 时,Dissimilarity Measures 对 话 框 中,Measure:测 距 方 法。① Interval:计量变量资料采用距离测量的方法,其中 Euclidean distance:欧几里得距离测量,以两变量差值平方和的平方根为距离;Squared Euclidean distance:欧氏平方距离,以两变量差值平方和为距离;Chebychev:切比雪夫距离,以两变量差值绝对值的最大值为距离;Block:以两变量差值绝对值之和为距离;Minkowski:闵可夫斯基距离,以两变量差值 p 次幂的绝对值之和的 p 次根为距离;Customized:用户自定义距离。② Counts:计数变量资料采用距离测量的方法,其中 Chi-square measure:卡方值测量方法;Phi-square measure:Ψ^2 值测量方法,它的值为卡方值除以总频数的平方根。③ Binary:二分类变量资料采用距离测量的方法。提供了 Euclidean distance(二分类变量欧氏距离测量方法,最小为 0,无上限)、Squared Euclidean distance(二分类变量欧氏平方距离测量方法,最小为 0,无上限)、Size difference(大小不同的值测量方法,最小为 0,无上限)、Pattrern difference(值分布在 0~1 的不相似性测距)、Variance(方差测距方法,最小为 0,无上限)等 7 种不相似性测距方法。

Measures 选择 Similarities 时,Similarity Measures 对话框中(图 8-24),Measure:测距方法。

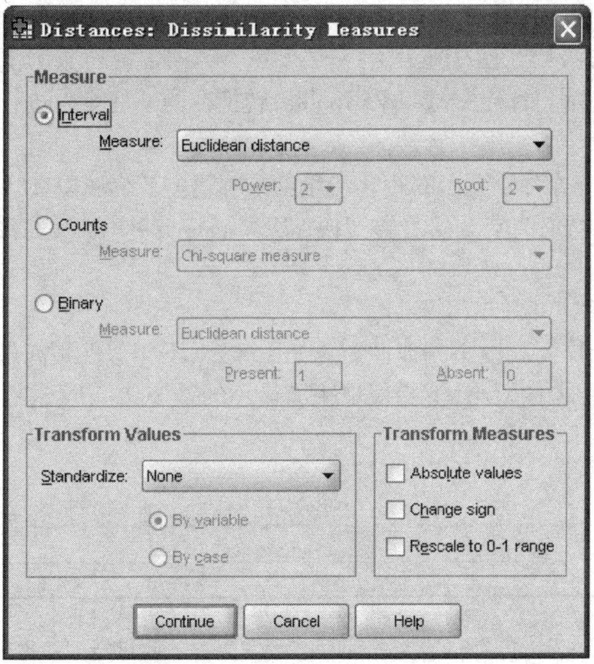

图 8-23 Distances：Dissimilarity Measures 对话框

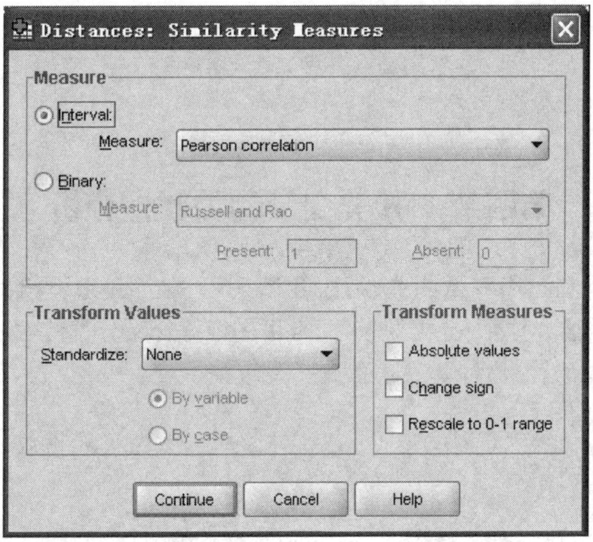

图 8-24 Distances：Similarity Measures 对话框

① Interval：计量变量资料采用距离测量的方法，其中 Pearson correlation：Pearson 相关系数法，以变量值向量间相关系数为距离；Cosine：余弦法，以变量矢量的余弦值为距离。② Binary：二分类变量资料采用距离测量的方法。提供了 Russell and Rao（二分点乘积配对系数测度）、simple matching（简单匹配相似性测度）、Jaccard（杰卡德相似性系数测度）等 20 种相似性距离测度的方法，默认的 Russell and Rao（以二分点乘积配对系数）较常用。

Transform Values：变量标准化转换项。① None：不转换；② Z-Scores：Z 得分转换；

③ Range −1 to 1：将数据范围转化为 −1~1；④ Range 0 to 1：将数据范围转化为 0~1；⑤ Maximum magnitude of 1：最大值为 1 的转换；⑥ Mean of 1：均数为 1 的转换；⑦ Standard deviation of 1：标准差为 1 的转换；⑧ By variable：转换在同一变量内进行；⑨ By case：转换在同一观测量内进行。

　　Transform Measures：对计算出的距离测量的指标进一步转换。① Absolute：先计算绝对值再变换；② Change sign：先更改符号再变换；③ Rescale to 0-1 range：将数据范围转化为 0~1 后再转换。

(三) 结果及分析

　　五名女大学生个体间胸围不相似性矩阵如图 8-25，不相似性距离最大的为 1 和 4，欧式距离为 11.900，它们相关性较小；不相似性距离最小的是 5 和 1，欧式距离为 0.6000，它们相关性较大。

Proximity Matrix

	Euclidean Distance				
	1	2	3	4	5
1	.000	7.400	1.800	11.900	.600
2	7.400	.000	5.600	4.500	6.800
3	1.800	5.600	.000	10.100	1.200
4	11.900	4.500	10.100	.000	11.300
5	.600	6.800	1.200	11.300	.000

This is a dissimilarity matrix

图 8-25　不相似性距离矩阵

（刘　堃　郭蕾蕾）

第四节　分类变量的关联性分析

　　对两个定量变量和有序变量的关联性，我们采用 Pearson 积矩相关、Kendall's 相关或 Spearman 秩相关来描述；对两个分类变量，通常可先根据交叉分类计数所得的列联表进行两种属性独立性的 χ^2 检验，然后计算关联系数。

　　关联系数：$r = \sqrt{\dfrac{\chi^2}{\chi^2 + n}}$，其中，$\chi^2 = \sum \dfrac{(A - T)^2}{T}$（$A$ 为实际频数，T 为理论频数），n 为样本总数。

　　例题 8-5　某医院用两种方法对已确诊的 52 名乳腺癌患者进行检查，两种检查方法是否有关联。

(一) 建立数据文件

　　定义三个变量：两个分类变量 A（甲法，8，0）、B（乙法，8，0）和数值变量 count（人数，8，0），对分类变量 A、B 分别进行分类赋值：1= "+"，2= "−"，录入数据，保存数据文件名为 crosstabs correlation.sav（图 8-26）。

	Name	Type	Width	Decimals	Label	Values	Missing	Columns	Align	Measure
1	A	Numeric	8	0	甲法	{1, +}...	None	8	Right	Nominal
2	B	Numeric	8	0	乙法	{1, +}...	None	8	Right	Nominal
3	count	Numeric	8	0	人数	None	None	8	Right	Scale

图 8-26 crosstabs correlation.sav 变量编辑视窗

(二) 操作过程

1. 打开数据库 crosstabs correlation.sav,人数变量加权:按 Data → Weight case → Weight case by 顺序,选入人数[count]进入变量加权框(图 8-27),单击 OK,返回数据库主界面。

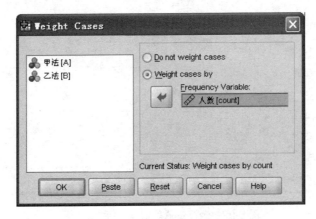

图 8-27 人数变量加权对话框

2. 按 Analyze → Descriptive Statistics → Crosstabs 顺序,弹出 Crosstabs 主对话框(图 8-28)。

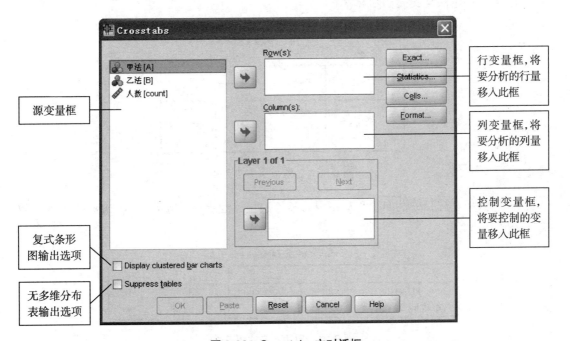

图 8-28 Crosstabs 主对话框

3. 选择变量乙法[B]进入 Row(s)框,甲法[A]进入 Column(s)框,如图 8-29。Statistics 对话框中,Nominal 栏选择 Contingency coefficient,其他选项均默认,单击 Continue,回到 Crosstabs 主对话框,单击 OK,输出结果。

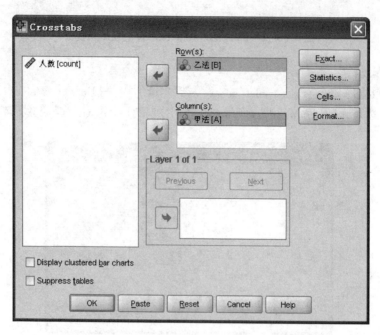

图 8-29　选择变量后相关分析主对话框

(三) 结果及分析

1. 乙法和甲法交叉表如图 8-30。

乙法 * 甲法 Crosstabulation

Count

		甲法		
		+	-	Total
乙法	+	19	8	27
	-	7	18	25
Total		26	26	52

图 8-30　乙法 * 甲法交叉表

2. 甲法和乙法相关性如图 8-31。甲法和乙法相关性统计学有差异($P=0.002$),列联系数为 0.390。

Symmetric Measures

		Value	Approx. Sig.
Nominal by Nominal	Contingency Coefficient	.390	.002
N of Valid Cases		52	

图 8-31　甲法 * 乙法相关性

(刘　堃　郭蕾蕾)

第九章

因 子 分 析

因子分析（factor analysis）是从多个实测的原变量中提取出少数的、互不相关的、抽象的综合指标，即因子（factor），每个原变量可用这些提取出的公共因子的线性组合表示，它可以将多变量简化，归纳出潜在的类别，相关性较强的指标归为一类，每一类指标代表一个共同的因子。

假设：原始变量：X_1、X_2、X_3、X_4……X_m，主成分：Z_1、Z_2、Z_3、Z_4……Z_n，可将各因子与原始变量之间的关系表示成：

$$X_1=b_{11}Z_1+b_{12}Z_2+b_{13}Z_3\cdots\cdots+b_{1n}Z_n+e_1$$
$$X_2=b_{21}Z_1+b_{22}Z_2+b_{23}Z_3\cdots\cdots+b_{2n}Z_n+e_2$$
$$X_3=b_{31}Z_1+b_{32}Z_2+b_{33}Z_3\cdots\cdots+b_{3n}Z_n+e_3$$
$$\cdots\cdots$$
$$X_m=b_{m1}Z_1+b_{m2}Z_2+b_{m3}Z_3\cdots\cdots+b_{mn}Z_n+e_n$$

其中 $b_{1n}\sim b_{mn}$ 为公因子负荷系数，$e_1\sim e_n$ 为特殊因子即不能被公因子所解释的特征。

写成矩阵形式为：$X=BZ+E$。其值 X 为原始变量向量，B 为公因子负荷系数矩阵，Z 为因子向量，E 为残差向量。公因子 Z_1、Z_2、$Z_3\cdots Z_n$ 之间彼此不相关，称为正交模型，因子分析的任务就是求出公因子负荷系数和残差。

因子分析可以解决以下问题：

● 共线性问题：利用主成分分析提取主要信息，采用主成分代替原变量，解决共线性问题。

● 问卷结构效度评价：通过提取的因子，评价问卷的结构效度。

● 为聚类分析提供基础，在因子分析的基础上，可以对数据进一步发掘，进行聚类分析。

例题 9-1　测得西藏那曲地区 14~18 岁的 440 名青少年体质发育项目的指标，项目包括身高、体重、坐高、足高、胫骨点垂距、髂前棘点垂距、肱骨径、股骨间径、手长、掌长、手宽、肱二头肌皮褶、肱三头肌皮褶、肩胛下皮褶、髂前上棘皮褶、小腿皮褶、上臂围、臀围、胸围、腹围、小腿围（见数据文件 factor analysis.sav），试采用因子分析的方法，对 21 项体质项目进行归类分析。

（一）操作过程

1. 打开数据库 factor analysis. sav，按 Analyze → Dimension Reduction → Factor 顺序，弹出 Factor Analysis（因子分析）主对话框（图 9-1）。

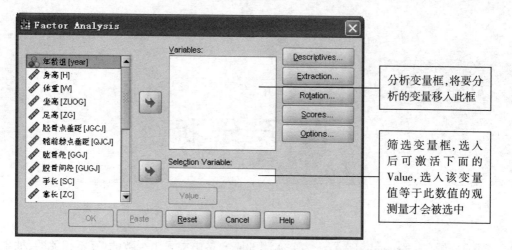

图 9-1   因子分析主对话框

（1）Descriptives：单击此按钮后弹出 Descriptives 子对话框（图 9-2）。

1）Statistics：常用描述统计。① Univariate descriptives：单变量的描述性统计量，包括均数、标准差、样本量；② Initial solution：原始分析结果，包括：原始变量的公因子方差，与变量相同的因子数目，因子的特征根及所占的百分比和累计百分比，系统默认选择此项。

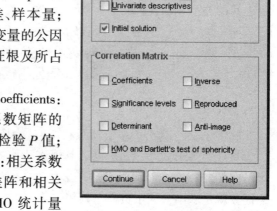

图 9-2   Factor Analysis：Descri... 对话框

2）Correlation Matrix：相关矩阵。① Coefficients：变量间的相关系数矩阵；② Inverse：相关系数矩阵的逆矩阵；③ Signficance levels：变量相关系数检验 P 值；④ Reproduced：再生相关矩阵；⑤ Determinant：相关系数矩阵的行列式；⑥ Anti-image：反应项协方差阵和相关阵；⑦ KMO and Bartlett's test of sphericity：KMO 统计量和 Bartlett 球形检验。

（2）Extraction：单击此按钮后弹出 Extraction 子对话框（图 9-3）。

1）Method：公因子提取方法，① Principal components：主成分分析法，系统默认，它从变量变异出发，解释主成分；② Unweighted least squares：不加权最小平方法，采用观测的和再生的矩阵之差的最小平方；③ Generalized least squares：用变量的单值加权，使观测的和再生的相关矩阵之差的平方最小；④ Maximum likelihood：最大似然法；⑤ Principal axis factoring：公因子分析法，从变量的相关性出发，使变量的相关程度尽量被公因子所解释；⑥ Alpha factoring：Alpha 因子提取法；⑦ Image factoring：映像因子提取法，据变量映像概念提取公因子。

2）Analyze：变量间分析方法。① Correlation matrix：相关性矩阵；② Covariance matrix：协方差矩阵。

3）Display：输出内容。① Unrotated factor：未经旋转变换的因子提取结果；② Scree plot：碎石图，显示各因子重要的常规难度，横坐标表示因子序号，纵坐标表示特征根大小，可以直

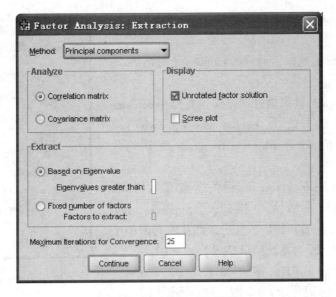

图 9-3　Extraction 子对话框

观地看到主要因子。

　　4）Extract：公因子提取标准。① Based on Eigenvalue：基于特征值提取（Eigenvalues greater than：特征值大于某值为标准，系统默认为 1）；② Fixed number of factors：因子固定数（Factors to extract：自定义提取因子数）。

　　5）Maximum Iterations for Convergence：计算时最大迭代次数，系统默认为 25 次。

　　（3）Rotation：单击此按钮后弹出 Rotation 子对话框（图 9-4）。

　　1）Method：旋转方法。① None：无旋转；② Quartimax：四次方最大正交旋转；③ Varimax：方差最大法旋转，正交法中最常用；④ Equamax：平均正交旋转；⑤ Direct Oblimin：直接斜交转轴法，使因素负荷量的差积最小化；⑥ Promax：最常用的一种斜交旋转，将直交转轴的结果再进行相关的斜交转轴。

图 9-4　Rotation 子对话框

　　2）Display：输出和因子旋转有关的结果。① Rotated solution：输出主成分旋转矩阵，系统默认；② Loading plot(s)：输入载荷图。

　　（4）Scores：单击此按钮后弹出 Scores 子对话框（图 9-5）。

　　1）Save as variable：将未经标准化处理的因子得分载入文件。

　　2）Method：选择计算因子得分的方法。① Regression：回归法，系统默认。② Bartlett：巴特利特法。③ Anderson-Rubin：安德森 - 鲁宾法。

图 9-5　Scores 子对话框

3）Display factor score coefficient matrix：输出标准化的得分系数。

（5）Options：单击此按钮后弹出 Options 子对话框（图9-6）。

1）Missing Values：缺失值处理方式。① Exclude cases listwise：完全排除缺失值；② Exclude cases pairwise：成对方式排除缺失值；③ Replace with mean：采用均数替代。

2）Coefficient Display Format：相关系数显示格式。① Sorted by size：按系数大小排列；② Suppress small coefficients：Absolute value below：自定义那些绝对值小于某值的相关系数不显示，系统默认临界值为 0.10。

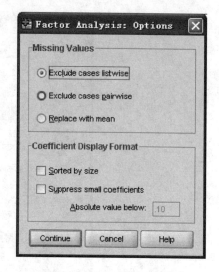

图 9-6　Options 子对话框

2. 选择变量身高［H］、体重［W］、坐高［ZUOG］、足高［ZG］、胫骨点垂距［JGCJ］、髂前棘点垂距［QJCJ］、肱骨径［GGJ］、股骨间径［GUGJ］、手长［SC］、掌长［ZC］、手宽［SK］、肱二头肌皮褶［G2PZ］、肱三头肌皮褶［G3PZ］、肩胛下皮褶［JJPZ］、髂前上棘皮褶［QJPZ］、小腿皮褶［XTPZ］、上臂围［SBW］、臀围［TW］、胸围［XW］、腹围［FW］、小腿围［XTW］进入分析变量框（图 9-7）。

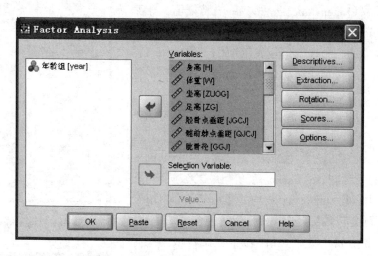

图 9-7　选择变量后因子分析主对话框

- Descriptives 子对话框处选择 ☑Univariate descriptives，☑ Initial solution（系统默认），☑ KMO and Bartlett's test of sphericity。
- Extraction 子对话框处选择 ☑ Principal components（系统默认），☑ Correlation matrix（系统默认），☑ Unrotated factor（系统默认），☑ Scree plot。
- Rotation 子对话框处选择 ☑ Varimax，☑ Rotated solution（系统默认）。
- Scores 子对话框处选择 ☑ Display factor score coefficient matrix。
- Options 子对话框处选择 ☑ Sorted by size（按系数大小排列）。

其他均默认，单击 OK，输出结果。

(二) 结果及分析

1. 描述性统计量如图 9-8。显示了 21 个变量的均数、标准差、样本数。因默认采用成对方式排除缺失值，排除后还剩 438 个样本。

Descriptive Statistics

	Mean	Std. Deviation	Analysis N
身高	158.0934	7.57815	438
体重	48.7547	7.04429	438
坐高	83.8504	4.29934	438
足高	6.5722	.79902	438
胫骨点垂距	41.7041	3.17148	438
髂前棘点垂距	89.0653	4.53357	438
肱骨径	5.9152	.51415	438
股骨间径	8.3402	.58609	438
手长	17.7190	1.04622	438
掌长	10.3509	.73708	438
手宽	7.7535	.50717	438
肱二头肌皮褶	5.5310	2.64864	438
肱三头肌皮褶	11.7929	5.74537	438
肩胛下皮褶	10.9483	4.40681	438
髂前上棘皮褶	9.6572	4.23784	438
小腿皮褶	10.8645	5.19185	438
上臂围	25.3562	2.57812	438
臀围	85.0662	5.58174	438
胸围	79.8487	5.90922	438
腹围	68.5366	5.74997	438
小腿围	32.0534	2.40144	438

图 9-8　描述性统计量

2. KMO 法和 Bartlett 球形检验如图 9-9。通过 KMO 法和 Bartlett 球形检验可以确认资料是否适用于因子分析。KMO 检验的目的是分析各变量之间的简单相关系数和偏相关系数的相对大小，KMO 取值在 0~1 之间，其值越大，因子分析效果越好，一般 KMO>0.9 做因子分析效果最理想，KMO<0.5 则不宜做因子分析。此资料 KMO 值 0.918，做因子分析效果较为理想。Bartlett 球形检验是确定相关矩阵是否为单位矩阵（原假设为相关矩阵为单位阵）的指标，此资料的 Bartlett 球形检验的值为 9816.476（$P<0.01$，0.01 检验水平），拒绝原假设，相关矩阵不是单位阵，变量间存在相互联系，可以进行因子分析。

KMO and Bartlett's Test

Kaiser-Meyer-Olkin Measure of Sampling Adequacy.		.918
Bartlett's Test of Sphericity	Approx. Chi-Square	9816.476
	df	210
	Sig.	.000

图 9-9　KMO 法和 Bartlett 球形检验

3. 提取的公因子方差比例如图 9-10。通过主成分法提取的公因子方差,表示变量中信息被提取的比例,从表中可以看出:身高、体重、手长、肱二头肌皮褶、肱三头肌皮褶、肩胛下皮褶、髂前上棘皮褶、小腿皮褶信息提取在 80% 以上,比较充分,而坐高、足高、胫骨点垂距、髂前棘点垂距、肱骨径、股骨间径、掌长、手宽、上臂围、臀围、胸围、腹围、小腿围在 80% 以下。

4. 提取的主成分如图 9-11。表中列出了所有的主成分,它们的特征值(从大到小依次排列)、提取的比例、提取的累计比例、旋转前因子载荷、旋转前累计载荷、旋转后因子载荷、旋转后累计载荷,从中可以看出提取三个公因子:旋转前因子方差贡献率分别是:39.272%、30.493%、5.379%,旋 转 后 分 别 是:25.653%、25.470%、24.021%。

5. 碎石图如图 9-12。碎石图是按特征根大小排列的主成分散点图,横坐标是主成分个数,纵坐标是特征值,从图中可以看出:1 与 2、2 与 3 之间特征值变化比较大,初步显示提取三个公因子。

6. 因子负荷矩阵如图 9-13。因子负荷矩阵反映了变量的变异可以主要由哪些因子解释,通过因子负荷矩阵中的系数可以给出各变量因子的表达式,如身高 $=0.911 \times Component1 - 0.106 \times Component2 + 0.084 \times$

Communalities

	Initial	Extraction
身高	1.000	.848
体重	1.000	.923
坐高	1.000	.693
足高	1.000	.526
胫骨点垂距	1.000	.608
髂前棘点垂距	1.000	.703
肱骨径	1.000	.714
股骨间径	1.000	.515
手长	1.000	.820
掌长	1.000	.718
手宽	1.000	.740
肱二头肌皮褶	1.000	.829
肱三头肌皮褶	1.000	.887
肩胛下皮褶	1.000	.859
髂前上棘皮褶	1.000	.819
小腿皮褶	1.000	.818
上臂围	1.000	.728
臀围	1.000	.796
胸围	1.000	.794
腹围	1.000	.745
小腿围	1.000	.696

Extraction Method: Principal Component Analysis.

图 9-10 公因子方差比例

Total Variance Explained

Component	Initial Eigenvalues			Extraction Sums of Squared Loadings			Rotation Sums of Squared Loadings		
	Total	% of Variance	Cumulative %	Total	% of Variance	Cumulative %	Total	% of Variance	Cumulative %
1	8.247	39.272	39.272	8.247	39.272	39.272	5.387	25.653	25.653
2	6.403	30.493	69.765	6.403	30.493	69.765	5.349	25.470	51.123
3	1.130	5.379	75.144	1.130	5.379	75.144	5.044	24.021	75.144
4	.855	4.070	79.214						
5	.636	3.030	82.245						
6	.531	2.530	84.774						
7	.458	2.179	86.953						
8	.405	1.928	88.882						
9	.312	1.484	90.365						
10	.286	1.362	91.727						
11	.269	1.279	93.005						
12	.248	1.179	94.184						
13	.228	1.084	95.268						
14	.209	.994	96.262						
15	.181	.860	97.123						
16	.149	.710	97.832						
17	.124	.592	98.424						
18	.111	.528	98.952						
19	.093	.444	99.396						
20	.080	.381	99.777						
21	.047	.223	100.000						

Extraction Method: Principal Component Analysis.

图 9-11 主成分列表

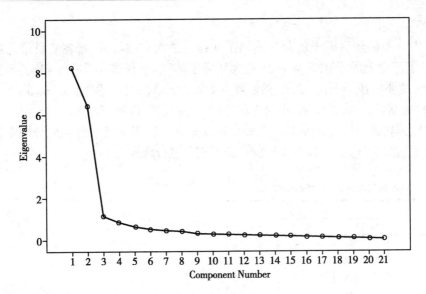

图 9-12 碎石图

Component Matrix[a]

	Component		
	1	2	3
身高	.911	-.106	.084
手宽	.850	-.115	-.064
手长	.827	-.080	.361
坐高	.817	.045	-.154
肱骨径	.812	-.234	-.022
体重	.786	.532	-.149
髂前棘点垂距	.768	-.091	.323
股骨间径	.710	-.076	.070
掌长	.684	.006	.500
胫骨点垂距	.683	-.212	.311
上臂围	.577	.541	-.321
足高	.569	-.198	-.404
肩胛下皮褶	-.187	.907	.037
髂前上棘皮褶	-.209	.871	.130
肱三头肌皮褶	-.378	.848	.157
肱二头肌皮褶	-.329	.814	.243
臀围	.423	.784	-.049
小腿皮褶	-.415	.775	.212
腹围	.402	.759	-.088
胸围	.492	.717	-.194
小腿围	.545	.612	-.154

Extraction Method: Principal Component Analysis.

a. 3 components extracted.

图 9-13 因子负荷矩阵

Component3。

7. 最大方差旋转后因子负荷矩阵如图 9-14。最大方差旋转后，各变量信息提取较为充分，提取了三个公因子，Component1 主要解释了体重、上臂围、胸围、小腿围、臀围、腹围，Component2 主要解释了手长、掌长、髂前棘点垂距、身高、胫骨点垂距，Component3 主要解释了肱二头肌皮褶、肱三头肌皮褶、小腿皮褶、髂前上棘皮褶、肩胛下皮褶。

8. 主成分转换矩阵如图 9-15。主成分转换矩阵反映了旋转前后主成分间系数对应的关系，因此通过转换矩阵，可以对旋转前后的主成分进行转换。

Rotated Component Matrix[a]

	Component		
	1	2	3
体重	.848	.448	.050
上臂围	.834	.178	.035
胸围	.831	.175	.269
小腿围	.771	.252	.192
臀围	.758	.207	.423
腹围	.751	.169	.390
坐高	.556	.521	-.334
手长	.201	.870	-.151
掌长	.103	.840	.041
髂前棘点垂距	.183	.802	-.159
身高	.381	.761	-.352
胫骨点垂距	.066	.743	-.228
肱骨径	.304	.632	-.472
手宽	.423	.621	-.418
股骨间径	.299	.595	-.267
肱二头肌皮褶	.210	-.185	.866
肱三头肌皮褶	.252	-.281	.863
小腿皮褶	.155	-.267	.850
髂前上棘皮褶	.372	-.172	.807
肩胛下皮褶	.458	-.218	.776
足高	.402	.199	-.570

Extraction Method: Principal Component Analysis.
Rotation Method: Varimax with Kaiser Normalization.

a. Rotation converged in 6 iterations.

图 9-14 旋转后因子负荷矩阵

Component Transformation Matrix

Component	1	2	3
1	.543	.764	-.347
2	.639	-.109	.761
3	-.544	.636	.548

Extraction Method: Principal Component Analysis.
Rotation Method: Varimax with Kaiser Normalization.

图 9-15 主成分转换矩阵

9. 标准化的因子得分系数矩阵如图 9-16。通过标准化的因子得分系数矩阵可以给出主成分关于各个变量的线性组合式，据此进一步进行聚类分析，如 Component1=0.009 × 身高 +0.177 × 体重 +0.133 × 坐高 +0.212 × 足高 −0.126 × 胫骨点垂距 −0.114 × 髂前棘点垂距 +0.041 × 肱骨径 +0.006 × 股骨间径 −0.127 × 手长 −0.195 × 掌长 +0.075 × 手宽 −0.057 × 肱二头肌皮褶 −0.016 × 肱三头肌皮褶 +0.060 × 肩胛下皮褶 +0.011 × 髂前上棘皮褶 −0.052 × 小腿皮褶 +0.247 × 上臂围 +0.130 × 臀围 +0.197 × 胸围 +0.145 × 腹围 +0.171 × 小腿围。

Component Score Coefficient Matrix

	Component		
	1	2	3
身高	.009	.134	-.010
体重	.177	-.020	-.042
坐高	.133	-.012	-.104
足高	.212	-.172	-.244
胫骨点垂距	-.126	.242	.097
髂前棘点垂距	-.114	.255	.114
肱骨径	.041	.067	-.073
股骨间径	.006	.106	-.005
手长	-.127	.281	.131
掌长	-.195	.345	.214
手宽	.075	.045	-.081
肱二头肌皮褶	-.057	.092	.228
肱三头肌皮褶	-.016	.039	.193
肩胛下皮褶	.060	-.012	.134
髂前上棘皮褶	.011	.039	.175
小腿皮褶	-.052	.068	.212
上臂围	.247	-.137	-.116
臀围	.130	-.002	.052
胸围	.197	-.076	-.029
腹围	.145	-.025	.031
小腿围	.171	-.046	-.025

Extraction Method: Principal Component Analysis.
Rotation Method: Varimax with Kaiser Normalization.

图 9-16 标准化的因子得分系数矩阵

Component Score Covariance Matrix

Component	1	2	3
1	1.000	.000	.000
2	.000	1.000	.000
3	.000	.000	1.000

Extraction Method: Principal Component Analysis.
Rotation Method: Varimax with Kaiser Normalization.

图 9-17 主成分得分的协方差矩阵

10. 主成分得分的协方差矩阵如图 9-17。旋转后，Component1、Component2、Component3 完全不相关。

（刘堃 张林）

第十章

聚类与判别分析

聚类分析是按"物以类聚"的原则,将特征相近的观测单位或变量进行分类处理,它们是分析研究对象分类的基本方法,聚类分析对没有分类的资料按照相似度情况进行分析归类,具有探索性;而判别分析,是对已知分类情况进行分析归类,判别所属类型。

第一节 两步聚类分析

两步聚类分析(TwoStep Cluster Analysis)是针对分类变量和连续变量进行分类处理的方法,此方法具有自动决定最佳分类数、快速处理大数据集、模型稳健的特点,但处理的变量间彼此必须独立、分类变量服从多项分布、连续变量服从正态分布。

例题 10-1 利用数据文件 factor analysis.sav 和因子分析的结果,进一步进行相关变量的两步聚类分析。

(一) 操作过程

1. 打开数据库 factor analysis.sav,单击 Analyze→Classify→TwoStep Cluster 弹出 TwoStep Cluster Analysis(两步聚类分析)主对话框(图 10-1)。

(1) Distance Measure:距离度量。①Log-likelihood:对数似然估计量。②Euclidean:欧式距离。

(2) Count of Continuous Variables:连续变量计数。①To be Standardized:要标准化的系数。②Assumed Standardized:假定标准化系数。

(3) Number of Clusters:聚类数。①Determine automatically:自动确定(Maximum:最大值)。②Specify fixed:指定固定值(Number:数值)。

(4) Clustering Criterion:聚类准则。①Schwarz's Bayesian Criterion(BIC):施瓦兹贝叶斯准则。②Akaike's Information Criterion(AIC):赤池信息量准则。

(5) Option:选项,单击此按钮后弹出 Option 子对话框(图 10-2)。

1) Outlier Treatment:离群值处理。Use noise handling:将离群点另列一类,选定此项后激活 Percentage。

2) Memory Allocation:指定聚类算法应用的最大内存,系统默认 Maximum(最大值)64MB(兆)。

3) Standardization of Continuous Variables:连续变量的标准化,Assumed Standardized(假定已标准化的变量)和 To be Standardized(将要标准化的变量)。

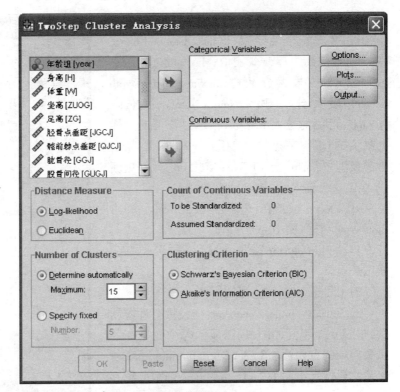

图 10-1 两步聚类分析主对话框

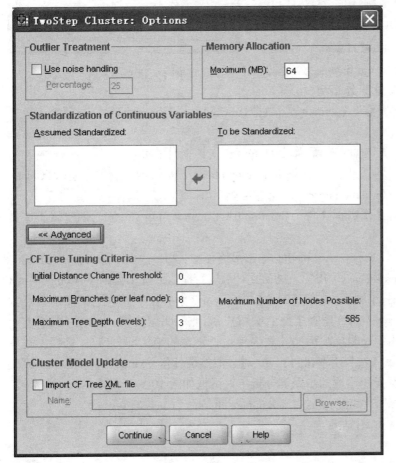

图 10-2 Option 子对话框

4) Advanced：高级选项。①CF Tree Tuning Criteria：聚类特征树定义；Initial Distance Change Threshold：初始距离改变阈值；Maximum Branches (per leaf node)：最大分叉树；Maximum Tree Depth (levels)：最大分类数；Maximum Number of Nodes Possible：可能的最大节点数，指示过程可能生成的最大的 CF 树节点数。②Cluster Model Update：聚类模型更新，Import CF Tree XML file：允许更新以 XML 文件输入 CF 树。

(6) Plots：绘图输出选项，单击此按钮后弹出 Plots 子对话框（图 10-3）。

1) Within cluster percentage chart：聚类百分比图。

2) Cluster pie chart：聚类饼图。

3) Variable Importance Plot：变量重要性绘制图，显示几个不同的图，用以显示每个变量在各个聚类中的重要性。Rank of variable importance：变量重要性等级。①Rank Variables：确定变量等级。By cluster：为每个聚类创建图；By variable：为每个变量创建图。②Importance Measure：变量重要性度量。Chi-squre or t-test of significance：显著性的卡方检验或 t 检验；Significance：显著性；Confidence level：聚类中变量的分布与变量总分

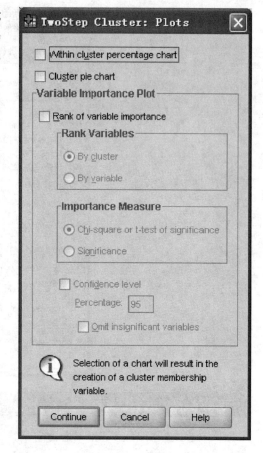

图 10-3　Plot 子对话框

布之间的等同性检验设置置信度（percentage：百分比，Omit insignificant variables：忽略不重要的变量）。

(7) Output：输出选项，单击此按钮后弹出 Output 子对话框（图 10-4）。

1) Statistics：统计量复选框。①Descriptives by cluster：按聚类进行描述；②Cluster frequencies：聚类频率；③Information criterion：信息准则（BIC 或 AIC）。

2) Working Data File：工作数据文件。Create cluster membership variable：创建聚类成员变量。

3) XML：XML 文件。①Export final model：输出最终模型；②Export CF tree：输出 CF 树。

2. 数据文件 factor analysis.sav 的因子分析的结果显示：提取了三个公因子，Component 1 解释了体重、上臂围、胸围、小腿围、臀围、腹围，Component 2 解释了手长、掌长、髂前棘点垂距、身高、胫骨点垂距，Component 3 解释了肱二头肌皮褶、肱三头肌皮褶、小腿皮褶、髂前上棘皮褶、肩胛下皮褶，上述变量能反映那曲儿童少年生长发育的绝大部分信息，选择上述变量进入变量框，距离度量默认选择 Log-likelihood（对数似然估计量），Number of Clusters（聚类数）自动确定最大值 15，选择变量后两步聚类分析主对话框如图 10-5。

Plots 子对话框处选择 ☑ Within cluster percentage chart，☑ Cluster pie chart。

其他均默认，单击 OK，输出结果。

图 10-4　Output 子对话框

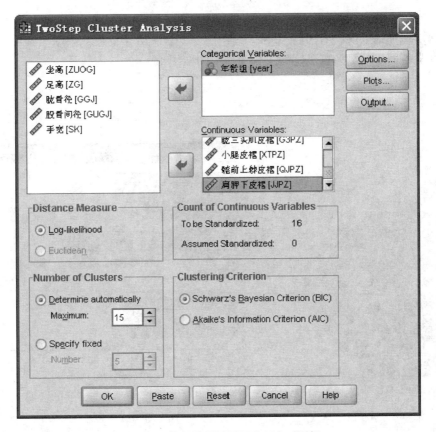

图 10-5　选择变量后因子分析主对话框

（二）主要结果及分析

1. 各观测量在各类的频数分布如图 10-6。

Cluster Distribution

		N	% of Combined	% of Total
Cluster	1	128	29.1%	29.1%
	2	166	37.7%	37.7%
	3	146	33.2%	33.2%
	Combined	440	100.0%	100.0%
Total		440		100.0%

图 10-6   各类的频数分布及百分比

2. 不同年龄组各类的频数分布如图 10-7。

年龄组

		14岁		15岁		16岁		17岁		18岁	
		Frequency	Percent	Frequency	Percent	Frequency	Percent	Frequency	Percent	Frequency	Percent
Cluster	1	60	67.4%	54	64.3%	11	12.5%	3	3.2%	0	.0%
	2	24	27.0%	30	35.7%	35	39.8%	38	40.4%	39	45.9%
	3	5	5.6%	0	.0%	42	47.7%	53	56.4%	46	54.1%
	Combined	89	100.0%	84	100.0%	88	100.0%	94	100.0%	85	100.0%

图 10-7   不同年龄组各类的频数分布

3. 两步聚类结果饼状图如图 10-8。从图中可以看出 16 个体质测量项目聚成三大类。

4. 各类不同年龄组的百分比构成分布条形图如图 10-9。

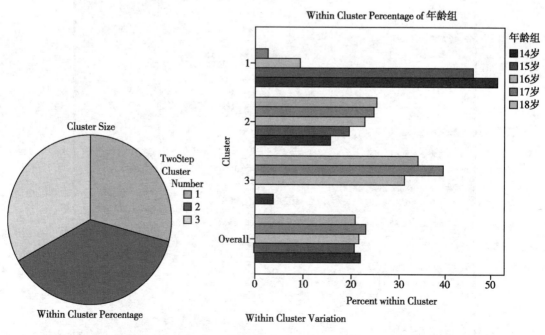

图 10-8   饼状图

图 10-9   条形图

（刘 堃   张 林）

第二节　快速样本聚类分析

快速样本聚类分析（K-Means Cluster Analysis）是对观测量进行快速聚类的方法，适合大样本的聚类分析，具有计算速度快，占用内存小的特点，一般样本量大于100，可考虑使用，但不能对变量进行聚类，且聚类分析的变量须是连续性变量。

例题 10-2　利用数据文件 factor analysis.sav 和因子分析的结果，对观测量进行快速聚类分析。

（一）操作过程

1. 打开数据文件 factor analysis.sav，按 Analyze→Classify→K-Means Cluster 顺序，弹出 K-Means Cluster Analysis（快速聚类分析）主对话框（图 10-10）。

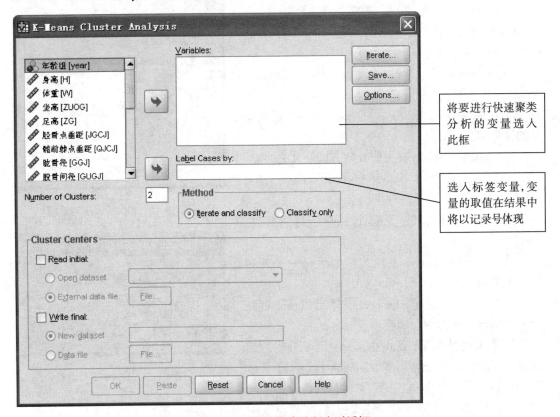

图 10-10　快速聚类分析主对话框

（1）Method：聚类方法选择。

1）Iterate and classify：以初始类为中心，在迭代的过程中，使用 K-Means 算法不断更换聚类中心，把观测变量分派到与之最近的以类为中心为标志的类中去。

2）Classify only：使用初始聚类中心对观测变量进行分类。

（2）Cluster Centers：类中心数据的输入与输出。

1）Read initial：使用指定数据文件中的观测变量作为初始类的中心（Open dataset：打开数据库所在位置，External data file：外部数据文件）。

2）Write final：写入最终聚类中心（New dataset：新数据库，Data file：数据文件）。

（3）Iterate：单击此按钮后弹出 Iterate 子对话框（图 10-11）。

1）Maximum Iterations：K-Means 算法的迭代次数，默认为 10。

2）Convergence Criterion：指定聚类判别依据，值必须大于 0 而小于 1，系统默认为 0.02，但显示为 0，当类中心距离变化的最大值小于最小的初始类中心坐标值的 2% 时，迭代停止。

3）Use running means：默认所有观测量都有了分类结果后才重新计算类的中心位置，如果选中则程序在确定每一个观测量的分类后，就立即计算新的类中心，选中此项它会对分类结果产生影响。

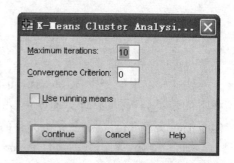

图 10-11　Iterate 子对话框

（4）Options：单击此按钮后弹出 Options 子对话框（图 10-12）。

1）Statistics：数据复选框。①Initial cluster centers：初始聚类中心；②ANOVA table：方差分析表；③Cluster information for each case：每一个观测变量的聚类信息。

2）Missing Values：缺失值处理方式。①Exclude cases listwise：完全排除缺失值；②Exclude cases pairwise：按列表方式排除缺失值。

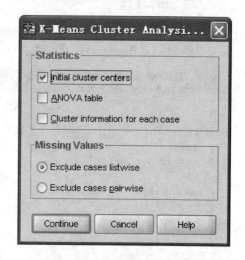

图 10-12　Options 子对话框

（5）Save：单击此按钮后弹出 Save 子对话框（图 10-13）。

1）Cluster membership：输出聚类后每一个观测量所属类别。

2）Distance from cluster center：输出每一个观测变量单位与所在类中心的距离。

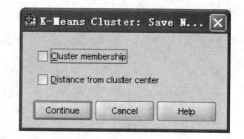

图 10-13　Save 子对话框

2. 数据文件 factor analysis.sav 的因子分析的结果显示：提取了三个公因子，Component1 解释了体重、上臂围、胸围、小腿围、臀围、腹围，Component2 解释了手长、掌长、髂前棘点垂距、身高、胫骨点垂距，Component3 解释了肱二头肌皮褶、肱三头肌皮褶、小腿皮褶、髂前上棘皮褶、肩胛下皮褶，上述变量能反映那曲儿童少年生长发育的绝大部分信息，选择上述变量进入变量框，定义分类数 Number of Cluster：5（以年龄为特征类别），利用那曲 14~18 岁青少年生长因子分析提取的 16 项指标，把 440 名青少年作为观测量分为 5 类进行快速聚类分析。

聚类方法选择系统默认的 Iterate and classify，选择变量后快速聚类分析主对话框如图 10-14。

Options 子对话框处选择☑ ANOVA table（方差分析表），☑ Initial cluster centers（系统默认）。Save 子对话框处选择☑ Cluster membership。

其他均默认，单击 OK，输出结果。

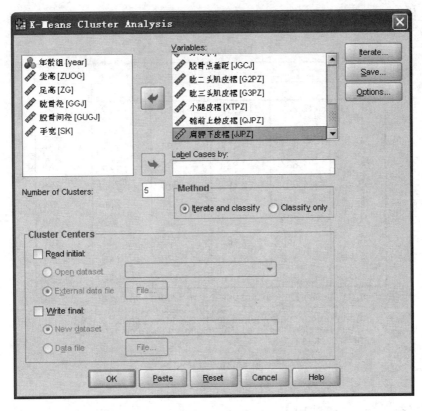

图 10-14 选择变量后快速聚类分析主对话框

(二) 结果及分析

1. 5 个类中心初始位置如图 10-15。

Initial Cluster Centers

	Cluster				
	1	2	3	4	5
体重	26.40	63.15	53.49	48.91	24.56
上臂围	18.50	27.15	25.35	25.15	22.25
胸围	59.65	93.75	78.70	86.85	75.25
小腿围	23.60	34.20	33.15	31.55	29.45
臀围	66.10	92.30	86.65	89.65	81.75
腹围	54.20	80.15	62.45	73.35	64.50
手长	15.35	18.55	18.71	16.71	17.65
掌长	8.29	10.68	11.09	9.93	10.45
髂前棘点垂距	74.19	96.00	95.09	79.35	87.85
身高	133.06	169.60	174.20	144.51	154.25
胫骨点垂距	36.05	45.60	45.40	38.10	43.90
肱二头肌皮褶	3.10	5.00	2.80	14.90	5.50
肱三头肌皮褶	6.90	11.20	4.90	23.10	9.60
小腿皮褶	5.50	8.20	5.50	24.50	11.00
髂前上棘皮褶	4.00	16.40	4.00	20.50	9.50
肩胛下皮褶	4.00	15.20	6.00	24.10	8.70

图 10-15 5 个类中心初始位置

2. 迭代记录如图 10-16，迭代 10 次后收敛。

Iteration History[a]

Iteration	Change in Cluster Centers				
	1	2	3	4	5
1	15.381	15.019	13.613	17.472	17.730
2	3.518	2.015	.601	.948	1.327
3	1.824	2.416	.494	.729	.876
4	1.684	2.928	.737	.828	.760
5	1.001	2.192	1.020	.799	.775
6	.799	.831	.541	.734	.775
7	.000	.615	.501	.373	.300
8	.380	.483	.905	.000	.461
9	.460	.384	1.120	.148	1.001
10	.601	.590	1.119	.298	.937

a. Iterations stopped because the maximum number of iterations was performed. Iterations failed to converge. The maximum absolute coordinate change for any center is .588. The current iteration is 10. The minimum distance between initial centers is 31.334.

图 10-16 迭代记录

3. 最终类中心位置如图 10-17。

Final Cluster Centers

	Cluster				
	1	2	3	4	5
体重	35.09	56.80	47.67	52.27	43.96
上臂围	20.97	27.34	25.12	26.74	24.04
胸围	69.00	83.71	77.79	85.28	77.21
小腿围	28.23	33.91	31.37	33.52	31.03
臀围	73.75	88.02	82.45	90.42	84.01
腹围	59.60	72.01	65.86	74.26	65.96
手长	16.53	18.66	18.17	17.38	17.12
掌长	9.61	10.86	10.59	10.23	10.01
髂前棘点垂距	84.07	93.32	90.88	87.58	86.37
身高	147.51	166.89	161.84	154.77	152.83
胫骨点垂距	39.56	44.30	43.38	40.04	39.87
肱二头肌皮褶	3.88	4.20	3.63	8.83	6.21
肱三头肌皮褶	7.94	8.37	7.10	19.59	13.87
小腿皮褶	8.20	7.53	7.09	17.16	12.85
髂前上棘皮褶	5.99	8.32	6.50	15.15	10.27
肩胛下皮褶	6.29	9.55	7.79	17.09	11.39

图 10-17 最终类中心位置

ANOVA

	Cluster		Error			
	Mean Square	df	Mean Square	df	F	Sig.
体重	4154.712	4	12.053	435	344.699	.000
上臂围	359.708	4	3.376	435	106.534	.000
胸围	2420.527	4	13.008	435	186.077	.000
小腿围	305.461	4	3.007	435	101.573	.000
臀围	2260.360	4	10.811	435	209.085	.000
腹围	2159.832	4	13.374	435	161.493	.000
手长	51.985	4	.624	435	83.304	.000
掌长	16.035	4	.400	435	40.132	.000
髂前棘点垂距	987.509	4	11.964	435	82.543	.000
身高	4222.265	4	19.645	435	214.926	.000
胫骨点垂距	432.646	4	6.201	435	69.775	.000
肱二头肌皮褶	437.003	4	3.040	435	143.742	.000
肱三头肌皮褶	2573.794	4	9.551	435	269.466	.000
小腿皮褶	1763.591	4	10.907	435	161.696	.000
髂前上棘皮褶	1162.939	4	7.398	435	157.198	.000
肩胛下皮褶	1417.745	4	6.574	435	215.662	.000

The F tests should be used only for descriptive purposes because the clusters have been chosen to maximize the differences among cases in different clusters. The observed significance levels are not corrected for this and thus cannot be interpreted as tests of the hypothesis that the cluster means are equal.

图 10-18a　方差分析

4. 方差分析如图 10-18a。快速聚类的 16 个变量在 5 个类中具有统计学差异,这也验证了因子分析提取的这些变量能够反映那曲儿童少年生长发育的绝大部分信息,通过因子分析结果,为聚类分析提供基础。

5. 每一类的观测量分布数如图 10-18b。第一类有 36 个观测量,第二类 95 个,第三类 107 个,第四类 96 个,第五类 106 个,总计 440 个。

6. 最后原数据库中会在最后一列生成一个名为 QCL_1 的新变量用以记录聚类后每一个观测量所属类别。

Number of Cases in each Cluster

Cluster	1	36.000
	2	95.000
	3	107.000
	4	96.000
	5	106.000
Valid		440.000
Missing		.000

图 10-18b　每一类的观测量分布数

（刘　堃　王　莉）

第三节　分层聚类分析

分层聚类分析(Hierarchical Cluster Analysis)也称为系统聚类分析,包括变量聚类和样品聚类,变量可以是连续变量也可以是分类变量。此方法首先将 m 个变量或样品看成 m 类,然后每次将具有最小距离或相似程度最大的两类合并,合并后重新计算类与类之间的距离或相似性,这个过程一直继续到所有样品归为一类为止。

例题 10-3　利用数据文件 factor analysis.sav 和因子分析的结果,对变量进一步分层聚类分析。

(一) 操作过程

1. 打开数据库 factor analysis.sav，按 Analyze→Classify→Hierarchical Cluster 顺序，弹出 Hierarchical Cluster Analysis（分层聚类分析）主对话框（图 10-19）。

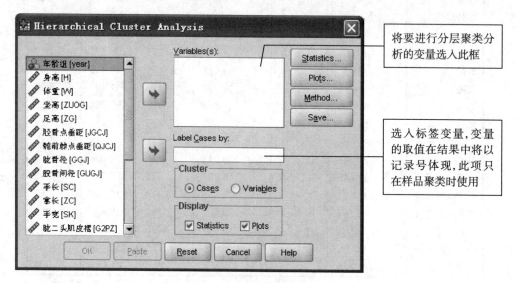

图 10-19 分层聚类分析主对话框

（1）Cluster：样品聚类或变量聚类方法。①Cases：样品聚类方法；②Variables：变量聚类方法。

（2）Display：可选统计量和统计图。①Statistics：统计量；②Plots：聚类图。

（3）Statistics：单击此按钮后弹出 Statistics 子对话框（图 10-20）。

1）Agglomeration schedule：聚类的详细过程。

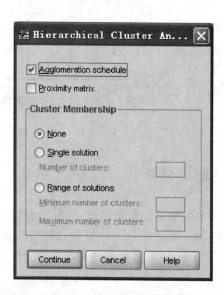

图 10-20 Statistics 子对话框

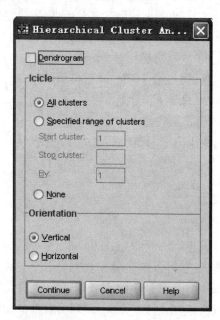

图 10-21 Plots 子对话框

2）Proximity matrix：样品或变量间的距离/相似性矩阵。

3）Cluster Membership：聚类结果列表单选框。①None：不输出；②Single solution：指定输出具体为若干类的结果（Number of clusters：聚类数）；③Range of solutions：某一个范围内的分类结果（Minimum number of clusters：最小聚类数，Maximum number of clusters：最大聚类数）。

（4）Plots：单击此按钮后弹出 Plots 子对话框（图 10-21）。

1）Dendrogram：输出分类结果树状图。

2）Icicle：输出分类结果冰状图。①All clusters：所有聚类结果；②Specified range of clusters：聚类的指定全距（Start cluster：开始聚类；Stop cluster：停止聚类；By：每多少步显示聚类结果，如第 1 步开始聚类，第 5 步结束，每 1 步显示聚类结果）。

3）Orientation：冰状图排列方向。①Vertical：纵向排列；②Horizontal：横向排列。

（5）Method：单击此按钮后弹出 Method 子对话框（图 10-22）。

图 10-22 Method 子对话框

1）Cluster Method：聚类方法。①Between-groups linkage：组间连接法；②Within-groups linkage：组内连接法；③Nearest neighbor：最近距离法；④Furthest neighbor：最远距离法；⑤Centriod clustering：重心距离法；⑥Median clustering：中位数距离法；⑦Ward's method：Ward 法。

2）Measure：距离测度方法。Interval：计量变量资料采用距离测量的方法，Measures：测距方法。①Euclidean distance：欧几里得距离测量，以两变量差值平方和的平方根为距离；②Squared Euclidean distance：欧氏平方距离，以两变量差值平方和为距离；③Cosine：余弦法，以变量矢量的余弦值为距离；④Pearson correlation：Pearson 相关系数法，以变量值向量间相关系数为距离；⑤Chebychev：切比雪夫距离，以两变量差值绝对值的最大值为距离；⑥Block：以两变量差值绝对值之和为距离；⑦Minkowski：闵可夫斯基距离，以两变量差值 p 次幂的绝对值之和的 p 次根为距离；⑧Customized：用户自定义距离。

3）Counts：计数变量资料采用距离测量的方法。①Chi-square measure：卡方值测量方法；②Phi-square measure：Ψ^2 值测量方法，它的值为卡方值除以总频数的平方根。

4）Binary：二分类变量资料采用距离测量的方法。提供 Euclidean distance（二分类变量欧氏距离测量方法，值最小为 0，无上限）、Size difference（大小不同的值测量方法，最小为 0，无上限）、Pattrern difference（值分布在 0~1 的不相似性测距）、Variance（方差测距方法，最小为 0，无上限）等 27 种测度的方法。

5）Transform Values：变量标准化转换项。①None：不转换；②Z-Scores：Z 得分转换；③Range –1 to 1：将数据范围转化为 –1~1 之间；④Range 0 to 1：将数据范围转化为 0~1 之间；⑤Maximum magnitude of 1：最大值为 1 的转换；⑥Mean of 1：均数为 1 的转换；⑦Standard deviation of 1：标准差为 1 的转换。

6）Transform Measures：对计算出的距离测量的指标进一步转换。①Absolute：先计算绝对值再变换；②Change sign：先更改符号再变换；③Rescale to 0-1 range：将数据范围转化为 0~1 后再转换。

（6）Save：单击此按钮后弹出 Save 子对话框（图 10-23），此项只在进行样品的分层聚类分析时可用。

Cluster Membership：聚类结果列表单选框。①None：不输出；②Single solution：指定输出具体为若干类的结果（Number of clusters：聚类数）；③Range of solutions：某一个范围内的分类结果（Minimum number of clusters：最小聚类数，Maximum number of clusters：最大聚类数）。

图 10-23　Save 子对话框

2. 数据文件 factor analysis.sav 的因子分析的结果显示：提取了三个公因子，Component1 解释了体重、上臂围、胸围、小腿围、臀围、腹围，Component2 解释了手长、掌长、髂前棘点垂距、身高、胫骨点垂距，Component3 解释了肱二头肌皮褶、肱三头肌皮褶、小腿皮褶、髂前上棘皮褶、肩胛下皮褶。

选择上述变量进入变量框（图 10-24）。

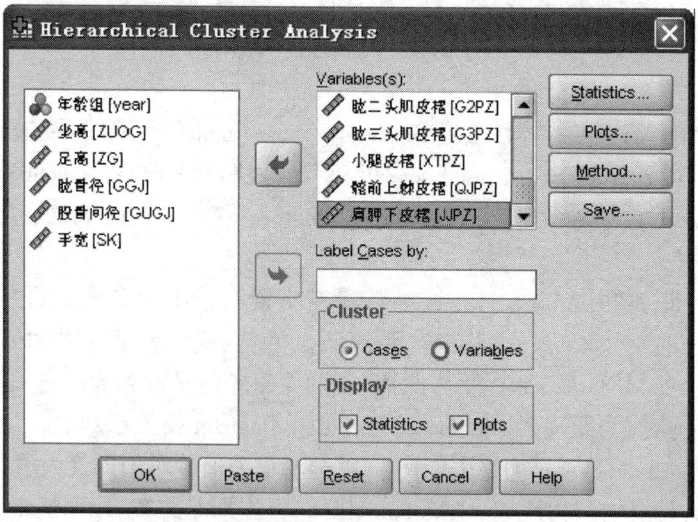

图 10-24　选择变量后分层聚类分析主对话框

Cluster 中样品聚类或变量聚类方法,此例选择 Variables(变量)进行聚类(当要对样品进行聚类分析时,只需选择 Cases)。

Plots 子对话框处选择☑ Dendrogram。

Method 子对话框中,因分析的 16 个体质项目中观测单位不同,需进行标准化处理,所以 Transform Values(变量标准化转换项)选择常用的 Z-Scores(Z 得分转换)。

其他均默认,单击 OK,输出结果。

(二)结果及分析

1. 分层聚类分析详细步骤如图 10-25。体重、上臂围、胸围、小腿围、臀围、腹围、手长、掌长、髂前棘点垂距、身高、胫骨点垂距、肱二头肌皮褶、肱三头肌皮褶、小腿皮褶、髂前上棘皮褶、肩胛下皮褶分别在分层聚类分析中用 1-16 编号,第一步变量 13 和变量 14 合并,第二步变量 15 和变量 16 合并,第三步变量 9 和变量 10 合并,第四步变量 7 和变量 8 合并,第五步变量 12 和变量 13、14 合并,以此类推,经过 15 步,16 个变量最后合成一类。

Agglomeration Schedule

Stage	Cluster Combined		Coefficients	Stage Cluster First Appears		Next Stage
	Cluster 1	Cluster 2		Cluster 1	Cluster 2	
1	13	14	112.902	0	0	5
2	15	16	127.629	0	0	6
3	9	10	131.446	0	0	10
4	7	8	133.480	0	0	13
5	12	13	151.622	0	1	6
6	12	15	181.901	5	2	14
7	1	3	184.231	0	0	8
8	1	6	219.916	7	0	9
9	1	5	221.381	8	0	11
10	9	11	265.346	3	0	13
11	1	4	266.073	9	0	12
12	1	2	277.275	11	0	14
13	7	9	369.183	4	10	15
14	1	12	571.914	12	6	15
15	1	7	836.562	14	13	0

图 10-25　分层聚类分析详细步骤

2. 分层聚类分析垂直冰状图如图 10-26。直观显示各变量在不同类别数时的分类归属情况。

3. 分层聚类分析树状图如图 10-27。直观显示各变量聚类过程和不同标尺下的分类归属情况,横向距离表示差异的大小即标尺,纵向为各个变量。不同的标尺聚的类别不同,如以 10 为标尺,聚为三大类,而以 20 为标尺,聚为两大类,此聚类分析树状图,轴偏,采用 SPSS18.0 聚类的树状图如图 10-28,轴不偏,更为清楚直观。

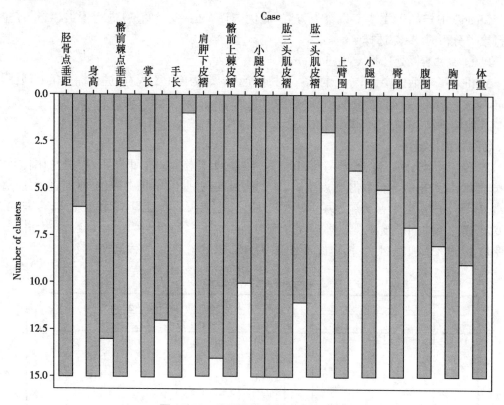

图 10-26 分层聚类分析垂直冰状图

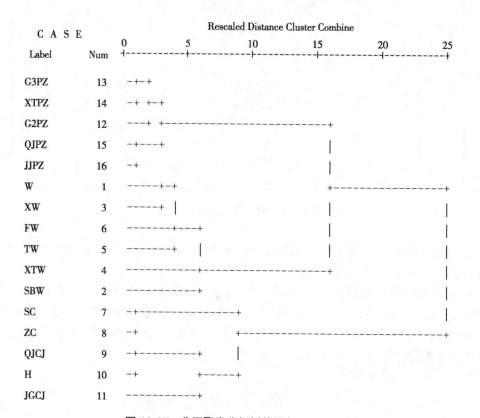

图 10-27 分层聚类分析树状图（SPSS17.0）

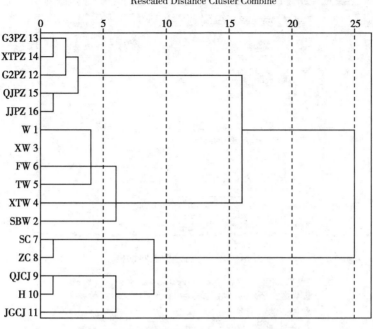

图 10-28 分层聚类分析树状图(SPSS18.0)

(刘 堃 张 林)

第四节 判 别 分 析

判别分析(Discriminant Analysis)是在分类确定的条件下,根据某一研究对象的各种特征值判别其类型归属问题的一种多变量统计分析方法。根据已知的观测量分类和表明观测量特征的变量值按照一定的判别准则,推导出一个或多个判别函数,把各观测量的自变量值回代到判别函数中,根据判别函数对观测量所属类别进行判别。

例题 10-4 测得 50~60 岁 17 名冠心病患者和 20 名正常人舒张期血压($x1$)和血浆胆固醇($x2$)数据(见数据文件 discriminant analysis.sav)。试用判别分析建立正常人和冠心病患者的判别函数。

(一) 操作过程

1. 打开数据库 discriminant analysis.sav,按 Analyze→Classify→Discriminant 顺序,弹出 Discriminant Analysis(判别分析)主对话框(图 10-29)。

(1) Statistics:常用描述统计,单击此按钮后弹出 Statistics 子对话框(图 10-30)。

1) Descriptives:输出统计量复选框。①Means:均数;②Univariate ANOVAs:单因变量方差分析结果;③Box's M:组间协方差齐性检验。

2) Matrices:矩阵复选框。①Within-groups correlation:组内相关阵;②Within-groups covariance:组内协方差阵;③Separate-groups covariance:各组协方差阵;④Total covariance:总协方差阵。

3) Function Coefficients:函数系数。①Fisher's:采用 Bayes 判别准则建立的判别函数的标准化系数;②Unstandardized:给出 Fisher 判别准则建立的判别函数的未标准化系数。

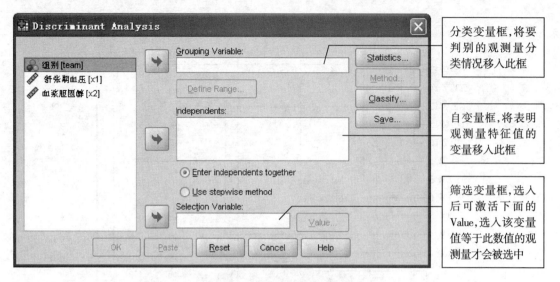

图 10-29 判别分析主对话框

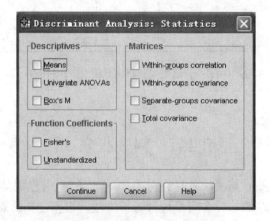

图 10-30 Statistics 子对话框

(2) Classify：单击此按钮后弹出 Classification 对话框（图 10-31）。

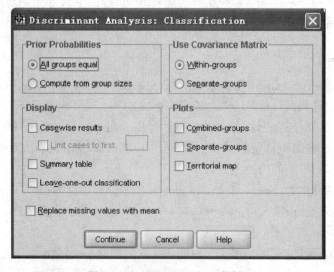

图 10-31 Classification 对话框

1) Prior Probabilities：判别函数先验概率单选框。①All groups equal：所有组间相等；②Compute from group sizes：根据组大小计算。

2) Use Covariance Matrix：协方差矩阵种类单选框。①Within-groups：组内协方差；②Separate-groups：各组协方差。

3) Display：输出指标复选框。①Casewise results：输出每个观测单位判别后所属类别（Limit cases to first，将观测单位限制在什么范围之内）；②Summary table：输出判别符合率表；③Leave-one-out classification：交互验证法，建立判别函数。

4) Plots：输出判别图复选框。①Combined-groups：各类共同输出在一幅散点图中；②Separate-groups：每类别单独输出一幅散点图；③Territorial map：分类区域图。

5) Replace missing values with mean：使用变量均值代替缺失值，一般不采用。

(3) Save：单击此按钮后弹出 Save 子对话框（图 10-32）。

1) Predicted group membership：将观测单位所属类别存为新变量。

2) Discriminant scores：输出判别分数。

3) Probabilities of group membership：输出观测单位属于某一类的概率。

4) Export model information to XML file：将模型存为 EXCEL 文件。

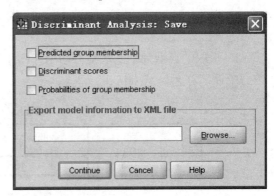

图 10-32　Save 子对话框

2. 选择分类变量组别［team］进入分类变量框，激活 Define Range，定义分类数：Minimum=1，Maximum=2；选择连续变量舒张期血压［x1］和血浆胆固醇［x2］进入自变量框（图 10-33），变量进入函数模型模式可有 Enter independents together（所有自变量同时进入判别方程）、Use stepwise method（逐步判别法），本处选系统默认的 Enter independents together。

Statistics 子对话框处选择☑ Fisher's、☑ Unstandardized。

Classify 子对话框处选择☑ Display 选 Summary table。

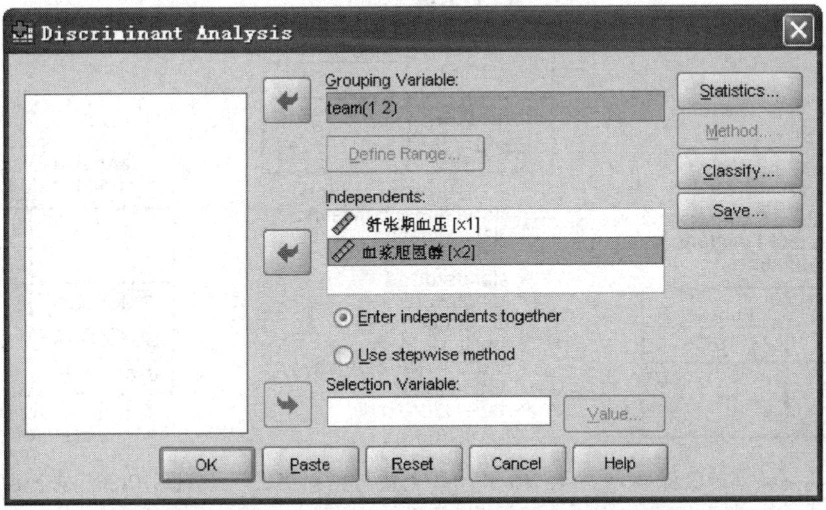

图 10-33　选择变量后因子分析主对话框

其他均默认。单击 OK，输出结果。

（二）主要结果及分析

1. 提取的典型判别函数特征值如图 10-34。此表给出了提取的 1 个维度的典型判别函数的特征值、方差贡献率、累计方差贡献率、典型相关系数。

Eigenvalues

Function	Eigenvalue	% of Variance	Cumulative %	Canonical Correlation
1	1.192[a]	100.0	100.0	.737

a. First 1 canonical discriminant functions were used in the analysis.

图 10-34　典型判别函数特征值

2. 提取的典型判别函数检验结果如图 10-35。上述建立的典型判别函数只有第一个函数有统计学意义（$P=0.00$）。

Wilks' Lambda

Test of Function(s)	Wilks' Lambda	Chi-square	df	Sig.
1	.456	26.685	2	.000

图 10-35　函数检验

3. 提取的典型判别函数标准化系数如图 10-36。通过典型判别函数标准化系数写出的标准化的函数判别式：$D_1=0.840×$ 舒张期血压 $+0.863×$ 血浆胆固醇。

4. 各变量与判别函数之间的相关系数如图 10-37。

5. 提取的典型判别函数未标准化系数及常数项如图 10-38。通过典型判别函数非标准化系数可以写出未标准化的函数判别式：$D_1=0.582×$ 舒张期血压 $+0.856×$ 血浆胆固醇 -10.457。

Structure Matrix

	Function
	1
血浆胆固醇	.603
舒张期血压	.572

Pooled within-groups correlations between discriminating variables and standardized canonical discriminant functions
Variables ordered by absolute size of correlation within function.

Standardized Canonical Discriminant Function Coefficients

	Function
	1
舒张期血压	.840
血浆胆固醇	.863

Canonical Discriminant Function Coefficients

	Function
	1
舒张期血压	.582
血浆胆固醇	.856
(Constant)	-10.457

Unstandardized coefficients

图 10-36　典型判别函数标准化系数

图 10-37　各变量与判别函数之间的相关系数

图 10-38　未标准化的判别函数系数

6. 各判别类别重心在空间中的坐标位置如图 10-39。通过此坐标，结合各观测具体坐标，可计算它们所属的分类。

7. 各分类的先验概率如图 10-40。本例采用等概率，各分类的先验概率均为 0.500。

Functions at Group Centroids

组别	Function 1
正常人	-.979
冠心病患者	1.152

Unstandardized canonical discriminant functions evaluated at group means

图 10-39 未标准化的判别函数系数

Prior Probabilities for Groups

组别	Prior	Cases Used in Analysis	
		Unweighted	Weighted
正常人	.500	20	20.000
冠心病患者	.500	17	17.000
Total	1.000	37	37.000

图 10-40 各分类的先验概率

8. 提取的 Bayes 判别函数如图 10-41。据此写出判别函数式如下：

正常人：$Y=6.629\times$ 舒张期血压 $+6.600\times$ 血浆胆固醇 -48.820。

冠心病患者：$Y=7.869\times$ 舒张期血压 $+8.424\times$ 血浆胆固醇 -71.287。

通过上述 Fisher 判别函数，可以把某个观测量中的各个特征值（舒张期血压、血浆胆固醇）代入，最大 Y 值相应的组就为判别的该观测量所在的组，判别有一定的准确率，所以会出现一定的误判。

Classification Function Coefficients

	组别	
	正常人	冠心病患者
舒张期血压	6.629	7.869
血浆胆固醇	6.600	8.424
(Constant)	-48.820	-71.287

Fisher's linear discriminant functions

图 10-41 Fisher 判别函数系数及常数项

9. 判别符合率如图 10-42。表中列出了各组判别符合率，总体判别符合率为 81.1%，正常人判别符合率为 80.0%，冠心病患者判别符合率为 82.4%。

Classification Results[a]

		组别	Predicted Group Membership		Total
			正常人	冠心病患者	
Original	Count	正常人	16	4	20
		冠心病患者	3	14	17
	%	正常人	80.0	20.0	100.0
		冠心病患者	17.6	82.4	100.0

a. 81.1% of original grouped cases correctly classified.

图 10-42 判别符合率

（刘 堃 王 莉）

第十一章

统 计 制 图

SPSS 软件具有很强大的制图功能,能绘制多种统计图形,这些图形可以由各种统计分析过程产生,也可以直接从 Graphs 图形菜单的一系列图形选项中直接产生一部分。单击主菜单的 Graphs,弹出统计制图子菜单(图 11-1),提供三类制图形式:Chart Builder、Graphboard Template Chooser 和 Legacy Dialogs。一般统计图形和交互式图形。

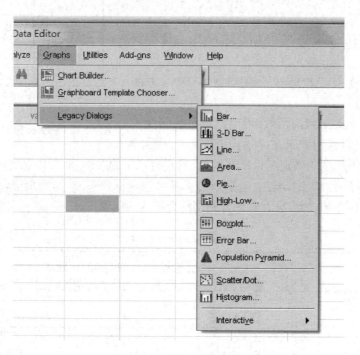

图 11-1 统计制图子菜单

Chart Builder 是根据 SPSS 提供的一些预设图形库,进行制图。Graphboard Template Chooser 是根据图形模板进行制图。Legacy Dialogs 是进行一般统计图形和交互式图形的制作。SPSS 可以制作的一般统计图形包括条形图、三维条形图、线图、面积图、饼图、高低图、箱图、误差条图、分群金字塔形图、散点图和直方图,本章主要介绍此部分内容。

第一节 条 形 图

条形图(Bar Charts)是利用相同宽度条形的长短或高低表现统计数据大小或变动的统计图。SPSS 可以绘制三种类型的条形图:单式条形图、复式条形图和分段条形图。绘制条形图的操作过程如下:Graphs→Legacy Dialogs→Bar,弹出定义条形图主对话框(图 11-2),根据需要选择相应的条形图类型。

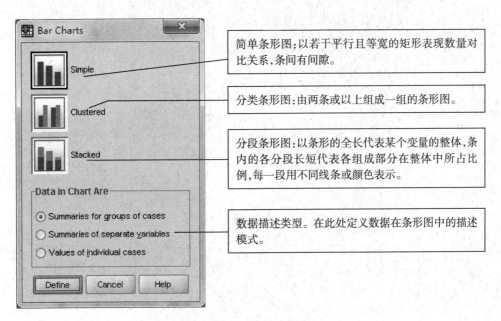

简单条形图:以若干平行且等宽的矩形表现数量对比关系,条间有间隙。

分类条形图:由两条或以上组成一组的条形图。

分段条形图:以条形的全长代表某个变量的整体,条内的各分段长短代表各组成部分在整体中所占比例,每一段用不同线条或颜色表示。

数据描述类型。在此处定义数据在条形图中的描述模式。

图 11-2 定义条形图主对话框

⊙ Summaries for groups of cases:绘制分类(组)变量各分组的例数或各分组的描述性指标(均值、中位数等)的条形图。1 个分类变量可以绘制单式条形图,2 个以上分类变量可以绘制复式条形图或分段条形图。

○ Summaries of separate variables:绘制多个反应变量条形图。反应变量的计量单位应一致,只有 1 个反应变量时为单式条形图,2 个以上反应变量时为复式条形图。

○ Values of individual cases:绘制每个观测值的条形图。

例题 11-1 以数据文件 investigation.sav 为例,绘制如下图形:①用单式条形图绘制不同年龄组身高的均值和标准差;②用复式条形图绘制不同年龄组的性别分布;③用分段条形图绘制不同年龄组的性别构成。

(一) 绘制单式条形图

1. 操作过程 Graphs→Legacy Dialogs→Bar→Simple→Summaries for groups of cases→Define,弹出单式条形图定义对话框(图 11-3)。

(1) Bars Represent:选择条形图表达的统计量。①N of cases:例数;②% of cases:观测量数占总数的百分比;③Cum.N:累积例数;④Cum.%:累积百分比;⑤Other statistic 其他统计量,选择此项后 Variable 框被激活,选入变量后 Change Statistic 按钮被激活,单击此按钮弹出定义统计量对话框(图 11-4),可以定义 15 种统计量。本例选择身高的均值(MEAN)。

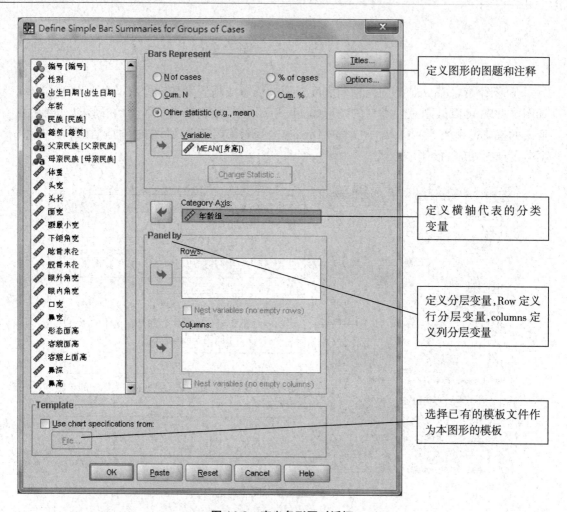

定义图形的图题和注释

定义横轴代表的分类变量

定义分层变量,Row 定义行分层变量,columns 定义列分层变量

选择已有的模板文件作为本图形的模板

图 11-3   定义条形图对话框

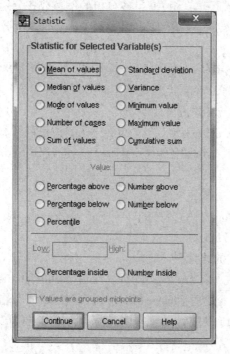

图 11-4   定义统计量对话框

图 11-4 中各项所代表的含义：

○ Mean of values：算术平均数。

○ Standard deviation：标准差。

○ Median of values：中位数。

○ Variance：方差。

○ Mode of values：众数。

○ Minimum value：最小值。

○ Number of cases：不含缺失值的观测量数。

○ Maximum value：最大值。

○ Sum of values：总和。

○ Cumulative sum：累积总和。

○ Percentage above：大于指定参数的观测量数目占总数的百分比。

○ Percentage below：小于指定参数的观测量数目占变量值总数的百分比。

○ Number above：大于指定参数的观测量数。

○ Number below：小于指定参数的观测量数。

○ Percentile：百分位数。

○ Percentage inside 落在 Low 和 High：框参数范围内观测量数占总数的百分比。

○ Number inside 落在 Low 和 High：框参数范围内的观测量数目。

□ Values are grouped midpoints：变量值以中点分组，选择了 Median of values 和 Percentile 项，该选项有效。选中此项，计算中位数和百分位数。

(2) Options 选项按钮：单击 Options 按钮，弹出如图 11-4 对话框，选择缺失值处理和误差条图的显示方式。

1）Missing Values 栏：选择缺失处理方式。

○ Exclude cases listwise：在 Bars Represent 框所指定的各个变量中，如果某个观测量在一变量中有缺失值，那么剔除整个观测量。

○ Exclude cases variable by variable：在 Bars Represent 框所指定的变量中存在缺失值，仅剔除这个变量的缺失值。

□ Display groups defined by missing values：显示缺失值所定义的组。

□ Display chart with case labels：在图形中显示观测量的标签值。

2）Display error bars 栏：选择误差条图误差项所表达的统计量，图 11-5。

○ Confidence intervals：在条图上显示置信区间，在 Level（％）框输入需要的水平值，系统默认 95％。

○ Standard error：在条图上显示标准误，在 Multiplier 框中根据需要输入标准误的倍数。系统默认为 2。

○ Standard deviation：在条图上显示标准差，在 Multiplier 框中根据需要输入标准差的倍数。系统默认为 2。本例选择此选项。

2. 结果 输出结果见图 11-6。

（二）绘制复式条形图

1. 操作过程 Graphs→Legacy Dialogs→Bar→Clustered→Summaries for groups of cases→Define，弹出复式条形图定义对话框（图 11-7）。此对话框除多了定义分簇变量（Define Clusters by）外，与单式条形

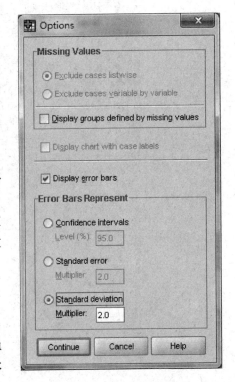

图 11-5 Option 选项对话框

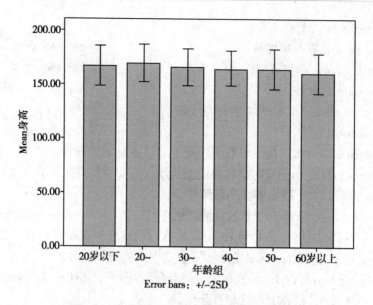

图 11-6 不同年龄组的身高比较（单式条形图）

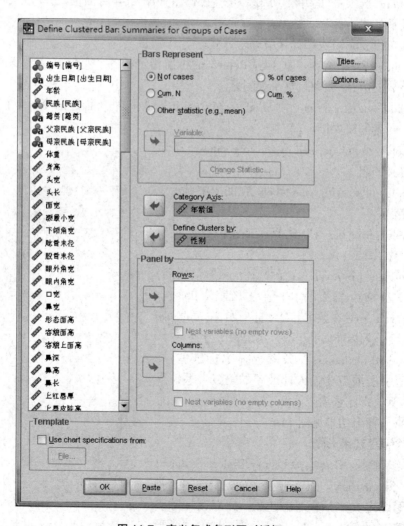

图 11-7 定义复式条形图对话框

图一致。本例选择如图 11-7 所示。

2. 结果　输出结果见图 11-8。

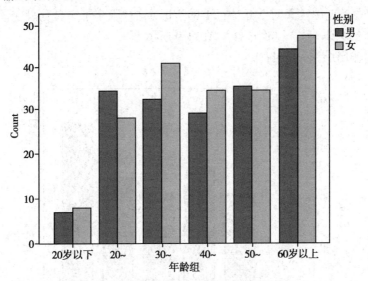

图 11-8　不同年龄组的性别分布(复式条图)

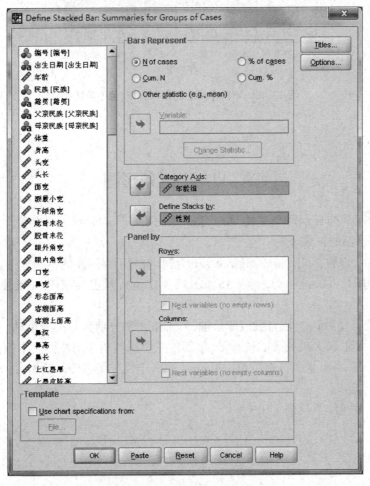

图 11-9　定义分段条形图对话框

(三) 绘制分段条形图

1. 操作过程 Graphs→Legacy Dialogs→Bar→Stacked→Summaries for groups of cases→Define,弹出分段条形图定义对话框(图 11-9)。此对话框除多了定义分段变量(Define Stacks by)外,与单式条形图一致。本例选择如图 11-9 所示。

2. 结果 输出结果见图 11-10。

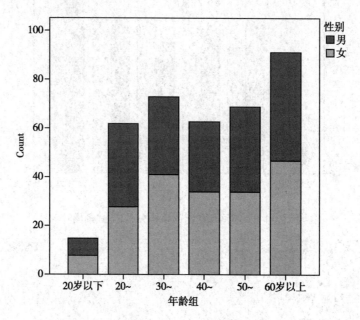

图 11-10 不同年龄组的性别分布(分段条图)

(温有锋 赵会仁)

第二节 三维条形图

平面条形图只能显示两个变量,而三维条形图可以同时显示三个变量。三维条形图实质上是复式条形图的三维表现。

例题 11-2 以数据文件 investigation.sav 为例,绘制不同民族的性别分布。

1. 操作过程 Graphs→Legacy Dialogs→3-D Bar,弹出定义三维条图主对话框(图 11-11)。

SPSS 系统自动默认 Y 轴为数值变量轴,X 轴和 Z 轴分别为分类变量轴。在图 11-11 主对话框处定义 X 轴和 Z 轴代表的统计量,下面的三个选项与条图相同。本例在 X 和 Z 轴上均选择 Groups of cases 选项。然后单击 Define,进入定义三维条图对话框(图 11-12),并按图 11-12 所示进行定义。

2. 结果 输出结果见图 11-13。

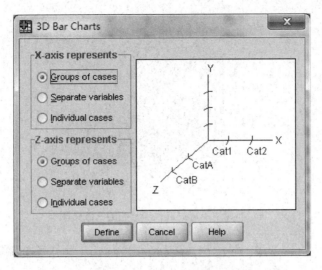

图 11-11　定义三维条图主对话框

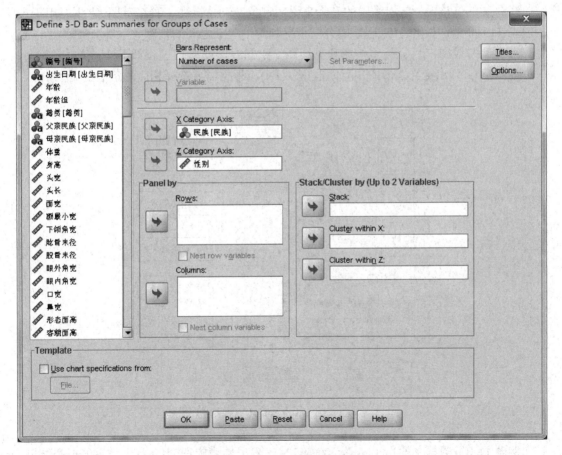

图 11-12　定义三维条图对话框

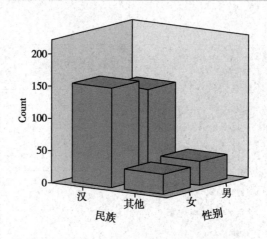

图 11-13　不同民族性别分布的三维条图

（温有锋　赵会仁）

第三节　线　　图

　　线图（Line Charts），是用线段的升降来说明现象变动情况的一种统计图，它主要用于表示现象在时间上的变化趋势、现象的分配情况和两个现象之间的依存关系等。SPSS 可以绘制三种类型的线图：单线图、多线图和垂线图。绘制线图的操作过程如下：Graphs→Legacy Dialogs→Line，弹出定义线形图主对话框（图 11-14），根据需要选择相应的条形图类型。

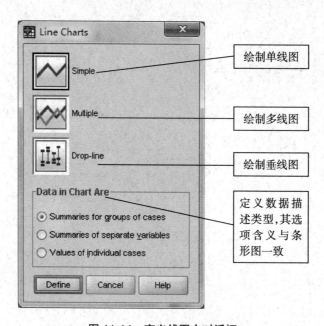

图 11-14　定义线图主对话框

　　例题 11-3　数据文件 line.sav 为 2003 年 7~18 岁男性藏族青少年身高、体重的调查结果，试绘制如下图形：①绘制身高随年龄变化的单线图；②绘制身高、体重年龄变化的双线图；③绘制身高年龄变化的垂线图。

(一) 绘制单线图

1. 操作过程 Graphs→Legacy Dialogs→Line→Simple→Values of individual cases→Define, 弹出定义单线图对话框(图 11-15),如图所示进行定义。

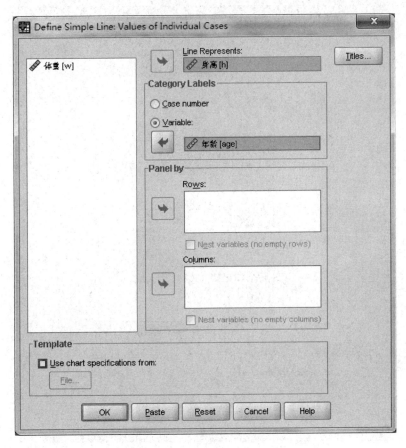

图 11-15 定义单线图对话框

2. 结果 输出结果见图 11-16。

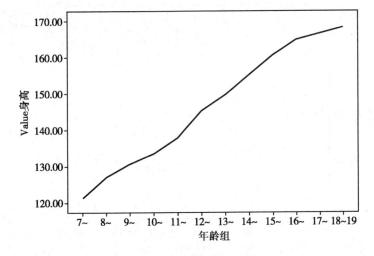

图 11-16 身高的年龄变化

(二) 绘制多线图

1. 操作过程　Graphs→Legacy Dialogs→Line→Multiple→Summaries of Separate Variables→Define,弹出定义多线图对话框(图 11-17),如图所示进行定义。

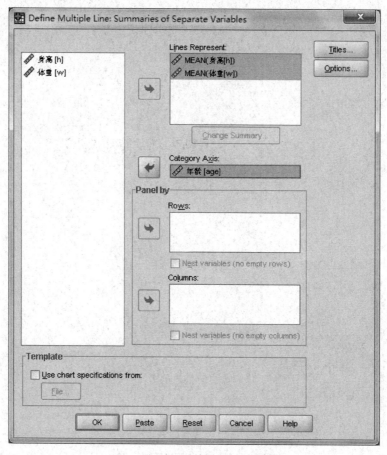

图 11-17　定义多线图对话框

2. 结果　输出结果见图 11-18。

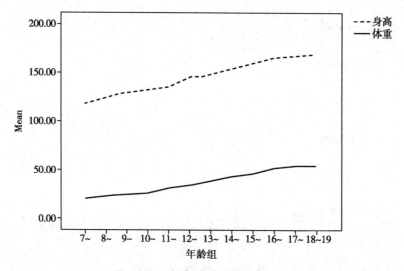

图 11-18　身高、体重随年龄的变化

(三) 绘制垂线图

1. 操作过程　Graphs→Legacy Dialogs→Line→Drop-line→Summaries of Separate Variables→Define,弹出定义垂线图对话框(图 11-19),如图所示进行定义。

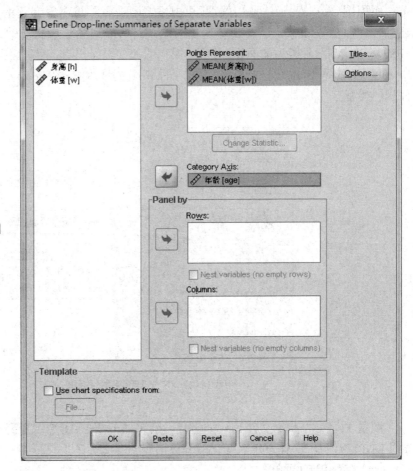

图 11-19　定义多线图对话框

2. 结果　输出结果见图 11-20。

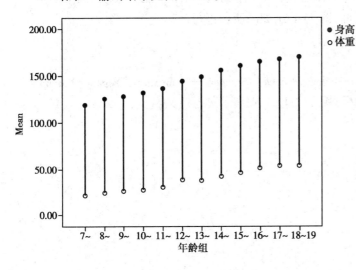

图 11-20　身高、体重年龄变化的垂线图

（温有锋　赵会仁）

第四节　面　积　图

　　面积图（Area Charts）是用线段下的阴影面积来强调现象变化的统计图，主要用以描述某一（些）变量随某一连续变量变化的关系。一般连续变量为横轴，并定义为分类变量。SPSS可以绘制两种类型的面积图：单式面积图和分段面积图。绘制面积图的操作过程如下：Graphs→Legacy Dialogs→Area，弹出定义面积图主对话框（图11-21），根据需要选择相应的面积图类型。

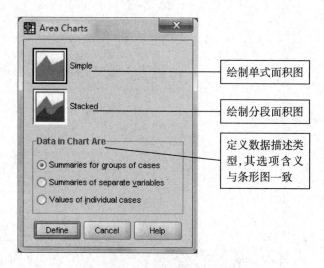

图 11-21　定义面积图主对话框

　　例题 11-4　以数据文件 line.sav 为例，绘制如下图形：①绘制身高随年龄组变化的单式面积图；②绘制身高、体重年龄变化的分段面积图。

　　（一）绘制单式面积图

　　1. 操作过程　Graphs→Legacy Dialogs→Area→Simple→Summaries for groups of cases→Define，弹出定义单式面积图对话框（图11-22），如图所示进行定义。

　　2. 结果　输出结果见图11-23。

　　（二）绘制分段面积图

　　1. 操作过程　Graphs→Legacy Dialogs→Area→Stacked→Summaries of Separate Variables→Define，弹出定义分段面积图对话框（图11-24），如图所示进行定义。

　　2. 结果　输出结果见图11-25。

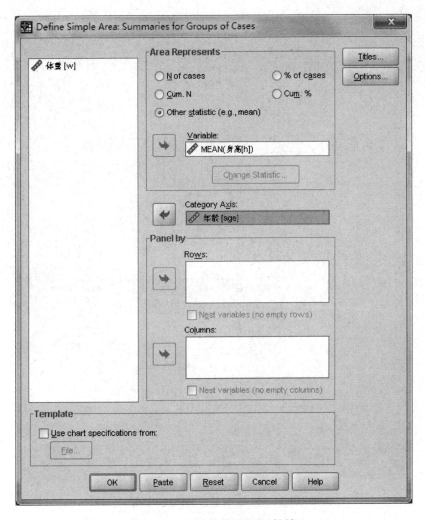

图 11-22 定义单式面积图对话框

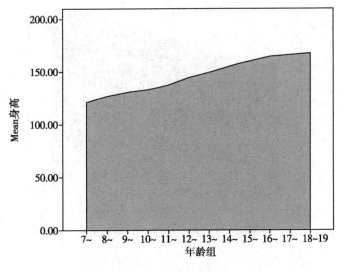

图 11-23 身高的年龄变化

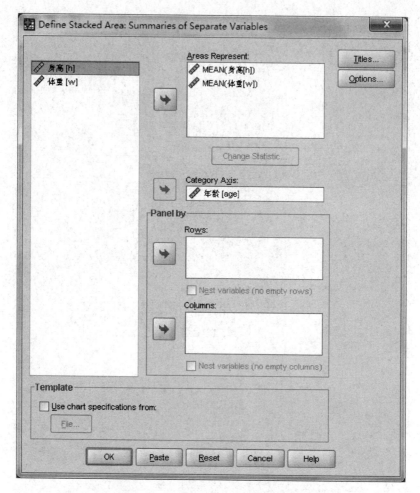

图 11-24 定义分段面积图对话框

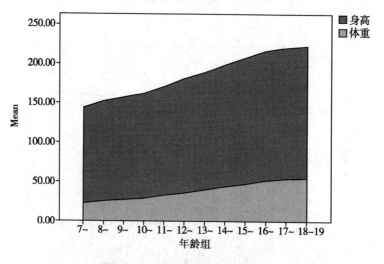

图 11-25 身高、体重的年龄变化

(温有锋 赵会仁)

第五节 圆 图

圆图（Pie chart）用于描绘百分比（构成比）资料。

例题 11-5 以数据文件 investigation.sav 为例，绘制卷舌构成比的百分圆图。

1. 操作过程 Graphs→Legacy Dialogs→Pie→Summaries for groups of cases→Define，弹出定义圆图对话框（图 11-26），如图所示进行定义。

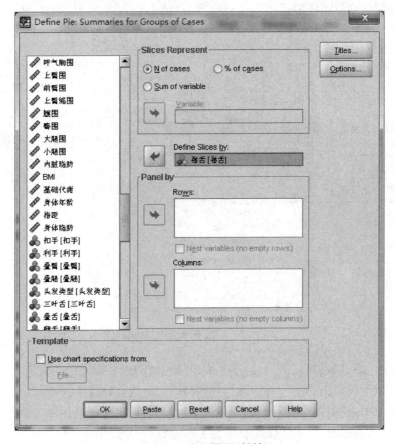

图 11-26 定义圆图对话框

2. 结果 输出结果见图 11-27。

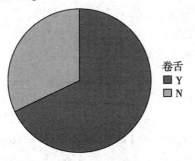

图 11-27 卷舌构成百分比

（温有锋 赵会仁）

第六节 高 低 图

高低图（High-Low Charts）是一种说明某些现象在单位时间内变化情况的统计图。用于描绘某变量随时间的长期变化趋势及短期的波动情况。SPSS可以绘制五种类型的高低图：单式高低收盘图、单式极差图、复式高低收盘图、复式极差图和差级面积图。绘制高低图的操作过程如下：Graphs→Legacy Dialogs→High-Low，弹出定义高低图主对话框（图11-28），根据需要选择相应的高低图类型。

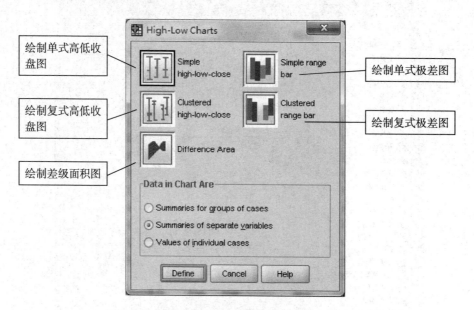

图 11-28　定义高低图主对话框

Simple high-low-close：单式高低收盘图，表示单位时间内某现象最高数值、最低数值和收盘数值。它适用于股票、期货等。它可说明每天最高、最低和收盘价。

Simple range bar：单式极差图，或称为单式全距图，表明单位时间内某现象最高数值和最低数值。它与单式高低收盘图的区别是省去了收盘数值。

Clustered high-low-close：复式高低收盘图，表示在单位时间内两个或两个以上现象的最高数值、最低数值和收盘数值。

Clustered ranger bar：复式极差图，或称为复式全距图，它表示在单位时间内两个或两个以上现象的最高数值和最低数值。

Difference Area：差级面积图，它是说明两个现象在同一时间内相互变化对比关系的线性统计图。

例题11-6　以数据文件one-way ANOVA.sav为例试作图说明各饲料组红细胞的最大值、最小值和均值。

1. 操作过程　Graphs→Legacy Dialogs→High-Low→Simple high-low-close→Summaries of separate variables→Define，弹出定义高低图对话框（图11-29），如图所示进行定义。

2. 结果　输出结果见图11-30。

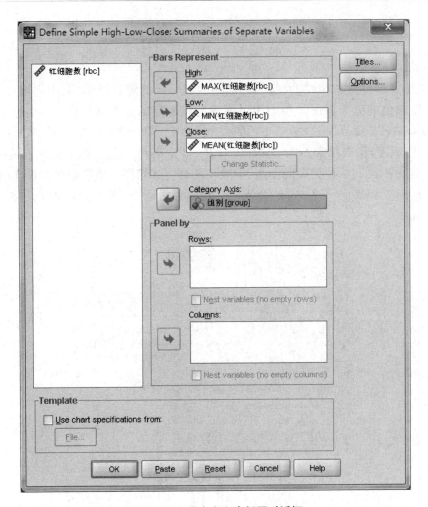

图 11-29 弹出定义高低图对话框

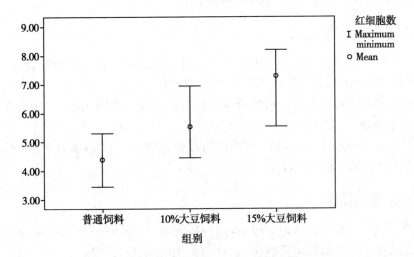

图 11-30 给予 3 种饲料后的红细胞数高低图

（温有锋 赵会仁）

第七节 箱 图

箱图（Boxplots）又称箱线图，是一种描述数据分布的统计图形，利用它可以从视觉的角度观察变量值的分布情况。箱图用以描述定量变量的 5 个百分位点，即 $P_{2.5}$（第 2.5 百分位数）、P_{25}（第 25 百分位数）、P_{50}（中位数）、P_{75}（第 75 百分位数）、$P_{97.5}$（第 97.5 百分位数），由 $P_{25} \sim P_{75}$ 构成箱，箱内包含 50% 的数据；由 $P_{2.5} \sim P_{25}$ 及 $P_{75.5} \sim P_{97.5}$ 两条丝代表两端 45% 的数据。SPSS 可以绘制两种类型的箱图：单式箱图和复式箱图。绘制箱图的操作过程如下：Graphs→Legacy Dialogs→Boxplot，弹出定义箱图主对话框（图 11-31），根据需要选择相应的箱图类型。

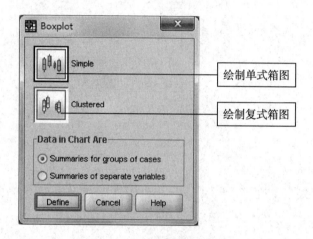

图 11-31 定义箱图主对话框

例题 11-7 以数据文件 investigation.sav 为例，①用单式箱图描述年龄对身高的影响；②用复式箱图描述年龄和性别对身高的影响。

一、绘制单式箱图

1. 操作过程 Graphs→Legacy Dialogs→Boxplot→Simple→Summaries for groups of cases→Define，弹出定义箱图对话框（图 11-32），如图所示进行定义。

Label Cases：标记观测单位。将离群点或极端值以某分组属性标出。本例以编号标出极端值，以利于查找。

2. 结果 输出结果见图 11-33。从图中可以看出 20~、50~、60 岁以上三个年龄组的极端值编号分别为 5255、123 和 5177。

二、绘制复式箱图

1. 操作过程 Graphs→Legacy Dialogs→Boxplot→Clustered→Summaries for groups of cases→Define，弹出定义箱图对话框（图 11-34），如图所示进行定义。

2. 结果 输出结果见图 11-35。

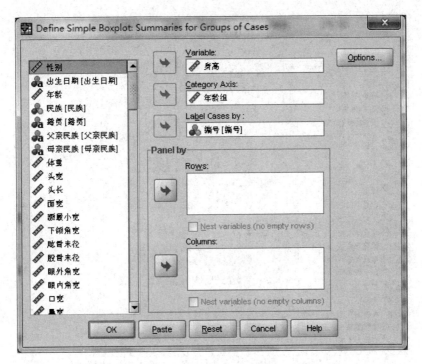

图 11-32 定义箱图对话框

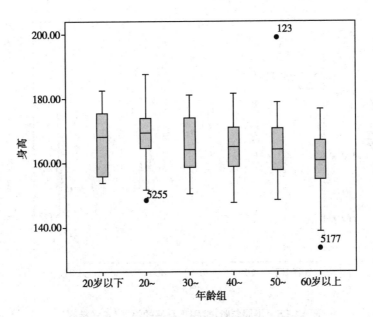

图 11-33 不同年龄组身高的描述（单式箱图）

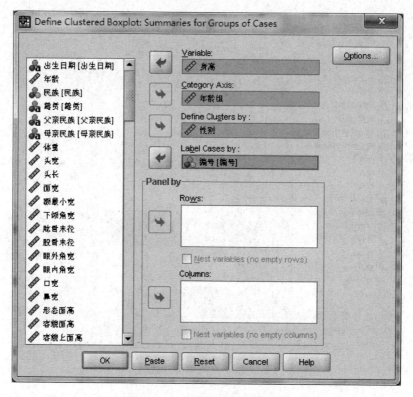

图 11-34 定义箱图对话框

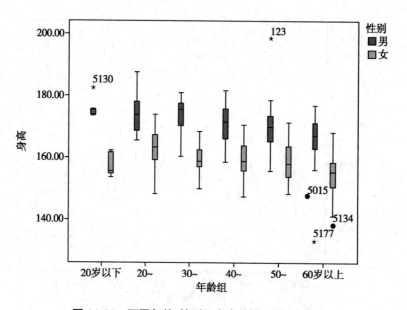

图 11-35 不同年龄、性别组身高的描述（复式箱图）

（温有锋 赵会仁）

第八节 误差条图

误差条图(Error Bar Charts)是一种描述数据总体离散的统计图形,利用它可以从视觉的角度观察样本的离散程度,误差条图表达平均数的置信区间、标准差或标准误。在误差条图中,小方块表示平均数,图形的两端为置信区间、标准差或标准误。SPSS可以绘制两种类型的误差条图:单式误差条图和复式误差条图。绘制误差条图的操作过程如下:Graphs→Legacy Dialogs→Error Bar,弹出定义误差条图主对话框(图11-36),根据需要选择相应的误差条图类型。

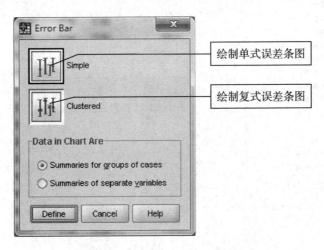

图 11-36 定义误差条图主对话框

例题 11-7 以数据文件 investigation.sav 为例,①用单式误差条图比较年龄对身高的影响;②用复式误差条图比较年龄和性别对身高的影响。

(一) 绘制单式箱图

1. 操作过程 Graphs→Legacy Dialogs→Error Bar→Simple→Summaries for groups of cases→Define,弹出定义误差条图对话框(图11-37),如图所示进行定义。

Bars Represent:定义条图表达统计量,参数框中有3个选项:

(1) Confidence interval for mean:均值置信区间,在 Level:□%框中输入需要的水平值。系统默认95%。

(2) Standard error of mean:均值标准误,Multiplier 框中输入均值标准误的倍数。系统默认2倍。

(3) Standard deviation:标准差,Multiplier 框中可根据需要输入标准差的倍数。系统默认2倍。

2. 结果 输出结果见图11-38。

(二) 绘制复式误差条图

1. 操作过程 Graphs→Legacy Dialogs→Error Bar→Clustered→Summaries for groups of cases→Define,弹出定义误差条图对话框(图11-39),如图所示进行定义。

2. 结果 输出结果见图11-40。

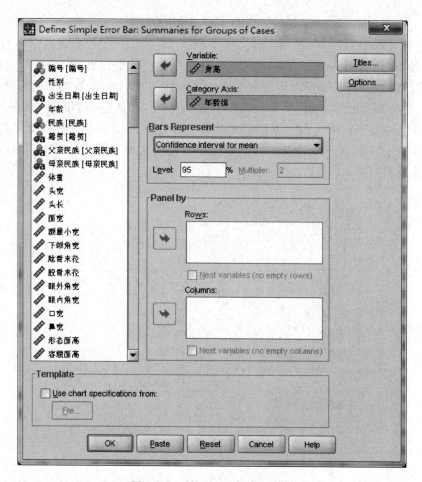

图 11-37 定义误差条图对话框

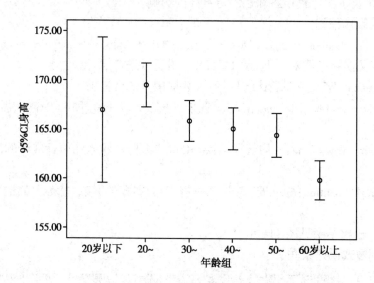

图 11-38 单式误差条图(95% 可信区间)

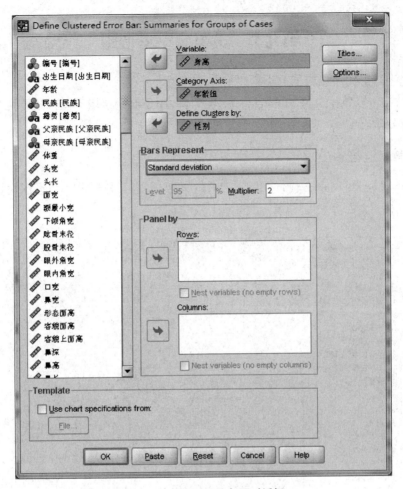

图 11-39 定义误差条图对话框

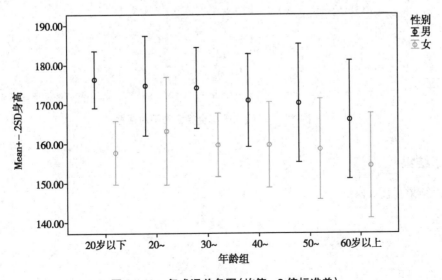

图 11-40 复式误差条图(均值 ±2 倍标准差)

(温有锋 赵会仁)

第九节 分群金字塔形图

分群金字塔形图用以根据分类描述某变量的频数分布。

例题 11-8 以数据文件 investigation.sav 为例,用分群金字塔形图描述不同年龄和性别的身高频数分布。

一、操作过程

Graphs→Legacy Dialogs→Population Pyramid,弹出定义分群金字塔形图对话框(图 11-41),如图所示进行定义。

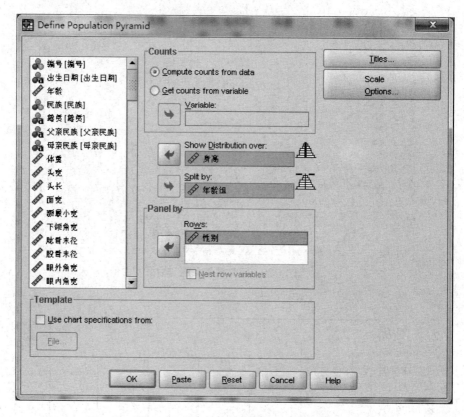

图 11-41 定义分群金字塔形图对话框

二、结果

输出结果见图 11-42。

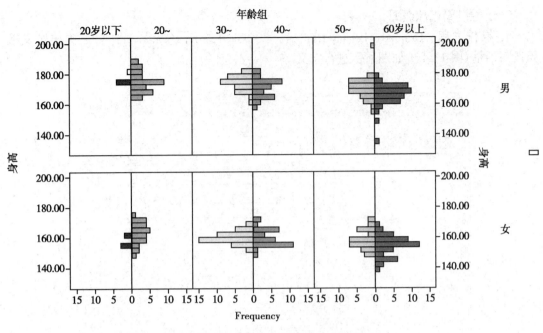

图 11-42　身高分布的分群金字塔形图

（温有锋　赵会仁）

第十节　散　点　图

散点图（Scatter plots）是以点的分布反映变量间相关情况的图形,根据图中的各点分布走向和密集程度,大致可以判断变量之间协变关系的类型。SPSS 可以绘制五种类型的散点图:简单散点图、复合散点图、矩阵散点图、三维散点图和个值图。绘制散点图的操作过程如下:Graphs→Legacy Dialogs→Scatter,弹出定义散点图主对话框（图 11-43）,根据需要选择相应的散点图类型。

Simple Scatter:简单散点图,显示一对相关变量的散点图。

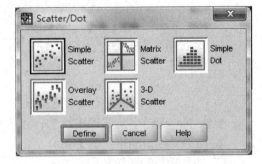

图 11-43　定义散点图主对话框

Overlay Scatter:复合散点图,可显示多对相关变量的散点图。

Matrix Scatter:矩阵散点图,在矩阵中显示多个相关变量之间的散点图。

3-D Scatter:三维散点图,显示三个相关变量之间的散点图。

Simple Dot:简单点图,每个点代表一个观测量,在图形中显示数值变量中各观测量在 X 轴上分布的图形,该图也可看做一种散点图。

本书仅介绍简单散点图和复合散点图的绘制方法。

例题 11-9　以数据文件 scatter.sav 为例:①绘制年龄与身高关系的简单散点图;②绘制年龄与身高、体重关系的复合散点图。

（一）绘制简单散点图

1. 操作过程　Graphs→Legacy Dialogs→Scatter→Simple Scatter→Define，弹出定义散点图对话框（图 11-44），如图所示进行定义。

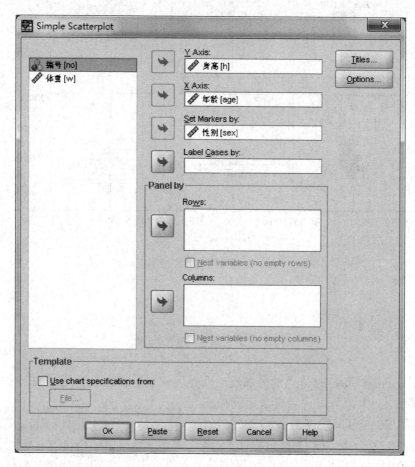

图 11-44　定义散点图对话框

- Set Markers by：定义图中点的标志变量。本例用性别（sex）标志。
2. 结果　输出结果见图 11-45。

（二）绘制复合散点图

1. 操作过程　Graphs→Legacy Dialogs→Scatter→Overlay Scatter→Define，弹出定义散点图对话框（图 11-46），如图所示进行定义。
2. 结果　输出结果见图 11-47。

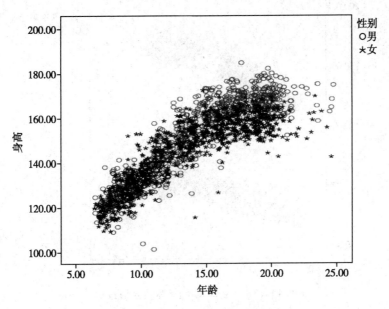

图 11-45　年龄与身高关系散点图

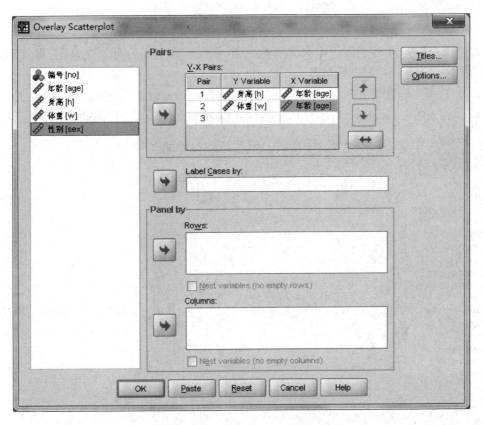

图 11-46　定义散点图对话框

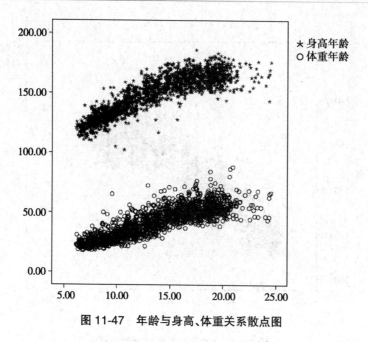

图 11-47 年龄与身高、体重关系散点图

(温有锋 赵会仁)

第十一节 直 方 图

直方图(Histogram)是以一组无间隔的直条,表现频数分布特征的统计图,直方图的每一条的高度代表相应组别的频数。

例题 11-9 以数据文件 investigation.sav 为例,绘制身高带正态分布曲线的直方图。

1. 操作过程 Graphs→Legacy Dialogs→Histogram,弹出定义直方图对话框(图 11-48),

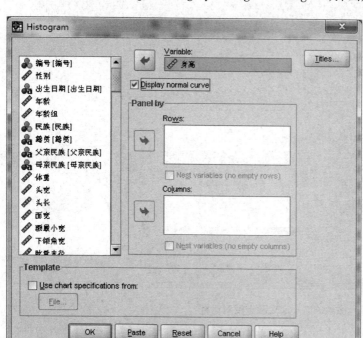

图 11-48 定义直方图对话框

如图所示进行定义。

2. 结果 输出结果见图 11-49。

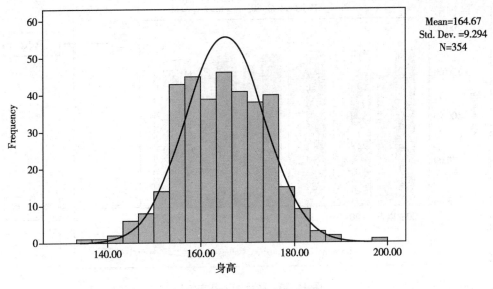

图 11-49 身高分布直方图

（温有锋 赵会仁）

第十二节 统计图形的编辑

SPSS 除可以绘制统计图形外,还具有强大的统计图形编辑功能。通过对统计图形进行编辑,从而使统计图形更加美观明了。

一、统计图形的组成

SPSS 生成的统计图形,它们各部分的名称基本相同,下面介绍一些主要名称。图 11-50 显示了图形的基本结构。图形边框划定了图形区域。图形外框(Outer Frame)包括整个图形。数据边框(Data Frame)包括坐标轴标题、坐标轴上的数值标注以及图形。图形内框(Inner Frame)仅包括图。图形外框和数据边框可以拖曳移动点,改变图形相应部分的大小。文本(Text)可以不同形式出现在图形中,它可以是图形标题、脚注、轴题、数值标注、注释等。

二、统计图形编辑界面

若要进行图形编辑,首先要激活图形编辑器,方法有三:
- 双击所要编辑的统计图形。
- 在所选统计图形上单击右键,弹出对话框,选择 Edit Content→in Separate Window。
- 单击 Edit 主菜单,Edit Content→in Separate Window。

激活的图形编辑器见图 11-51。若在结果输出窗口某图形为阴影背景,说明其仍在编辑激活状态,在屏幕下端可随时调用和编辑。如果同时激活过多的统计图形编辑器,会明显地影响运行速度,因要占用大量内存。

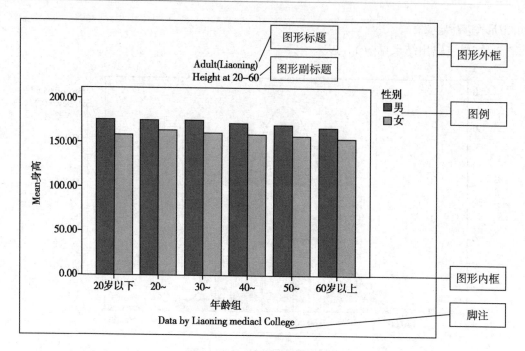

图 11-50　统计图形基本结构

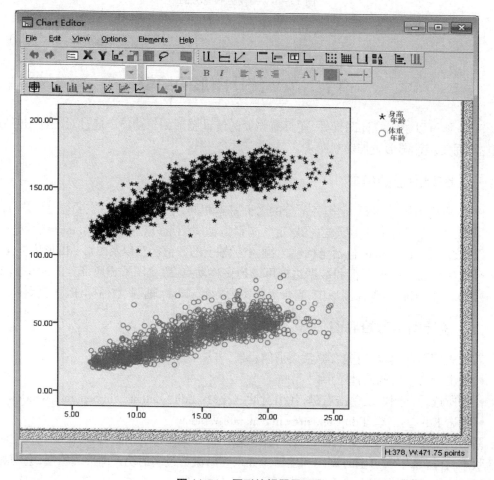

图 11-51　图形编辑器界面

图 11-52　文件操作菜单

1. 文件操作菜单（File）（图 11-52）

（1）Save Chart Template：将图形存为模板文件。

（2）Apply Chart Template：调用已有的模板图形文件。

（3）Export Chart XML：将图形存为 XML 文件。

（4）Close：关闭窗口。

2. 编辑菜单（Edit）　见图 11-53。编辑菜单中最重要的是图形特征编辑（Properties）功能，此外还有 X、Y、Z 编辑的选项以及复制、粘贴等功能。

3. 视图菜单（View）　见图 11-54。自定义显示工具栏及图表。

4. 选项菜单（Options）　见图 11-55，主要有参考线、标题、注释、文字框、脚注的编辑和刻度线、轴线、图例的显示或隐藏等功能。

5. 基本元素菜单（Elements）　见图 11-56，主要进行一些图形元素的编辑。

图 11-54　视图菜单

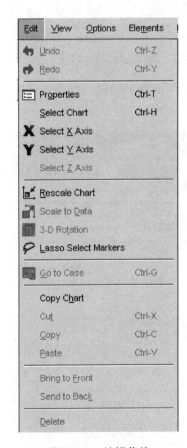

图 11-53　编辑菜单

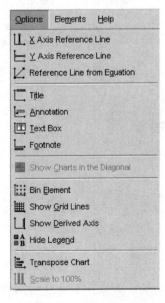

图 11-55　选项菜单

图 11-56　基本元素菜单

三、统计图形的编辑

（一）图形特征的编辑

1. 一般图形 在激活图形编辑器后,点击 Edit→Properties,或在任何空白处双击,会弹出适于所有图形的编辑图形特征对话框组,由三个对话框组成,见图 11-57~ 图 11-59。

（1）Chart Size:编辑图形大小(图 11-57)。定义图域的高度和宽度。如果选 Maintain aspect ratio,图域的高度和宽度遵循系统设定的比例,当调整高度时,宽度会相应的按比例自动调整。

（2）Fill & Border:编辑图形填充与边缘(图 11-58)。

1）Fill:填充色。

2）Border:各种类型图形边缘的颜色。

3）Pattern:背景图案。

4）Border Style:边缘线条的粗细(weight)和类型(style),如实线、点断线等。

（3）Variables:变量编辑(图 11-58)。在此处可以重新进行 X 轴和 Y 轴以及图中元素的选择。

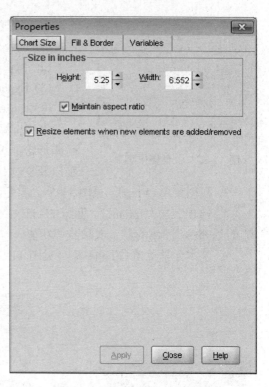

图 11-57 编辑图形大小对话框

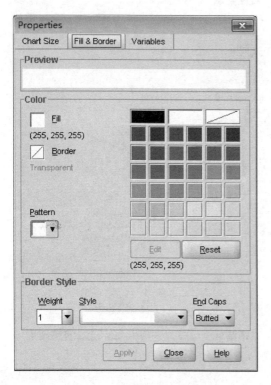

图 11-58 编辑图形填充与边缘

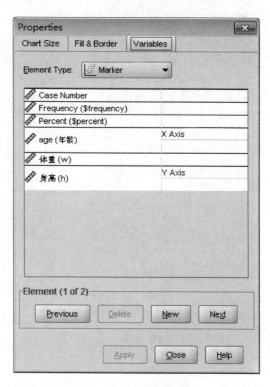

图 11-59 变量编辑

在编辑的图形中双击某一个图形元素,比如方条、线段、散点、圆图区、直方条区等,均会弹出Properties(图形特征)对话框组,对话框组中除了包含一般图形的图形特征对话框(图11-57~图11-59)外,还有针对不同图形元素的特定图形特征对话框,下面分别介绍。

2. 条形图　在激活图形编辑器之后,双击条体,弹出Properties(图形特征)对话框组,除了三个一般的对话框外,还有三个对话框,见图11-60~图11-62。

(1) Depth & Angle:编辑条形效果(图11-60)。条形的效果(Efftect)有平面(Flat)、阴影(Shadow)和三维(3-D)三种选择。选择后面两种,角度(Angle)的调整被激活,可以通过滑标进行调整。选择3-D,还具有拉近和推远的视觉效果。

(2) Categories:编辑分类变量(图11-61)。对于某分类变量,可对其水平重新排序,也可以增加或减少某个(些)水平。

(3) Bar Options:条图选项(图11-62)。

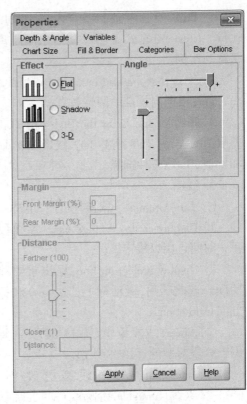

图 11-60　编辑条形效果

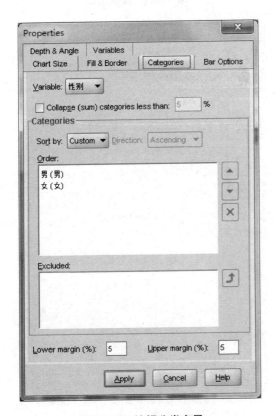

图 11-61　编辑分类变量

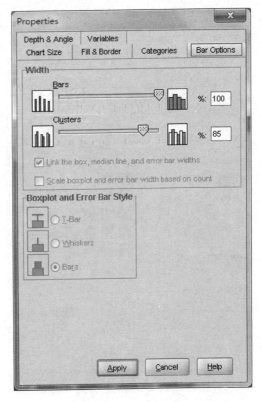

图 11-62　条图选项

1) Bars:所有方条的条宽占横轴长度的比例。Clusters:复式条图每簇内条间距离占条宽的比例。

2) Scale boxplot and error bar width based on count:根据例数自动调整条宽。

3) Boxplot and Error Bar Style:箱图和误差限图的类型。有 T 型(T-Bar)、线型(Whiskers)和棒型(Bars)三种选择。

3. 线图

(1) Line Options:线图选项(图 11-63)。

1) Display category range bars:各线段在每一时间点用纵线连接。

2) Display projection line:标出重要显示期间。选此项后,激活起始点(Start)和标记方向(Direction)。

(2) Lines:线段编辑(图 11-64)。主要是编辑线段的颜色、粗细和线形。

(3) Interpolation Line:线 型 更 改(图 11-65)。有直线(Straight)、阶梯线(Step)、跳跃线(Jump)和平滑拟合线(Spline)四种线型供选择。

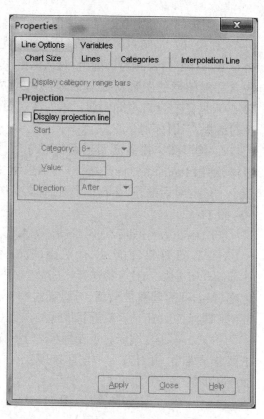

图 11-63　线图选项

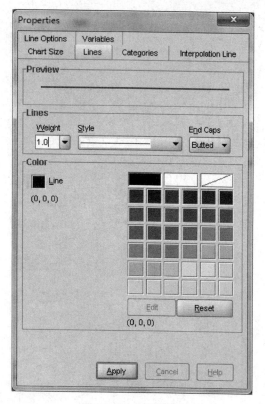

图 11-64　线段编辑

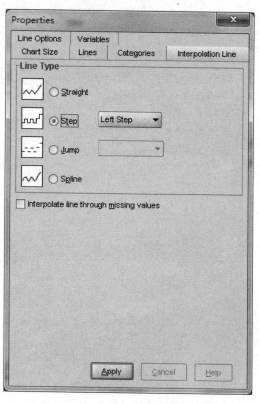

图 11-65　线型更改

4. 散点图

（1）Marker：点标记（图 11-66）。编辑内容有：点的形状（Type）和大小（Size），点边缘的粗细（Border width），点的填充色（Fill）和点边缘的颜色（Border）。

（2）Spikes：钉线（图 11-67）。选项有：无钉线（None）、地板线（Floor）、自原始点放射线（Origin）和自重心放射线（Centroid）。

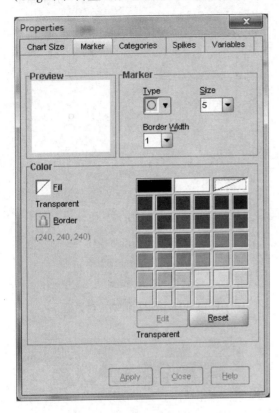

图 11-66　点标记

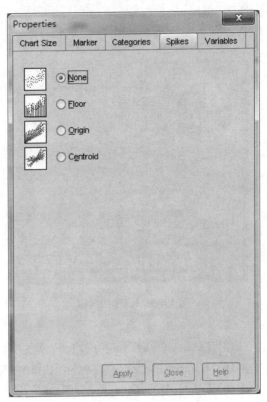

图 11-67　钉线

5. 圆图　见图 11-68。

（1）Effect：效果。有平面（Flat）、阴影（Shadow）和三维（3-D）三种效果。选择后两种，角度（Angle）的调整被激活，可以通过滑标进行调整。选择 3-D，通过调整距离（Distance）产生拉近和推远的视觉效果。

（2）Position Slices：起始点位置［First slice（clock position）］，默认以时钟 12 点为起始点，限于 1 至 12 点之间。有顺时针方向（Clockwise）和逆时针方向（Counterclockwise）排列两种选择。

（二）坐标轴编辑

激活图形编辑器后，在任何坐标轴上双击，会弹出图形特征编辑对话框，针对坐标轴的常用对话框有四个。

1. Number Format　编辑数值格式（图 11-69）。

（1）Decimal Places：小数位。

（2）Scaling Factor：缩小倍数，填入数值后，坐标轴刻度为原刻度除以该数值所得。系统默认为 1。

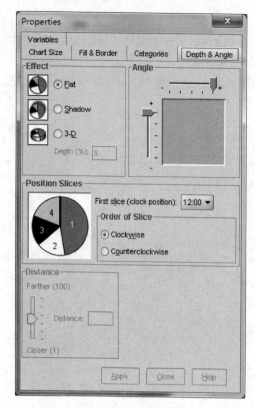

图 11-68 圆图的编辑

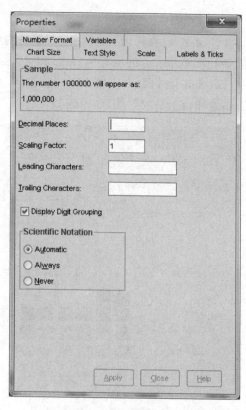

图 11-69 编辑数值格式对话框

(3) Leading Characters：在原标记前加字符。

(4) Trailing Characters：在原标记后加字符。

(5) Display Digit Grouping：加千分位符号。

(6) Scientific Notation：科学计数法，有自动确定、总是采用和永不采用选择。

2. Text style　文字编辑（图 11-70）。编辑文字的字体、字形、大小和颜色。

3. Scale　坐标刻度（图 11-71）。

(1) Range：范围。定义坐标刻度的最小值、最大值、间距和原点。

(2) Type：度量类型。有算术刻度（Linear）、对数刻度（Logarithmic）和幂刻度（Power）三类选择。绘制半对数线图时，在绘制的线图基础上将对数变量轴由算术刻度改为对数刻度即可，余类推。

(3) Lower margin（%）：⑤：在刻度轴的下方或左方增加定义轴长 5%（系统默认）的长度。

(4) Upper margin（%）：⑤：在刻度轴的上方或右方增加定义轴长 5%（系统默认）的长度。

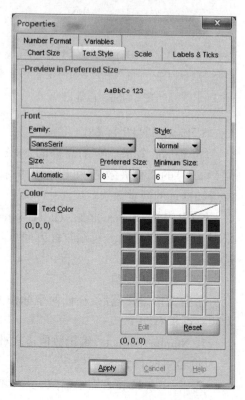

图 11-70 文字编辑对话框

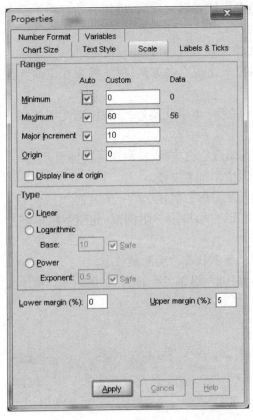

图 11-71　编辑坐标刻度对话框

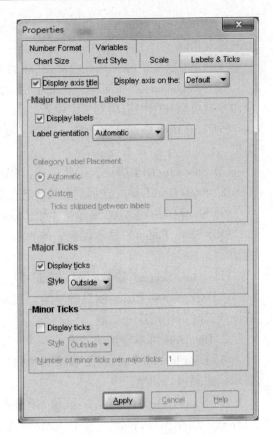

图 11-72　编辑坐标轴标记对话框

4. Labels & Ticks：坐标轴标记（图 11-72）。

（1）Display axis title：显示坐标轴标目。默认坐标轴标目的位置在左侧或底部，若选择 Display axis on the Opposite ，则标目置于右侧或顶部。

（2）Major increment labels：刻度值标记。选择显示刻度值标记后，标记的方向有水平、垂直、斜向等。

（3）Major Ticks：大间距点标记，位置有内侧、外侧和双侧等选择。

（4）Minor Ticks：小间距点标记，位置有内侧、外侧和双侧等选择。

（三）添加和显示图形元素

添加和显示图形元素主要通过 Option 主菜单和 Elements 主菜单的功能来实现。在激活的图形编辑器单击 Option 或 Elements 菜单后，弹出如图 11-54、11-55 对话框。选择菜单内容后，图形中会添加此内容，并且在图形特征对话框中增加一个相应内容的特征编辑对话框。

1. Option 菜单添加的元素

（1）X Axis Reference Line：在 X 轴上加参考线。选此项后，在 X 轴中点增加一条平行于 Y 轴的直线，同时在图形特征对话框中增加了一个编辑参考线对话框。若要改变此线的位置，可以拖动此线至指定位置，也可以从相应对话框中定义。

（2）Y Axis Reference Line：在 Y 轴上加参考线。选此项后，在 Y 轴中点增加一条平行于 X 轴的直线。

（3）Reference Line from Equation：添加斜对角参考线。选此项后，增加一条自左下至右上的斜对角线。

（4）Title：添加标题。选此项后，在图的上方出现空白方框，将标题写在里面。

（5）Annotation：添加注释。选此项后，在图的中央出现空白方框，将注释写在里面。注释的方框可以在图中拖动到指定位置。

（6）Text Box：添加文字边框。选择所要编辑的文字，点击此菜单，会在所选文字外加一边框。

（7）Footnote：添加脚注。选此项后，在图的下方出现空白方框，将脚注写在里面。

（8）Show Grid Lines：显示刻度线。选此项后，图中添加刻度线。

（9）Show Derived Axis：显示衍生轴。选此项后，在图形右框显示另一条纵轴。

（10）Show Legend：显示图例。选此项后，在图形右端显示一图例框，此图例框可随意拖动。

（11）Hide Legend：隐藏图例。选此项后，图例从显示状态改为隐藏状态。

（12）Transpose Chart：横纵轴变换。选此项后，横轴与纵轴发生转置，在条图选择横绘式或纵绘式时可使用这一功能。

2. Elements 菜单添加的元素

（1）Data label model：在图形模式和数据显示模式间进行切换。

（2）Show/Hide Data Labels：显示／隐藏数值标签。选此项后，将显示每个观测单位的标签，如果未定义标签，将显示系统定义的标签，即数据框中左侧的系统顺序号。

（3）Show/Hide Error Bar：显示／隐藏误差条图的误差项。选此项后，将显示／误差条图的误差项。

（4）Add Markers：添加线段的点标记。

（5）Fit Line at Total：添加全部散点的拟合线。选此项后，系统默认拟合一条回归直线，同时增加了 Fit Line（拟合线）对话框（图11-73）。

1）Display Spikes：显示钉线。

2）Fit Method：拟合方法。

• Mean of Y：纵轴变量的均值。

• Linear：回归直线。

• Quadratic：二次回归曲线。

• Cubic：三次回归曲线。

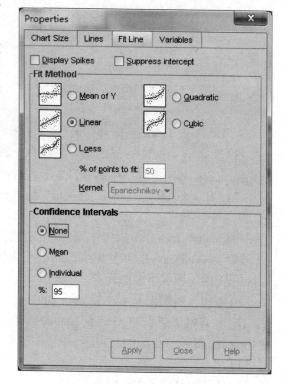

图 11-73　拟合线对话框

• Loess：加权回归曲线。选此项后，需进一步定义所要拟合散点的百分数（% of points to fit），限于 1~99 之间选择。另外在 Kernel 框内有 7 种核函数供选择。

（6）Fit Line at Subgroup：添加多分组变量每一分组的拟合线。

（7）Interpolation Line：添加顺序连线。选此项后，按横轴由小到大顺序产生经各散点的连线,连线有四种不同类型的选择,见前述线图的编辑。

(8) Show/Hide Distribution Curve:在直方图上显示 / 隐藏正态分布曲线。

(9) Explode Slice:显示分离式圆图。

(温有锋　赵会仁)

参 考 文 献

[1] 陈平雁.SPSS13.0 统计软件应用教程[M].北京:人民卫生出版社,2005.

[2] 方积乾.卫生统计学[M].第 6 版.北京:人民卫生出版社,2008.

[3] 张文彤.SPSS11 统计分析教程[M].北京:北京希望电子出版社,2002.

[4] 李晓松.医学统计学[M].第 2 版.北京:高等教育出版社,2008.

[5] 卢纹岱.SPSS for Windows 统计分析[M].第 3 版.北京:电子工业出版社,2009.

[6] 李晓松.医学统计学[M].第 2 版.北京:高等教育出版社,2008.

[7] 王彤.医学统计学与 SPSS 软件应用[M].北京:北京大学医学出版社,2008.

[8] 陈卫中.医学统计学成功笔记[M].哈尔滨:哈尔滨工程大学出版社,2008.

[9] 金丕焕.医用统计方法[M].第 3 版.上海:复旦大学出版社,2009.

[10] 余松林.医学统计学[M].北京:人民卫生出版社,2005.

[11] 倪宗瓒.医学统计学[M].北京:高等教育出版社,2003.